Otmar Donnenberg
(Hrsg.)

Action Learning

Ein Handbuch

Klett-Cotta

Klett-Cotta

Printed in Germany
Umschlag: Dietrich Ebert, Reutlingen
Gesetzt aus der 10,5 Punkt Minion von Fotosatz Janß, Pfungstadt
Auf holz- und säurefreiem Werkdruckpapier gedruckt und gebunden
von Freiburger Graphische Betriebe, Freiburg i. Breisgau

Die Deutsche Bibliothek – CIP-Einheitsaufnahme
Action learning : ein Handbuch / Otmar Donnenberg (Hrsg.). –
Stuttgart : Klett-Cotta, 1999
ISBN 3-608-91945-7

Inhalt

Teil 3: Dem Action Learning verwandte Formen des Praxislernens

Anhang

Einführung

Die Welt, die wir geschaffen haben,
hat zu Problemen geführt,
die wir nicht lösen können mit dem bisherigen Denken.
Albert Einstein

Management eröffnet den Zugang

Meine Beschäftigung mit dem Action-Learning-Thema geht zurück auf das Jahr 1987. Damals entschloß sich der Vorstand des Krankenhauses der Freien Universität in Amsterdam, ein Action-Learning-Programm durchzuführen. Der Vorstand hatte nach einer Lösung für das Problem gesucht, daß in der kommenden Zeit für zahlreiche interne Veränderungsprojekte kompetente Projektleiter gefunden werden mußten. Wie sollten sie rekrutiert, ausgebildet und eingearbeitet werden? Wie sollte das Zusammenspiel zwischen ihnen und dem Vorstand sowie anderen Personen in Schlüsselstellungen im Hause eingeübt werden?

Ich arbeitete damals als externer Organisationsberater für die Universitätsklinik, in diesem Falle speziell auf dem Gebiet der Personalentwicklung. In einer Ausgabe der *Harvard Business Review* hatte ich schon früher einen Artikel gelesen, in dem Nancy Foy die Durchführung eines Action-Learning-Programms bei dem britischen Konzern *General Electric Company* (GEC) beschrieb (Foy 1977). Der Konzernchef, Lord Weinstock, hatte Reginald Revans aufgefordert, dieses Action-Learning-Programm für GEC zu entwickeln und zu begleiten.

Der Artikel hatte mich außergewöhnlich inspiriert. Jahrelang hatte ich mich in Gesprächen mit Kunden und Kollegen damit auseinandergesetzt. Nunmehr verwendete ich meine Einsichten über Action Learning, um dem Vorstand Vorschläge zur Lösung des geschilderten Problems zu unterbreiten. Den Vorstand sprach die Tatsache an, daß die benötigten Projektleiterfähigkeiten in der Praxis, im Tun erworben und gleichzeitig dringliche und wichtige Aufgaben in der Organisation der Universitätsklinik erfüllt werden konnten.

Die Reflexionen über ihre Projekterfahrungen, welche die Projektleiter im Zuge des Action-Learning-Programms dann in den Lerngruppen durchführten, sind mir unvergeßlich geblieben und haben sicherlich dazu beigetragen, daß ich mich dem Thema »Action Learning« auch weiterhin zugewandt habe. In der Lerngruppe, die ich begleitete, coachten einander ein Arzt aus der Neonatologie, die pflegerische Leiterin einer poliklinischen Abteilung, der interne Personalkonsulent für einen der Klinikbereiche, der Leiter der Klinikküche und ein interner Organisationsberater. Die Konfrontationen, die sie nicht scheuten, die Solidarität, mit der sie einander halfen, und die Aufschlüsse, die sie einander über ihre Arbeitsbereiche geben konnten, haben keinen von uns unberührt gelassen.

Entstehen dieses Buches und seine Zielsetzungen

Die Idee zu diesem Buch entstand in einem Gespräch mit Rolf Stiefel. Im Rahmen seines Engagements für die strategieumsetzende Personalentwicklung beobachtet er schon seit vielen Jahren die Entwicklung des Action Learning. Er sieht auch den Informationsbedarf, der bei einer wachsenden Zahl von Personen entstanden ist, die sich für Action Learning interessieren.

Das Thema »Action Learning« ist offensichtlich »an der Zeit«. In vielen Gestalten und bei zahlreichen Gelegenheiten experimentieren aufgeschlossene »Entwickler« mit Lernaktivitäten, die Elemente von Action Learning enthalten oder dem Action Learning weitgehend entsprechen. Wenn der Name in einer Runde fällt, kann man sicher sein, daß einige sehr hellhörig werden und sich spontan dafür interessieren.

Praktiker und Interessenten in englischsprachigen Ländern können ihren Wissenshunger zum Thema »Action Learning« mit Hilfe zahlreicher Publikationen – darunter vielen Neuerscheinungen aus der letzten Zeit – stillen (siehe die Bibliographie im Anhang dieses Buches). Deutschsprachige Praktiker und Interessenten werden zur Zeit noch wenig verwöhnt durch Bücher und Zeitschriftenartikel in ihrer eigenen Sprache, die den Ansatz des Action Learning darstellen und aktuelle Erfahrungen mit Action-Learning-Programmen belegen.

Der Ausdruck »Action Learning« wird häufig verwendet, aber die begriffliche Schärfe läßt meist zu wünschen übrig. Manch einer spricht schon von »Action Learning«, wenn in den besprochenen Lernaktivitäten das Element des Tuns enthalten ist. Die unspezifische Verwendung des Ausdrucks birgt jedenfalls die Gefahr, daß traditionelle Bildungsmaßnahmen nur mit einem modernen Etikett versehen werden und daß die Herausforderung, sich dem »ganz anderen« des Action Learning zu stellen, umgangen wird. Das ist bedauerlich, denn das spezifische Action Learning kann eine Bedeutung gewinnen, wie sie in dem oben angeführten Motto, dem Satz Albert Einsteins, angedeutet ist.

Diese Situation hat mich dazu bewogen, mit diesem Buch *drei Ziele* zu verfolgen:

1. *Profilierung* des Action Learnings als einer speziellen Form von Praxislernen;
2. *Präsentation* von verwandten Formen des Praxislernens, die – bei bedarfsgerechter Dosierung und Kombination – einander verstärken und ergänzen können;
3. *Anregung* zur Bildung von Lernpartnerschaften, in denen die Praktiker des Action Learning durch gemeinsame Reflexion ihrer frisch gewonnenen Erfahrungen zur Weiterentwicklung von Action Learning beitragen können.

1. Der *Profilierung* dient in Teil 1 »Grundlagen« das Bekanntwerden mit der Person von *Reginald Revans*, der sich jahrzehntelang unermüdlich für die Darstellung und Entwicklung von Action Learning eingesetzt hat. *Mike Pedler*, selbst einer der international anerkannten Autoren, welche die Konzeptentwicklungen für die »lernende Organisation« vorantreiben, hat ihn eigens für dieses Buch interviewt. Revans kommt zu Wort mit einem Kapitel aus einer seiner zahlreichen Publikationen. Darin erwähnt er ein Action-Learning-Programm, das beispielhaft den Charakter von Action Learning illustriert.

Revans beschreibt eine Lerngemeinschaft von Bergwerksdirektoren, die er in der Nachkriegszeit in Großbritannien zustande zu bringen half. Er sah wenig Sinn darin, für all die Bergwerksdirektoren eine eigene Managementakademie zu schaffen, um sie von Experten belehren zu lassen; das aber war eigentlich sein Auftrag von seiten der Verbandsspitze. Statt dessen rief er interessierte Bergwerksdirektoren auf, miteinander Lerngruppen zu bilden und einander in den Bergwerken aufzusuchen. Diese Betriebsbesuche bei den Kollegen/Bergwerksdirektoren waren dann u. a. Anlaß zu einem *walk of shame*, das heißt, im Begehen der Schächte konnten die Besucher sehr schnell Unzulänglichkeiten in der Einrichtung des Bergwerks erkennen, die zum Beispiel Unfallrisiken für die Mitarbeiter der betreffenden Mine bedeuteten. Anschließend vertieften die Lernpartner die Situationsanalyse und halfen einander bei der Problemlösung.

Einander aufsuchen, aufs Dunkle sich einlassen, das heißt auf Unsicherheiten, ungelöste Fragen o. ä., einander helfen, um das zu erreichen, was der einzelne als Verantwortung auf sich genommen hat – das sind Aspekte eines Bildes vom

Action Learning. Revans beschreibt weiter, was Action Learning für ihn ist und was es *nicht* ist, und listet eine Reihe von Grundbegriffen des Action Learning auf. Es ist bezeichnend, daß er gerne Persönlichkeiten wie Leopold Auenbrugger zitiert, einen Vertreter der Wiener Medizinischen Schule, der die Perkussion eingeführt hat und 1771 gemäß Revans (1989) gesagt haben soll: »Weder die Lust am Schreiben noch Spekulationsfreude haben mich zur Veröffentlichung meiner Entdeckungen gebracht, sondern der Wunsch, meinen Kollegen die Früchte siebenjährigen Beobachtens und Reflektierens mitzuteilen. Ich bin mir dabei durchaus der Risiken bewußt, die dies mit sich bringt; denn es war immer das Schicksal derjenigen, die durch ihre Entdeckungen Fortschritte in den Künsten und Wissenschaften zuwege gebracht haben, daß sie zum Gegenstand von Neid, Böswilligkeit, Haß und Verleumdung geworden sind.«[1]

Revans hat sich immer wieder aufgelehnt gegen die Tendenz, Sicherheit aus Expertenaussagen und herrschender Meinung zu gewinnen. Er hat aufgerufen, sich dem »Dunklen« und Unsicheren offen zu stellen. Seine Plädoyers für das Lernen außerhalb des Expertenwissens, im ehrlichen Eingeständnis des Nichtwissens, der Unsicherheit und der Verwirrung, haben auf eine wenig anerkannte Ausgangssituation für das Lernen hingewiesen. Dies hat ihm – nach eigenen Aussagen – viel Ablehnung von Vertretern des etablierten Wissens (Professoren, Berater, Trainer) eingebracht.

In meinem eigenen Beitrag »Action Learning taucht auf« schildere ich Beispiele von Action-Learning-Programmen und beschreibe ich Wesensmerkmale von Action Learning, die sich aus meiner praktischen Arbeit mit seinen Grundsätzen in vielen Veränderungsprojekten ergeben haben. Ich stelle auch Zusammenhänge zwischen diesen Wesensmerkmalen und heute gern verwendeten anderen Konzepten und Methoden her.

Rolf Stiefel beschreibt in seinem Beitrag Tendenzen und Arbeitsprinzipien der strategieumsetzenden Personalentwicklung, die er als Beobachter der Szene wahrgenommen und als Berater eingesetzt hat. Im Anschluß daran behandelt er die Frage, welche Bedeutung und welchen Stellenwert Action Learning in der strategieumsetzenden Personalentwicklung hat.

Der Profilierung des spezifischen Action-Learning-Ansatzes, wie er durch Reginald Revans in über 50 Jahren herausgearbeitet worden ist, dient auch Teil 2 über die »Praxis des Action Learning«.

Marcel van der Ham, Geschäftsführer der sehr eigenwilligen *Business School Nederland*, beschreibt Action Learning als Hauptattraktion seiner Institution. Führungskräfte, die den Übergang vom Führen auf einem Spezialgebiet (Marketing, Personalwesen, Fertigung usw.) zum allgemeinen und gehobenen Management zustande bringen wollen, wählen gerne die *Business School Nederland*, weil sie zur Erlangung eines *Master of Business Administration* nicht bloß Theorie zu pauken brauchen, sondern sich angebotene Theorie zu einem Großteil im Zusammenhang mit konkreten Veränderungsprojekten, die sie im Verlaufe ihres Studiums in ihren Organisationen durchführen, zu eigen machen. Ihnen selbst ist damit gedient (die erlernte Theorie ist gefüllt mit praktischen Inhalten) wie auch dem Unternehmen, aus dem sie kommen (die studierende Führungskraft bewirkt im Rahmen des Studiums konkrete Verbesserungen und Neuerungen im Unternehmen und bezieht auch andere Organisationsangehörige in das Lernen ein). Die *Business School Nederland* ist ein hervorragendes Beispiel, wie Action Learning im Sinne von Revans auch in einer Institution der höheren Bildung ein lebensnahes Lernen ermöglicht. Das Lernen aus der eigenen Erfahrung mit Lernpartnern, die sehr unterschiedliche Hintergründe haben, ist eben für Praktiker mit viel Erfahrung und Verantwortung viel überzeugender, als es umfangreiche Belehrungen durch Experten sind. Als echter »Action Learner« beschreibt van der Ham aber auch noch offenstehende Fragen bei der Anwendung von Action Learning sowie Schwierigkeiten, die überwunden werden mußten, um den derzeitigen Stand zu erreichen.

In meinem Beitrag über »Netzwerk-Lernen in einem österreichischen Krankenhaus« beschreibe ich ein Führungskräfte-Entwicklungs-Programm, das aus der Philosophie des Action-Learning-Ansatzes von Revans heraus entstanden ist und sich sehr bewährt hat. Einen besonderen Akzent lege ich dabei auf die Vernetzung der Lernpartner im Krankenhaus, darauf, wie sie zustande kommt und was sie bewirkt.

Mein mit Nina Lazeron verfaßter Beitrag »Wie organisiere und gestalte ich ein Action-Learning-Programm?« beantwortet häufig gestellte Fragen, die sich ergeben, wenn in einer Organisation überlegt wird, wie ein Action-Learning-Programm begonnen werden soll, worauf in der Durchführung besonders zu achten ist und wie im einzelnen die Lernsituationen der »Action Learner« aussehen.

Insgesamt besteht mein Anliegen mit der Profilierung des Revansschen Action Learning *nicht* darin, es als alleinseligmachenden Weg hervorzuheben, sondern darin, Aufmerksamkeit für seine besonderen Möglichkeiten zu erregen, aber auch Hinweise auf seine Grenzen zu geben.

2. Teil 3 des Buches präsentiert »dem Action Learning verwandte Formen des Praxislernens«. Immer wieder ist mir aufgefallen, daß Anhänger eines der hier

geschilderten Ansätze (*Action Science* von Chris Argyris, *Erfahrungspädagogik* von Paulo Freire, *Mentoring* von David Clutterbuck und *Arbeitsschule* von Georg Kerschensteiner) wenig oder gar nicht vertraut sind mit den jeweils anderen Ansätzen.

Gerne greife ich den Hinweis auf, den Revans mit seiner Auslegung der Geschichte des Turmbaus von Babel gibt (siehe den Beitrag von Mike Pedler mit der Wiedergabe seines Interviews mit Reginald Revans). Gott durchkreuzt die Überheblichkeit der »Einsprachigen« mit dem Hervorrufen mehrerer Sprachen, so daß sie Mühe haben, miteinander zu kommunizieren. Dies bewirkt aber die Chance auf das Erkennen der eigenen Grenzen – durch die Mehrsprachigkeit können wir die Relativität unserer Sichtweisen erleben; indem wir uns einander zuwenden, bringen wir in freiwilliger Gemeinsamkeit neue weiterführende Einsichten zustande, statt in Einheit Überheblichkeit zu entwickeln und in einer Sackgasse zu enden.

Meines Erachtens erwerben wir uns wertvolle Möglichkeiten zu effektiverem Handeln, indem wir uns mehrfacher Ausprägungen des Praxislernens bewußt werden. *Argyris* hat mir die Augen geöffnet für die Hartnäckigkeit unserer Defensivreflexe; dadurch, daß sie so tief sitzen, ist wirklich gründliches Training erforderlich, um sie zu erkennen und anzuerkennen sowie sie schließlich zu überwinden. Sie hindern uns in unseren Änderungsvorhaben viel tiefgehender, als wir im allgemeinen annehmen. *Ernst Drukker*, der dies in seinem Beitrag sehr detailliert zum Ausdruck bringt, ist ein erfahrener Organisationsberater, der sich in seinen späten Berufsjahren auf das Erkennen und das Umgehen-Können mit Defensivreflexen konzentriert.

Paulo Freire wird sehr schnell als pädagogischer Exponent der radikalen Linken »ghettoisiert«. Wie töricht diese Einschränkung von Freires allgemein anwendbarem Konzept ist, zeigt der Beitrag von *Piet Reckman*. Er hilft unter Verwendung der erfahrungspädagogischen Methoden von Freire niederländischen Polizisten, sich zum »Sicherheitsmanager« zu entwickeln, der in der Zusammenarbeit mit den Bürgern eines Ortes oder Bezirks, in direkten persönlichen Kontakten und mit modernen Managementmethoden die »Lebensqualität« des Ortes oder Bezirks steigert. Solch präventives Arbeiten der Polizei (statt ständigen reaktiven und unterdrückenden Verhaltens) ist nicht von Experten zu lernen. Es erfordert viel eigenständiges, mutiges Tun, das mit relevanten Lernpartnern reflektiert und verbessert wird. Reckman beschreibt die Methodik sehr präzise.

David Clutterbuck hat dem Mentoring in vielen Organisationen zum Durchbruch verholfen und eine Bewegung zu seiner Förderung entfacht. *Brian Swain* illustriert das Mentoring in seinem Beitrag, der geschrieben ist auf der Basis seiner Beratererfahrungen mit Produktionsbetrieben der Weltklasse. In seinem Beitrag gibt er zu erkennen, daß Action Learning zusammen mit anderen Formen des Praxislernens ein *selbstverständlicher Bestandteil* des ständigen Verbesserns in Unternehmen ist, die sich ehrgeizig in der Topklasse des Produzierens positionieren wollen. Der Beitrag läßt die starken Ambitionen von Produzenten spüren und gibt damit einen Eindruck von der Dynamik solcher Wirtschaftsbetriebe, die zu mutigen Änderungen auch in anderen Branchen anregt (zum Beispiel zum *New Public Management*, das heißt den neuen Formen der öffentlichen Verwaltung, die Bürgernähe und Effizienz gewährleisten sollen).

Zu meiner Freude bringt *Hans G. Bauer* in seinem Beitrag »Action Learning und Erlebnispädagogik« auch *Georg Kerschensteiner* in Erinnerung. Die Arbeits- und Erlebnispädagogik, wie sie in der Vorkriegszeit in den deutschsprachigen Ländern Mitteleuropas durch Kerschensteiner, Hahn u. a. entwickelt wurde, verdient es, in den heutigen Veränderungsnöten viel mehr beachtet zu werden. Bauers Beitrag liefert Ansatzpunkte zu persönlichen Recherchen für diejenigen, die diese Quellen für ihre arbeitspädagogische Praxis erschließen wollen.

3. Ich habe den Eindruck, daß an vielen Orten mit verbindlichen Formen des Praxislernens experimentiert wird. An der *Pennsylvania State University* wurde beispielsweise eine umfangreiche Studie durchgeführt, um den Trends in der Führungskräfte-Entwicklung nachzuspüren.[2] Gemäß der Studie dient diese immer mehr als Hebel, um strategische Änderungen in Bewegung zu setzen. Die Programme sind zunehmend marktorientiert, kompakter (kein Wissensballast!) und werden durch angewandte Forschung untermauert. Partnerschaften innerhalb der Unternehmungen und zwischen ihnen spielen eine ständig größere Rolle. Die Teilnehmer kommen mehr und mehr aus einem Cluster von Aktivitäten und Prozessen (also aus verschiedenen hierarchischen Ebenen, aus verschiedenen Fachbereichen und Organisationen) statt wie bisher aus »Scheiben« von Personen mit derselben Funktion (das heißt zum Beispiel: ein Lehrgang für Meister *oder* für Abteilungsleiter). Der Anteil von Action Learning ist steigend, und es müssen im Zuge der Lern- und Entwicklungsprozesse nachweisbare Ergebnisse erzielt werden. Soweit die Studie.

Dieser Trend ruft sehr viel Fragen hervor, vieles muß neu, aus dem Geschehen heraus gelernt werden. Gerade das Action Learning fordert dazu heraus, das notwendige Lernen in selbst-initiierten und selbst-gesteuerten Lernzirkeln voranzubringen. Wie können diejenigen, die sich praktisch mit Action Learning herumschlagen, einander kennenlernen, wo können sie einander treffen? Wie können sie beitragen zur Weiterentwicklung des Action Learning, das offensichtlich mehr und mehr gebraucht wird? Es wird nur dann verlebendigend wirken, wenn es nicht zu einem Kanon etablierten Wissens über Methoden und Grundbegriffe erstarrt, sondern in der Reflexion aktueller Erfahrungen Beteiligten neue Einsichten liefert.

Im Anhang dieses Buches sind deshalb Adressen angegeben von Gruppen und Organisationen, die Knotenpunkte in einem weltweiten Netz von »Action Learnern« sind. Auch der Herausgeber will als Kontaktperson, im Rahmen seiner Möglichkeiten, in diesem vernetzten Weiterlernen mitwirken. Im letzten Abschnitt des Beitrags »Wie organisiere und gestalte ich ein Action-Learning-Programm?« wird die niederländische *Action Learning Association* erwähnt, als ein Beispiel für ein lokales Lernnetzwerk für »Action Learner« aus verschiedenen Arbeitsbereichen. Wann werden solche Knotenpunkte des Lernens im deutschsprachigen Bereich sichtbar oder sichtbarer?

Zeist, März 1999 Otmar Donnenberg

Anmerkungen

1 Übersetzung vom Hrsg.

2 Die Ergebnisse wurden veröffentlicht in: Vicere und Fulmer 1996.

Literatur

Foy, Nancy (1977), »Action Learning Comes to Industry«, *Harvard Business Review*, (55) 5.

Revans, Reginald W. (1989), *The Golden Jubilee of Action Learning* (Selbstverlag des Autors).

Vicere, A. A.; Fulmer, R. M. (1996), *Crafting Competetiveness. Developing Leaders in the Shadow Pyramid.* London: Capstone Publishing Limited.

Teil 1:
Grundlagen

Mike Pedler

Eine Begegnung mit Reginald Revans

Noch in den 90er Jahren konnten alle Reginald Revans kennenlernen – alle, die ein echtes Interesse am *Action Learning* oder den aufrichtigen Wunsch hatten, etwas gegen die Probleme zu unternehmen, die sie in Staat, Wirtschaft oder lokaler Gemeinschaft wahrnahmen. Wer ihn persönlich treffen wollte, mußte in den Westen der britischen Midlands, nach Shropshire reisen, wo er gemeinsam mit seiner Tochter lebte. Sie konnten ihm auch schreiben: Er freute sich immer, davon zu hören, was Menschen tun, um etwas zu verbessern.

Ich habe Reginald Revans vor etwa 25 Jahren kennengelernt, als ich an der *Sheffield Polytechnic Business School* unterrichtete. Damals wußte ich noch nicht, daß »MBA« seiner Ansicht nach ein Kürzel für »Moral Bancruptcy Assured« (moralische Bankrott-Garantie) ist und für eine Form von Wissen und damit verbundener Expertenmacht steht, die verhindert, daß Menschen aus den wahren Problemen ihres privaten und beruflichen Lebens lernen.

Zu jener Zeit war ich sehr unzufrieden mit dem, was wir an der Business School unterrichteten, und auch damit, *wie* wir es unterrichteten. Wir waren Experten darin, Neulinge mit Informationen (dem *P* in Revans' Lerngleichung,[1] d. h. »programmiertem Wissen«) zu füttern; unsere Studenten reagierten entsprechend – unterwürfig und gehorsam; sie wußten, daß wir ihre Examensarbeiten bewerteten. Es war schwer, die Menschen zu einem Gespräch über die schwierigen Fragen zu bewegen, die ihnen bei der Arbeit begegneten – über die Probleme, die ihnen wirkliches Kopfzerbrechen und schlaflose Nächte bereiteten.

Im folgenden gebe ich einen kurzen Abriß der mittlerweile 70 Jahre umfassenden Karriere von Reginald Revans; der Aufsatz schließt mit Auszügen aus einem aufgezeichneten Interview.

Eine Berufsbiographie

Nachdem Revans sein Grundstudium am University College in London in nur zwei Jahren abgeschlossen hatte, ging er 1927 als Doktorand an die *Cavendish*

Laboratories in Cambridge. Dort widmete er sich acht Jahre lang dem Studium der Kernphysik; während dieser Zeit vertrat er Großbritannien auch bei den Olympischen Spielen von 1928. Er war anfangs von den Möglichkeiten der Atomphysik fasziniert, begann aber später die schrecklichen Gefahren vorauszuahnen, die von einem Mißbrauch dieses Wissens ausgingen.

Diese Überlegungen veranlaßten Revans dazu, Cambridge zu verlassen. 1935 wurde er stellvertretender Leiter der Behörde für Wissenschaft und Erziehung für die Grafschaft Essex und trat dann nach der Bergbausozialisierung der neu gebildeten Kohlebehörde bei. Dort beobachtete er, wie die Menschen in den Zechen ihre eigenen Arbeitsprobleme vor Ort lösten, und zog daraus den Schluß, daß Wissen ein Produkt des Handelns und der gemeinsamen Reflexion ist. 1945 beginnt sich die Idee des *Action Learning* in seinem Aufsatz »A Staff College for the Mining Industry« abzuzeichnen (Revans 1982, 31):

> »Alle, die mit diesen Fragen zu tun haben, können sehr viel lernen und selbst eine Menge geben, wenn sie sich mit ihren Kollegen über ihre Erfolge und Schwierigkeiten austauschen. Bei einem Gespräch mit einem Kollegen, der mit derselben Arbeit beschäftigt ist, stellt man häufig fest, daß er auf die gleichen Probleme gestoßen ist wie man selbst und eine praktische Lösung anbieten kann, nach der man selbst bislang vergeblich gesucht hat.«

1958 wurde Revans zum ersten *Professor für Industrial Administration* an der University of Manchester ernannt, wo er im Laufe der folgenden sieben Jahre mehrere Studien in Fabriken, Schulen und Krankenhäusern durchführte. Hier entwickelte er die Überzeugung, daß »ein Fach wie Führungswissenschaft« ein Hirngespinst sei; und als 1965 die *Manchester Business School* gegründet wurde, schlug er vor, daß sie auf dem aufbauen sollte,

> »was ich nach wie vor für die Essenz der Ausbildung von Führungskräften halte, nämlich der *Selbst*-Ausbildung, die durch das ermutigende Vorbild anderer sich selbst weiterbildender Manager gefördert wird. Mir war es vor allem wichtig, in keiner Weise mit der Vorstellung in Verbindung gebracht zu werden, daß man Managern ein bestimmtes *Führungsverhalten* beibringen kann.« (Revans 1980, 196; Hervorhebung im Original)

Da Revans' Ideen seinerzeit auf taube Ohren stießen, entschied er sich zu einem folgenschweren Schritt und legte sein Amt nieder. Er ging nach Belgien, wo er zusammen mit Gaston Deurinck und anderen das Programm der Stiftung *Industrie und Universität* ins Leben rief. Dieses wagemutige Projekt, bei dem Top-Manager zwischen unterschiedlichen Unternehmen und Branchen wechselten, ist eine der Hauptgrundlagen von Revans' späterer Konzeption des Action Learning und von dessen am meisten formalisierter Darstellung in der Alpha-, Beta- und Gammatheorie[2] (vgl. Revans 1971, 28–70).

Aufbauend auf der Arbeit in mehreren Krankenhäusern in Lancashire, leitete Revans zwischen 1965 und 1969 ein weiteres bahnbrechendes Projekt in die Wege – das *Hospitals Internal Communications Project* (HIC), ein Action-Learning- und Forschungsprojekt an 10 Londoner Krankenhäusern. Schon bei dieser Initiative befaßt sich Revans nicht nur mit dem individuellen Lernen, sondern greift auch das Thema des Lernens in Organisationen auf (Revans 1971, 11 ff.).

Ende 1973 sah Sir Arnold Weinstock, geschäftsführender Direktor des Technik-Riesen GEC (General Electric Company), Revans im Fernsehen. Er hing sich ans Telefon, und fünfzehn Minuten später willigte Revans ein, mit der bestehenden Belegschaft von GEC an der Erforschung ihrer eigenen Probleme zu arbeiten und dadurch das Unternehmen zu verbessern. Revans bestand allerdings darauf, nur ein einziges Programm durchzuführen, und erklärte, daß es zwecklos sei, die Sache fortzusetzen, wenn die GEC-Mitarbeiter die Prinzipien des Action Learning nicht innerhalb von 12 Monaten verstanden hätten. Seine Weigerung, einen langfristigen Beratervertrag mit GEC abzuschließen, löste »beträchtliches Erstaunen« bei GEC aus (Revans 1980, 62). Das GEC-Programm, das allgemein bekannt wurde (vgl. Casey u. Pearce 1977), machte viele einflußreiche Vertreter der Managementausbildung in Großbritannien mit der Idee und Praxis des Action Learning vertraut.[3]

Seit dieser Zeit hat sich Revans darum bemüht, die Ideen des Action Learning auf der ganzen Welt zu verbreiten. Er ist dafür bekannt, daß er seine Beraterdienste nicht in Rechnung stellt und bereit ist, überall hinzureisen, »wenn man ihm die Kosten für das Busticket erstattet«. In den 70er und 80er Jahren hat man mehrere Versuche unternommen, dieser ikonoklastischen Idee und ihrem Begründer ein institutionelles Heim zu schaffen; die meisten dieser Bemühungen erwiesen sich jedoch als kurzlebig. 1995 wurde das *Revans Centre for Action*

Learning & Research an der University of Salford in Großbritannien eröffnet, an dem der mittlerweile Neunzigjährige als aktiver Fellow mitwirkte.

Revans wollte nicht, daß das Centre nach ihm benannt wurde. Er hat immer darauf beharrt, daß Action Learning keine brandneue Idee sei, sondern im Gegenteil so alt wie die Menschheitsgeschichte und eng verwandt mit den pragmatischen Bestrebungen des Buddhismus um eine Reduzierung des Leidens und eine Verbesserung der Lebensqualität sei. Diese Ziele lassen sich nur erreichen, wenn wir uns aus unserer Abhängigkeit vom Expertenwissen lösen und uns statt dessen für das Lernen von und mit anderen Lernenden engagieren, die ihre »Zweifel ehrlich offenlegen« und »sich über ihre Unwissenheit austauschen«.

Revans' berufliche Laufbahn zeigt das Bedürfnis, Paradoxien und Polaritäten, die er in seinem Umfeld wahrnahm, zu verknüpfen und in einen übergreifenden Zusammenhang zu stellen. Lessem zufolge ist das Action Learning ein Ergebnis von Revans stetem Bemühen, gesellschaftliche Spaltungen und Polaritäten aufzuheben:

> »Was Revans so einzigartig macht, ist die Art und Weise, wie er Arbeitsbeziehungen (Handwerker und Schreiber [körperlich und geistig Arbeitende], zwischenmenschliche Beziehungen (Selbst und andere), den technologischen Wandel (Bildung und Industrie) und die ganze Bereichs- und Zuständigkeitsfrage (Zentrum und Peripherie) mit der Informationsverarbeitung, der Problemlösung und dem Lernen verbunden hat.« (Lessem 1982, 8)

(Dem könnte man noch das Spannungsfeld »Wissenschaft und Religion« hinzufügen, das bei Revans regelmäßig zum Ausdruck kommt).

> »In dem Bestreben, die Konflikte, Dualitäten und Paradoxien seines eigenen Lebens zu lösen, hat Revans immer zugleich auch die Spaltungen in seiner Gesellschaft zu überwinden versucht.« (Ebd., 5)

Daß Revans außerhalb eines Netzwerks engagierter Praktiker immer noch relativ unbekannt ist, liegt zum Teil an seiner eigenen Person und zum Teil an dem scheinbar einfachen, tatsächlich aber höchst anspruchsvollen Konzept des Action Learning. Wie Mant so treffend anmerkt, gehört Revans zu den wenigen Giganten der Führungsausbildung, weil sein Lernkonzept die Integrität und die mentalen Konstrukte des Managers selbst berücksichtigt, aber:

»Die Klarheit und Einfachheit der Einsicht [von Revans] waren unerträglich. Was er sagte, war trotz aller Klarheit absolut unverständlich für jene, die den Prozeß der Führungsaktivität zu einem akademischen Studium erhoben hatten.« (Mant 1977, zitiert nach Revans 1980, 305 f.)

Revans hat sich nie auf die Welt der Manager und der Organisationen beschränkt, so wichtig diese auch sind. Ihm geht es stets darum, die menschliche Grundsituation zu verbessern und die Frage zu klären, wie wir besser zusammen leben und zusammen lernen können.

Ein Gespräch mit Reg Revans

Das folgende Gespräch fand im Januar 1998 in Revans' neuem Heim in Shropshire statt. Ich wollte herausfinden, inwieweit seine frühe Ausbildung sein Denken beeinflußt hatte und wann er vom Ansatz des Operations-Research[4] zu jenem Ansatz gewechselt war, der heute unter dem Begriff »Action Learning« bekannt ist.

Wie gewöhnlich war Reg nicht übermäßig an meinen – oder irgend jemandes – Theorien interessiert; was er mit unverminderter Leidenschaft und Dringlichkeit zu wissen verlangte, war, was ich (und andere) zu *tun* gedachten.

Frage: Wie hätten Sie sich selbst als 24jähriger beschrieben – als Mathematiker? Als Statistiker?

RR: Mein ursprüngliches Studienfach an der Universität war Physik, und wer Physiker werden will, sollte sich ein bißchen in der Mathematik auskennen. Ich machte meinen Abschluß am University College, London, schon nach zwei statt – wie damals die meisten Leute – nach drei Jahren und war der Universität und allen möglichen Überraschungen gewachsen: hauptsächlich, wie ich denke, weil ich mich für Mathematik interessierte. In den 20er Jahren steckte die Wissenschaft der Statistik noch in den Kinderschuhen und erregte überall großes Interesse. Mein erster Kontakt war größtenteils analytisch – der Versuch, die Zahlenverhältnisse zwischen Teilen zu verstehen.

Die Folge war, daß man mir ein Forschungsstipendium an den Cavendish Laboratories anbot, wo acht Nobelpreisträger arbeiteten – in *einem* Labor. Dort machte ich die Entdeckung, daß sie einmal wöchentlich eine Konferenz abhielten; jeden Mittwochnachmittag um 16 Uhr wurde eine Besprechung von einem Mitarbeiter veranstaltet, gefördert oder initiiert, der einen Nobelpreis erhalten hatte – obwohl es auch ein paar Leute gab, die ihn noch nicht hatten. Das Interessante daran war immer die Frage, warum das, was sie selbst taten, nicht zu den erwarteten Ergebnissen führte.

Ich war sieben oder acht Jahre in Cambridge, und die Erfahrungen, die ich in dieser langen Zeit sammelte, haben mich schließlich zum Gehen veranlaßt – die Erkenntnis, daß man eigentlich nur etwas über sein Fach lernen konnte, wenn man sich damit auseinandersetzte, was am eigenen Denken möglicherweise falsch war, daß also Zweifel und Mißverständnisse letztlich wesentlich lehrreicher waren als das, was die Experten einem als relevantes Wissen vorsetzten.

Die vielleicht wichtigste Entwicklung in dieser langen Zeit – ich arbeitete damals im Bereich der Atomphysik – betraf die ungeheure Energie, die man durch Atome freisetzen konnte. In Italien war Mussolini an der Macht, und auch in Japan wirkten ein oder zwei unternehmungslustige Hasardeure, und so fragte man sich, ob es nicht besser wäre, die Atomenergie für den Bau effektiverer Bomben zu nutzen für den Fall, daß wir uns plötzlich im Krieg mit diesen Leuten befinden sollten. Ich geriet in diese Entwicklung hinein, stand ihr aber nicht positiv gegenüber, weil ich mir der großen Gefahr bewußt war, die mit der gewaltigen Energiefreisetzung von Atombomben verbunden sein würde. Ich gewann immer stärker den Eindruck, daß die gesamte Entwicklung in eine völlig falsche Richtung steuerte; wir verstanden vielleicht immer mehr von der Physik an sich – aber versetzten wir nicht auch andere Leute in die Lage, unsere Entdeckungen dafür zu mißbrauchen, nicht nur Tausende, sondern Millionen von Menschen durch den Abwurf einer einzigen Bombe zu töten?

Es waren diese Zweifel – die Frage, was genau man zu tun versucht, was man bewirken will …

Um nochmals auf die Mathematik zurückzukommen – sie ist immer noch eine wichtige Methode für Sie, um Probleme und Konflikte zu erkennen, oder?

Oh ja, ich denke, wenn man erkennt, daß alles, mit dem man sich gerade auseinandersetzt, mit Unsicherheiten behaftet ist – bestimmte Aspekte des eigenen Forschungsbereichs, die man nicht versteht oder die sich widersprechen, alle möglichen Eigenschaften und Unsicherheitsfaktoren, die das Ergebnis beeinflussen können – und wenn man irgend etwas dagegen tun möchte, dann gibt es nur eins: Man muß besser verstehen, um was für Faktoren es sich handelt und welche davon man am besten beeinflussen kann. Da unsere Zeit außerdem begrenzt ist, sollten wir sie auf das verwenden, was uns am wichtigsten erscheint. Allgemein gesprochen: Wenn man ein Thema in Angriff nimmt, das einem ein bißchen unsicher und mehrdeutig erscheint, sollte man als verantwortungsbewußter Mensch als erstes denjenigen Aspekt bestimmen, der am mehrdeutigsten ist, dann den nächsten usw. Ohne statistische Meßmethoden für das, was wir glauben, tun zu müssen, ist diese Einschätzung sehr schwierig und vielleicht der wichtigste Aspekt unserer Unwissenheit, an dem wir arbeiten sollten.

Als Sie der Kohlebehörde und später dem UMIST (University of Manchester Institute of Science and Technology) in Manchester angehörten (1958–65), haben Sie viele Operations-Research-Methoden in Schulen, Krankenhäusern und Fabriken eingesetzt; gab es einen Punkt, an dem Ihnen das Action Learning, im Sinne eines zwischenmenschlichen Gesprächs- und Befragungsprozesses, als Erklärungsansatz genauso wichtig wurde wie der eher mathematisch orientierte Operations-Research-Ansatz?

Ich denke, es war diese Idee, daß wir zugeben sollten, daß jedes Thema, über das wir diskutieren oder über das wir mehr herausfinden wollen, Aspekte hat, die wir noch nicht verstehen ...

Dieser Gedanke ist im Laufe der Geschichte von allen möglichen cleveren Leuten geäußert worden, auch wenn sie es nicht mit genau diesen Worten ausgedrückt haben. Im Buch Genesis können wir nachlesen, daß Gott ein bißchen unwirsch wurde, als man in der Ebene von Schinar beschloß, den Turm von Babel zu bauen. Also stieg er vom Himmel herab und sagte: Diese Leute sprechen alle dieselbe Sprache und führen sich deshalb alle auf die gleiche Weise hinters Licht. Die einzige Möglichkeit, die Menschheit zu verbessern, besteht darin, sie in unterschiedlichen Zungen reden zu lassen. Also gab er ihnen unterschiedliche Sprachen, was eine Verständigung auf internationaler Ebene wesentlich weitreichender und bedeutungsvoller macht, als wenn wir alle die gleiche Sprache sprechen würden.

Gab es einen Punkt, an dem Sie das Gefühl hatten, daß die Erkenntnismöglichkeiten, die sich aus der Anwendung der Operations-Research-Methoden ergaben, begrenzt waren? Ich stelle mir vor, daß Sie eine wissenschaftliche Ausbildung hat-

ten, und ungeachtet der Seminare in Cavendish denken Wissenschaftler häufig, daß sie nur das richtige Werkzeug finden müssen, um eine richtige Antwort zu finden und um etwas entdecken zu können, was darauf wartet, entdeckt zu werden. Wenn man hingegen akzeptiert, daß es keine richtigen Antworten gibt und daß die Menschen miteinander reden müssen – heißt das nicht sozusagen, daß man an die Grenzen dessen gestoßen ist, was wissenschaftliche Ansätze wie Operations Research und andere leisten können?

Nun, als ich noch ein kleiner Junge war, ungefähr fünf Jahre alt, rammte ein großes Schiff namens Titanic einen Eisberg und sank, als es versuchte, den Rekord für die Atlantiküberquerung zu brechen. Wie der Zufall es wollte, war mein Vater Schiffsbauingenieur. Er arbeitete damals beim Handelsministerium und hatte im Schiffsbau über lange Zeit Erfahrungen gesammelt. Er wurde in den Untersuchungsausschuß berufen, der die genauen Ursachen für den Untergang der Titanic erforschen sollte. Mein Vater sagte, wir alle wüßten, warum die Titanic unterging: Sie kollidierte mit einem Eisberg, der das Schiff von vorn bis achtern aufschlitzte, so daß sie in Null Komma nichts voll Wasser lief …

Dieses Schiff ging unter, als ich fünf Jahre alt war, und die Katastrophe forderte 1500 Menschenleben; es war also ein einschneidendes Ereignis. Mein Vater gehörte, wie gesagt, dem Untersuchungsausschuß an. Wer seinen Bericht liest, versteht, warum er zu dem Schluß kam, von dem er mir Jahre später, als ich ihn nach seiner Meinung zu der Sache befragte, erzählt hat: Seiner Ansicht nach war das eigentliche Problem, daß es niemanden gegeben hatte – weder im Handelsministerium noch bei der White Star Linie –, der den Unterschied zwischen »Cleverness« und »Weisheit« verstand. Alle versuchten, so zu tun, als ob sie genau wüßten, was Sache wäre, aber was wir brauchen, sind Menschen in verantwortlichen Positionen, die zugeben, daß es Dinge gibt, die sie *nicht* verstehen. Diese Erklärung hat mein Vater mir nicht gegeben, als ich fünf war; er gab sie mir ein bißchen später, aber das war seine Überzeugung.

Als Sie Professor für Industrial Administration in Manchester waren, hätten Sie auch ein cleverer Operations-Research-Experte bleiben können, nicht wahr? Sie erhielten sehr interessante Zahlen von den Schulen, Krankenhäusern und Fabriken.

Ja, aber als ich den Entschluß faßte, aus der Atomphysik auszusteigen, lernte ich Bertrand Russell und ein oder zwei andere Leute kennen. Durch die Gespräche mit ihnen habe ich mich schließlich entschieden, die Physik ganz und gar an den Nagel zu hängen, und habe die Stelle als Bildungsbeamter bei der Grafschaft Essex angetreten. Essex hatte damals wirklich enorme soziale Probleme im Londoner East End und mit all den Fabriken, die am Nordufer der Themse wie Pilze aus dem Boden schossen. Als ich meine Arbeit dort aufnahm, habe ich sofort eine wichtige Lektion gelernt: Wenn man begreifen will, was um einen herum geschieht, sollte man nicht darüber nachdenken, was man alles weiß und versteht, sondern sich als allererstes die Frage stellen, was man *nicht* weiß und *nicht* versteht. Damals habe ich auch das Gespräch mit meinem Vater über die Titanic geführt. Das alles hat mich von der Notwendigkeit des Action Learning überzeugt. Mit anderen Worten: Man muß Menschen zusammenbringen, damit sie sich über ihre Probleme, nicht über ihre Cleverness austauschen.

Aber darüber war ich mir bereits im klaren, als ich noch während des Krieges zur Kohlebehörde ging und meinen Posten als Bildungsbeamter bei der Grafschaft Essex aufgab, wo wir alle möglichen Colleges im East End von London, an Orten wir Walthamstowe, Dagenham und Barking geführt hatten ... Mir war sehr bewußt, was mein Vater über die Titanic-Katastrophe gesagt hatte, und für mich stand damals schon fest, daß man den Menschen, die eine Laufbahn in der Industrie oder wo auch immer anstreben, vor allem eines nahebringen muß: Die wichtigste Frage, um deren Verständnis sie sich bemühen müssen, ist nicht, was sie tun sollten, sondern was sie *nicht* tun sollten. Das Entscheidende ist also, mit anderen Worten, wie sie ihre eigenen Fragen und Probleme besser verstehen.

Das alles führte mich schließlich 1942, mitten im Krieg, zur Kohlebehörde. Als ich erfuhr, daß die Regierung die Kohleindustrie übernahm und daß man einen Mann namens Robert Foot, damals Generaldirektor bei der BBC, zum Leiter der Kohlebehörde ernannt hatte, schrieb ich ihm ein paar Zeilen. Darin stand sinngemäß: Meiner Ansicht nach ist es nicht so wichtig, daß Sie den Bergleuten sagen, was sie tun sollen. Viel wichtiger ist herauszufinden, was die Leute selbst für ihre Hauptprobleme halten.

Foot bat mich daraufhin umgehend zu sich und holte mich noch während des Krieges an Bord. So steckte ich dann plötzlich in Gesprächen mit Hunderten von Polen, die aus dem Bergbau kamen und die ich dazu bewegen sollte, in britischen Gruben zu arbeiten.

Ende der 50er, Anfang der 60er Jahre war die absolute Blütezeit des Operations-Research, mit Stafford-Beer und anderen, die an der Führungswissenschaft arbeiteten; Sie hielten diesen Erklärungsansatz vermutlich für unzureichend, oder?

Ja, diese ganze Theorie, daß Sie einem Manager die meisten Dinge, die er zu tun hat, erklären können und daß er dann weitermacht und Ihre Erklärungen bei seiner Arbeit umsetzt ... Wenn man dagegen der Auffassung ist, daß ein wesentlicher Teil der Führungsarbeit darin besteht, sich seine mangelnden Qualifikationen, seine Unwissenheit und seine Unzulänglichkeiten fürs Lernen) einzugestehen, dann muß man den Manager vor allem dazu bringen, seine Ideen mit anderen Managern auszutauschen, die zu der gleichen Einsicht gelangt sind – aber diese Vorstellung stieß überall auf entschiedene Ablehnung, vor allem bei den Wirtschaftswissenschaftlern.

Was viel damit zu tun hatte, daß sie so stolz auf ihre eigenen Methoden und Kenntnisse waren?

Ja, ich denke, sie waren überzeugt, daß sie sich mit den richtigen Themen beschäftigten. Der Gedanke, daß die Menschen zusammenkommen und sich über ihre Unzulänglichkeiten austauschen könnten, behagte ihnen nicht.

Wurde die akademische Welt in Manchester demnach von den Wirtschaftswissenschaftlern beherrscht?

Ich bin nicht sicher. Nachdem ich einige Leute in Manchester und Umgebung kennengelernt hatte, ganz gleich, ob sie nun eine Fabrik oder eine Schule, eine Kirche, eine Versicherung oder ein Kaufhaus leiteten, wenn ich also die Leute traf und mich mit ihnen darüber unterhielt, wie sie ihre Arbeit machten, sagten alle das gleiche. Alle stimmten spontan zu, daß ihre Gedanken eindeutig nicht darum kreisten, was sie alles tun und leisten konnten. Worüber diese Menschen nachdachten, wenn sie von der Arbeit nach Hause fuhren, wenn sie sich abends aufs Zubettgehen vorbereiteten oder sich morgens ankleideten, war, welche unerwarteten Probleme auf sie zukommen würden und wie sie diese Probleme in den Griff bekommen könnten.

Und ich sagte diesen Leuten, daß es wenig Sinn hat, sich mit diesen Fragen an einen Experten zu wenden – der vorgefertigte Ideen dafür anbietet, was genau falsch läuft und wie man es in Ordnung bringt –, solange man auch die Möglichkeit hat, sich mit anderen Menschen zu treffen, die etwas sagen können wie: »Tja, alter Freund, wenn du meinst, daß du Probleme hast, dann hör dir mal an, was ich dir über meine erzählen kann!« Das fand so viel Anklang und Unterstützung bei den lokalen Geschäftsleuten in Manchester, daß es zu allen möglichen Reibereien und Problemen kam; am Ende entschied ich, daß es das Beste wäre, wenn ich meine Arbeit dort aufgeben und ganz woanders hingehen würde. Deshalb habe ich Manchester verlassen und die Arbeit in Belgien aufgenommen.

Kam dieses Verständnis relativ überraschend?

Ja, relativ überraschend. Na ja, mit »relativ überraschend« meine ich, daß es mich beeindruckt hat, wie die Manager – sobald ich sie persönlich kennenlernte und mit ihnen diskutierte – zwar nicht verstanden, was ich sagte, aber was sie selbst taten. Die allgemeine Überzeugung war jedoch, daß die ganzen Experten und anderen Professoren, daß diese also über das Wissen verfügten, um anderen Menschen sagen zu können, was sie tun sollten ...

Insofern denke ich, daß dies größtenteils an unserem Bildungssystem lag, weil es den Anschein erweckt hat, als könne es den Menschen bis ins kleinste Detail erklären, was sie zu tun, zu wissen und zu fühlen haben. Man muß den Menschen bewußtmachen, daß es sehr wichtige Aspekte bei ihrer Arbeit geben kann, die sie *nicht* verstehen.

Die Adresse von Reg Revans lautet:
21 Wilstock, Whitchurch, Shropshire SY13 3NS UK

Anmerkungen

1 Die Lerngleichung lautet: »Lernen = P + Q«. *P* steht für programmiertes Wissen, Erkenntnisse aus der Vergangenheit, *Q* für Einsichten, die durch Befragen der eigenen Erfahrungen und der Situation entstehen. Die Bedeutung von *P* und *Q* ist im Beitrag von Reginald Revans in diesem Buch ausführlich erläutert.

2 Eine kurze Darstellung dieser Theorie ist in dem Beitrag »Action Learning taucht auf« von Otmar Donnenberg enthalten (S. 70).

3 Zu GEC vgl. auch den Abschnitt »Projektoptionen« in Revans, »Action Learning: Wesen und Voraussetzungen« in diesem Buch (S. 38).

4 Der Begriff »Operations Research« bezeichnet in der Unternehmensforschung einen mathematisch-systemisch orientierten Ansatz zur Darstellung und Erforschung von Zusammenhängen im Unternehmen: Wie wirkt sich eine bestimmte Aktion oder ein Bündel von Maßnahmen auf andere Unternehmensaktiviäten und -bedingungen aus?

Literatur

Casey, D. und Pearce, D. (1977), *More than Management Development: Action Learning at GEC*, London: Gower.

Lessem, R. (1982), »A Biography of Action Learning«, in: Revans, R. W., *The Origins and Growth of Action Learning*. Bromley: Chartwell Bratt, 4–17.

Mant, A. (1977), *The Rise and Fall of the British Manager*. London: Macmillan.

Revans, Reginald W. (1971), *Developing Effective Managers. A New Approach to Business Education*, London: Longman.

Revans, Reginald W. (1980), *Action Learning: New Techniques for Management*. London: Blond & Briggs.

Revans, Reginald W. (1982), *The Origins and Growth of Action Learning*. Bromley: Chartwell Bratt.

Wieland, G. und Leigh, H. (Hrsg.) (1971), *Changing Hospitals: A Report on the Hospitals Communication Project*. London: Tavistock.

Reginald Revans

Action Learning: Wesen und Voraussetzungen*

Die Allgegenwärtigkeit des Wandels

Der Wandel ist das charakteristische Merkmal unserer Zeit. Fast alles, mit dem wir uns heute auseinandersetzen müssen, verändert sich innerhalb eines Jahres weit stärker als früher in hundert Jahren. Beim Wandel und seinen möglichen Folgen muß man gar nicht an spektakuläre Ereignisse denken, wie die Panik, wenn sich ein Atomreaktor überhitzt und die Bevölkerung einer Stadt über Nacht der Gefahr entfliehen muß, oder wenn eine neue Wunderpille unerwartete Nebenwirkungen hat und Hunderte von Babys mit schrecklichen Mißbildungen geboren werden. Die Geschwindigkeit, mit der wir Informationen verarbeiten oder Menschen in den Weltraum transportieren können, verändert die elementaren Grundlagen unserer Kultur. Auch wenn wir persönlich unseren Lebensunterhalt nicht durch den Umgang mit Informationen verdienen (und sicherlich nicht gewohnheitsmäßig den Mond besuchen), wird alles, was wir tun, in starkem Maße von Veränderungen beeinflußt – und viele von uns finden es schwer, sich an das Unerwartete zu gewöhnen. Wie auch immer, es nützt nichts, sich zu beklagen; seit einigen Jahrhunderten hat man in diesem Land keine Gesetze mehr erlassen, die die Einführung neuer Ideen verbieten.

Anpassung und Lernen

Jede Veränderung bringt gewisse Risiken mit sich. Sogar die »Penny Post« barg nach Ansicht der Bischöfe die Gefahr, daß die Dienstmädchen einander anstößige Briefe schicken könnten. Jedes Risiko ist eine Herausforderung, und

---

* Erstveröffentlichung als 2. Kapitel »Action Learning: Its Terms and Character«; in: Revans, R. W. (1984), *The Sequence of Managerial Achievement*, Bradford: MCB Unversity Press, 29–40. Abdruck mit freundlicher Genehmigung des Autors.

die meisten Herausforderungen lösen eine Reaktion aus. Wenn das Benzin weltweit knapp zu werden beginnt, weil die Autos sich zu stark vermehren, wird die Gesellschaft zweifellos in mannigfaltiger Form reagieren. Man wird nach alternativen Transportmitteln suchen; vielleicht wird man das Benzin rationieren oder auf dem Mond nach Öl bohren; in Anbetracht der hohen Arbeitslosigkeit von fähigen jungen Männern tauchen vielleicht auch Rikschas auf den Straßen von London auf.

Interessant ist, daß neue Antworten auf neue Probleme oftmals ganz und gar andere Handlungsweisen nötig erscheinen lassen; eine Innovation setzt die nächste in Gang, wie all die Entwicklungen zeigen, die der Erfindung des Fernsehens folgten. Diese neuen Ideen, wie auch die Anpassung an das ursprüngliche Risiko, sind ein Beweis unserer Lernfähigkeit. Wir brauchen ein wesentlich klareres Verständnis vom Lernen, und zwar nicht, damit wir besser durchs Examen kommen, sondern damit wir es für die kontinuierliche Anpassung an künftige Veränderungen nutzen können. Und wir müssen diese Art des Lernens spontan aktivieren können, weil die Veränderungen wie auch die Risiken völlig unerwartet über uns hereinbrechen.

Die Antwort, die schließlich auf die ursprüngliche Herausforderung gegeben wird, mag unbefriedigend und teuer erkauft sein; sie kann andererseits unerwartete Vorteile eröffnen, die von der Gesellschaft schnell genutzt werden. Solche Anpassungsvorgänge sind im Grunde immer Lernprozesse. Ein Organismus, der morgen meistert, was ihn gestern zu vernichten drohte, ist ein lernender Organismus.

Das Tempo des Wandels und das Tempo des Lernens

Wenn sich die Bedingungen schneller verändern, als man lernen (oder sich anpassen) kann, hat man ein Problem – das gilt für alle Organismen, die mit Veränderungen konfrontiert werden. »Anpassen oder Sterben« ist das Motto von heute – das hat zum Beispiel die einst unbesiegbare britische Schiffbauindustrie zu spüren bekommen, die früher weltweit die meisten Linien- und Kriegsschiffe produzierte. Doch dann kamen plötzlich Länder wie Schweden und Japan auf die Idee, daß sie etwas über neuartige – noch nicht existierende – Schiffe lernen wollten. Eh man sich's versah, hatten sie den britischen Markt erobert, weil sie bereit waren, etwas Neues zu lernen, von dem sie sehr genau wußten, daß sie es *nicht* verstanden, und wofür sie folglich das nötige Wissen erst erwerben mußten. Da Großbritannien während seiner gesamten Geschichte ungeheuer erfolgreich gewesen war, hatte es überhaupt nicht in Betracht gezogen, daß man irgendwoanders auf der Welt neue und bessere Konstruktionsmethoden erfinden könnte. Die Idolisierung früherer Erfolge kann sich als gefährliche Lernblockade erweisen – und somit als schwerwiegendes Handicap, wenn man sich von der Vergangenheit lösen und in eine neue, unbekannte Zukunft aufbrechen muß.

Wir können die bisherige Argumentation wie folgt zusammenfassen:

1. Wenn das Veränderungstempo höher ist als das Lerntempo, scheitert der Organismus.
2. Wenn das Lerntempo genauso hoch (oder höher) ist wie das Veränderungstempo, ist es wahrscheinlich, daß der Organismus sich anpassen, überleben und sogar wachsen kann.

Zwei Hauptbestandteile des Lernens

Veränderungen erzeugen zwangsläufig Unsicherheit. Wenn niemand sicher sein kann, was als nächstes passieren wird, geht es nicht nur darum, sich einem Risiko zu stellen; die Situation löst auch Verwirrung aus. Wer Verantwortung im Umgang mit Veränderungen trägt, muß daher in der Lage sein, den Kurs für künftige Handlungsweisen zu formulieren, sowie mit *persönlichem Beispiel* vorangehen, wenn es gilt, schlecht beleuchtete Übergänge zu passieren und den Gefahren des Risikos, der Unwissenheit und der Verwirrung zu trotzen. Solche Personen werden allgemein als »Führungskräfte« angesehen – ich benutze diesen Begriff hier, um zwischen Führungskräften und »Experten« zu unterscheiden.

Wir wissen sehr wenig über die Lernfähigkeit von Führungskräften, aber wir müssen unbedingt dafür sorgen, daß wir sie nicht denselben Ausbildungsgängen unterwerfen, die für Experten ausreichen mögen. Damit will ich nicht behaupten, daß Führungskräfte kein Fachwissen brauchten; eine solche Behauptung wäre unsinnig. Aber wir müssen die simple Tatsache akzeptieren, daß es etwas anderes ist, ob man den menschlichen Geist für die unbekannten Fragen der Zukunft öffnet oder ob man ihn mit den Antworten füllt, zu denen Generationen von Forschern in der Vergangenheit gelangt sind. Oxbridge[1] wird vorgeworfen, daß es akademischen Zement über die junge Intelligenz kippt und daß, nachdem der Zement hart geworden ist, alle neu aufkommenden

Zweifel über dieselben Rinnen ablaufen und die dekorativen Wassergräben der Geschichte nur wieder auffüllen. Der Experte häuft immer mehr Kenntnisse an, die man als »programmiertes Wissen« bezeichnen könnte – die systematische Erfassung all dessen, was gelebt, erfahren und klassifiziert wurde (P); dieses gespeicherte Wissen nimmt vielerlei Formen an, läßt sich auf unterschiedlichste Weise wiederverwenden und wird von allen möglichen *Lehranstalten* geliefert – vom Kindergarten, in dem das ABC intoniert wird, bis hin zu Wochenendseminaren für Richter, denen erklärt wird, daß ein Tierarzt eine Katze nur dann betäuben darf, wenn eine weitere qualifizierte Person zugegen ist, wohingegen ein Zahnarzt, der seine Patienten ohne fremde Hilfe narkotisiert, keinen Gesetzesverstoß begeht.

Aber für den Umgang mit Unsicherheiten, über die wenig bekannt ist, bevor sie tatsächlich auftreten, kann sich ein Übermaß an programmiertem Wissen als Handicap erweisen, weil es leicht dazu führt, daß man nur sieht, was man sehen will, und nicht, was wirklich da ist. Führungskräfte müssen *Q* entwickeln – die Fähigkeit, neue und nützliche Fragen zu stellen, wenn das, was vor ihnen liegt, nicht ihre verklärte Vergangenheit, sondern ihre düstere und bedrohliche Zukunft ist.

Die Suche nach *Q* ist der Zweck des Action Learning, und diese Suche findet in einer *lernenden Gemeinschaft* statt.

Lernende Gemeinschaften

Da wir nicht mit Sicherheit sagen können, daß man *Q* lehren kann (wie Rechnen oder Buchstabieren), bleibt uns nichts anderes übrig, als zu experimentieren. In einer lernenden Gemeinschaft schaffen wir Bedingungen, in denen echte Menschen echte Probleme in Echtzeit bewältigen müssen. Wir brauchen also zunächst eine Person, die einerseits echte Verantwortung für die Bewältigung einer Aufgabe trägt, andererseits gewisse Zweifel am Gelingen hat und deshalb bereit ist, etwas Neues auszuprobieren.

Wesen und Voraussetzungen

Für das allererste Experiment in dieser Richtung überzeugte ich zwanzig Gruben-Manager, daß sie mehr Kohle aus ihren Bergwerksschächten fördern und gleichzeitig die Verletzungsgefahr für die Bergarbeiter verringern könnten, wenn sie sich alle darüber einig wären, daß es Probleme bei ihrer Arbeit gab, die sie nicht voll verstanden, die sie jedoch klären und überwinden könnten, indem sie sich gegenseitig unterstützten. Die Mitglieder dieser lernenden Gemeinschaft lernten also miteinander und voneinander und gewannen so viele Erkenntnisse über ihre wichtigsten Führungseigenschaften. Sie gewährten ihren Kollegen nicht nur direkten Einblick in ihre Ziele und Absichten, sondern erklärten einander auch mit eigenen Worten, was sie als nächstes vorhatten, wie sie sich die Resultate vorstellten und, etwas später, was tatsächlich dabei herausgekommen war und wie, wenn überhaupt, das Resultat korrigiert werden mußte.

Mit anderen Worten: die Manager ließen sich nicht nur von ihren Kollegen bei der Führungsarbeit zuschauen, sondern mußten auch ihre eigenen Vorstellungen von Führung definieren und ordnen. Da all dieses, wie beabsichtigt, mit Risiken, Unsicherheit und Verwirrung behaftet war, konnten die Manager sich nicht auf Experten verlassen, die ihnen sagten, was als nächstes zu tun sei. Wenn sich jedoch herausstellte (zum Beispiel durch die Diskussion mit einem Kollegen über irgendwelche operativen Aspekte, die zwangsläufig zur Sprache kamen, wenn jemand von seinen Vorhaben berichtete), daß ein Manager weniger Fachkenntnisse von, sagen wir, der Grubenbewetterung besaß, als er angenommen hatte, so konnte ein entsprechender Experte natürlich viel dazu beitragen, die Wissenslücken zu schließen.

Je detaillierter die Erkundung einer Führungsaufgabe wird, desto mehr *P* mag für nötig befunden werden. Man kann jedoch auch haufenweise *P* ansammeln, ohne in irgendeiner Weise zu dem beizutragen, was von wesentlicher Bedeutung für die Führungsarbeit ist – nämlich *Q* oder die Fähigkeit, die eigene Unwissenheit (und die aller anderen im selben Boot) zu erforschen und dadurch klarer zu erkennen, welches *P* benötigt wird und wie man es einsetzen muß. Die Mitglieder der lernenden Gemeinschaft sind also gezwungen, sich durch Versuch und Irrtum (Vermutung und Widerlegung) voranzutasten. Zu dieser streng kontrollierten Spekulation gehört nicht nur eine aufmerksame gegenseitige Beobachtung (denn keiner ist der Lehrer, der den übrigen sagt, was sie als nächstes tun sollen), sondern auch der Austausch von Kommentaren, Ratschlägen, Kritik und – vor allem – Unterstützung.

Führen lernen (Q): ein sozialer Austausch

Die Formulierung von nützlichen, fruchtbaren und kritischen Fragen, wenn man nicht sicher ist, was man als nächstes tun soll, könnte auch als reines Herumraten betrachtet werden. Aus diesem Grund tun viele Lehrkräfte das Action Learning als unwissenschaftlich ab. Trotzdem ist das wertvollste Gut, das in den Erinnerungsspeichern von Praktikern lagert, ihre angesammelte Erfahrung. Aber niemand weiß, vor allem nicht die Manager selbst, ob sie diese Erfahrungen richtig deuten werden, wenn sie in künftigen Situationen darauf zurückgreifen müssen.

Wenn man etwas aus der Vergangenheit an die Bedingungen der Gegenwart und an die Hoffnungen für die Zukunft anpassen will, so erfordert das zweifellos ein gewisses Herumraten. Auch wenn die neue Idee von einem anerkannten Experten auf diesem Gebiet stammt, so muß der Manager doch immer noch schätzen, was dabei herauskommen wird; er kann sich nie sicher sein. Da er deshalb bei allem, was er tut, bis zu einem gewissen Grad auf Vermutungen angewiesen ist, können wir diese Vermutungen genausogut auf ein möglichst solides Fundament stellen.

Beim Action Learning werden Manager ermutigt, anderen Praktikern (nicht den *P*-Leuten, den Experten) ihre eigene Sichtweise der Probleme (inklusive ihrer eigenen Rolle in dem Alptraum) und ihre eigenen Lösungsvorstellungen zu erklären; das macht diesen Ansatz zu einer effektiven Werkstatt, in der die Teilnehmer ihre Führungs»waffen« – vor allem ihr Urteilsvermögen im Hinblick auf das Unsichtbare und Unbekannte – erforschen, schärfen und erproben können. Nichts davon könnte man den Managern durch einen formellen Unterricht beibringen; alles wird durch den Austausch und die Offenlegung in der Gemeinschaft gelernt: erstens, weil der verantwortungsbewußte Umgang miteinander und die Realität des Kontaktes zur Ehrlichkeit zwingen, zweitens, weil gleichgestellte Kollegen ständig ihre Deutung der erläuterten Absichten und Taten offerieren, und drittens, weil man ebendiesen Kollegen selbst wieder seinen Rat, seine Kritik und seine Unterstützung anbietet.

Wenn man sich selbst einen Rat gibt, muß man ihn nicht »in Worte fassen«, und das bringt die Gefahr mit sich, daß dessen Schwächen und Ungereimtheiten erst offenbar werden, wenn der Schaden bereits eingetreten ist. Wenn man anderen einen Rat gibt, muß man ihn zunächst in irgendeine logische Abfolge bringen, und schon diese Übung als solche kann weit mehr zu einem konzentrierten Denken beitragen als das kleine Denkabenteuer, das dem vorausgegangen ist.

Was Action Learning nicht ist

Die drei oben dargelegten Elemente des gemeinschaftlichen Austauschs unterscheiden das Action Learning deutlich von allen anderen Formen der Management-Ausbildung. Das soll nicht heißen, daß Action Learning allen anderen Ansätzen überlegen ist, obwohl das Ausmaß, in dem einzelne Bestandteile davon unter anderen Namen angeboten werden, gewisse Rückschlüsse auf seine kommerziellen Möglichkeiten zuläßt. Die Inangriffnahme von realen Problemen durch reale Manager innerhalb eines realen Zeitraums kann natürlich nicht darauf beschränkt bleiben, daß man die Probleme, fernab vom eigentlichen Schauplatz, in Seminaren diskutiert. Reale Manager entwickeln sehr schnell das Bedürfnis, die Dinge vor Ort zu erforschen – sie wollen in die »Schachtsohlen« ihrer gegenseitigen Führungspraxis heruntersteigen und auch mit jenen Managern reden, die selbst nicht direkt am Action Learning beteiligt sind. Wenn irgendwelche der folgenden Programme (und es handelt sich lediglich um eine kleine Auswahl aus dem Angebot) als überlegene Alternative zum Action Learning präsentiert werden, sollte man daher gründlich nachfragen, inwieweit sie die drei wesentlichen Voraussetzungen des Führungslernens erfüllen:

- Unternehmensspiele
- Organisationsentwicklung
- Fallstudien
- Projektarbeit
- klientenzentrierte Therapie
- transaktionale Analyse
- Unternehmensberatung
- Rollenspiele
- Gruppendynamik
- Job-Rotation
- Ortsbesichtigung
- Operations-Research
- Arbeitsstudie
- nichtdirektive Beratung

Alle oben genannten Programme decken bestimmte Bereiche ab, sie sind jedoch fast alle mit der Vorstellung einer fachkundigen und autoritären Unterweisung verbunden. Man bezahlt eine andere Person dafür, daß sie einem den richtigen Weg weist – vorher muß man ihr allerdings sagen, welchen Weg man selbst für falsch hält. Beim Action Learning gibt es (wie im wirklichen Leben) keine allwissenden Autoritäten, die einem sagen können, was richtig und was falsch ist. Laut Lukasevangelium können wir das Reich Gottes nur in uns selbst finden, und es sind eher die anderen Suchenden – und nicht die Leute mit den Programmen –, die uns sagen können, ob wir auf der richtigen Spur sind.

Logistische Notwendigkeiten

Wenn reale Menschen (verantwortliche Manager aus allen möglichen Bereichen, die vertraglich verpflichtet sind, Resultate zu liefern) sich als Q-Lernende betätigen sollen, damit sie besser mit dem Neuen und Unbekannten umgehen können, dann müssen einige wichtige Voraussetzungen erfüllt sein. Diese Voraussetzungen sind nichts anderes als praktische Notwendigkeiten, die jedem Manager sofort einleuchten, wenn er einmal die grundlegende Idee des Action Learning verstanden hat, nämlich, daß sein Kollege, der ebenfalls die Notwendigkeit des Lernens erkannt hat, derjenige ist, der ihm am besten helfen kann: einfach deshalb, weil er stark motiviert ist, seine eigene Verwirrung zu verstehen und auch die seines Kameraden zu klären. Professionelle Lehrer arbeiten nicht unter solchem Streß; sie reagieren ziemlich gleichgültig, wenn von Studentenseite angedeutet wird, daß sie – abgesehen von dem, was in den Lehrbüchern steht – keine blasse Ahnung von ihrem Fach haben. Drei wesentliche Bedingungen müssen erfüllt sein:

1. Jeder teilnehmende Q-Lernende muß in die Lage versetzt werden, regelmäßig eine kleine Anzahl von gleichgestellten Kollegen zu treffen. In dieser festen Gruppe sollte für jeden Teilnehmer ein Plan erarbeitet werden, wie er das Echtzeit-Problem, mit dem er beauftragt ist, in Angriff nehmen kann. Außerdem ist dieser regelmäßige Kontakt notwendig, damit man Meinungen, Ratschläge, Kritik und Unterstützung untereinander austauschen kann, was von wesentlicher Bedeutung für eine bessere Nutzung der eigenen Erfahrungen und Möglichkeiten ist.

2. Jedes reale Projekt (Problem, Handlungsbedarf, Reorganisation), das von einem Q-Lernenden bearbeitet werden soll, muß auf einen Vorschlag des Top-Managements zurückgehen. Die Unternehmensführung muß ein echtes Interesse an der Lösung des Problems haben und fest entschlossen sein, etwas dagegen zu tun. Ohne diese Unterstützung durch eine Koalition der Macht ist das Projekt wahrscheinlich nicht besonders ernst gemeint und bietet keine Gelegenheit zu echtem Lernen. Noch schwerer wiegt, daß der Q-Lernende unter

Umständen nie die Chance erhält, seine Pläne in die Tat umzusetzen, wenn das Top-Management kein wirkliches Interesse an der Sache hat. Seine Bemühungen erweisen sich also – wie bei einer Fallstudie – größtenteils als Zeitverschwendung.

3. Jedes Projekt muß, zusätzlich zu seiner praktischen Relevanz und zu der Unterstützung von oben, auch einige erkennbare *Q*-Lernmöglichkeiten für jene Manager bieten, mit denen der Haupt-*Q*-Lernende in der Praxis zusammenarbeiten wird. Die realen Bedingungen, die er zu verändern sucht, sind sozusagen die Domäne des Top-Managements, dem das Problem, das in Angriff zu nehmen ist, »gehört«. Die oberste Führungsebene muß einen *Kunden* aus den eigenen Reihen stellen, dem der *Q*-Lernende laufend Bericht erstatten sollte (zusätzlich zu den Gruppentreffen mit seinen *Q*-lernenden Kollegen). Es ist wichtig, daß dieser Kunde genauso sorgfältig ausgewählt wird und genauso engagiert ist wie der *Q*-Lernende selbst.

Wer ein Action-Learning-Konsortium organisiert, muß sich also darüber im klaren sein, daß jedes Projekt aus drei teilnehmenden Lernenden (*Q*-Lernenden) besteht: dem(n) *Sponsor*(en), dem *Klienten* Schlüsselrollen des Action Learning: Kunde und dem *Mitglied der Gruppe (Q-Lernender)*. Es liegt auf der Hand, daß die Gruppenmitglieder regelmäßig zusammenkommen müssen (beim Programm der belgischen Stiftung *Industrie und Universität*[2] für künftige Geschäftsführer war dafür jeweils ein ganzer Tag pro Woche, über einen Zeitraum von neun Monaten, angesetzt). Nicht ganz so einleuchtend ist vielleicht, weshalb Sponsoren und Kunden genauso verfahren sollten. Aber auch sie können viel von- und miteinander lernen, wenn sie mit anderen Sponsoren und anderen Kunden über die Resultate und den Verlauf des Projektes diskutieren.

Projektoptionen

Das Action Learning (das anfangs noch nicht diesen Namen trug) entstand, weil mir klar wurde, daß die Bemühungen um ein besseres Verständnis der Probleme, die sich bei der Leitung von Kohlezechen ergaben, wenig Früchte trugen. Kurz nach der Verstaatlichung der britischen Zechen holte man eine Reihe von ausländischen Experten in die englischen Gruben. Sie kamen aus Deutschland, Holland und den USA, weil man schon immer vermutet hatte, daß die Management-Standards dort zwangsläufig höher sein müßten als im Land der brillanten Amateure. Das verwickelte uns alle in viele interessante

Diskussionen und führte schließlich auch zu einigen wagemutigen Vorschlägen über die Installation von Maschinen an Orten, wo vorher keine gewesen waren. Aber der Versuch, die Management-Standards in über 1000 Gruben anzuheben, stieß auf immense Probleme. Es wurde schnell deutlich, daß die erforderlichen Maßnahmen einen viel engeren Bezug zur praktischen Arbeit und zu den seit langem bestehenden, chronischen Problemen haben mußten. Jedem einigermaßen sensiblen Beobachter von Grubenarbeitern wird bald bewußt, wie stark deren gefährliche Arbeit ein Teil von ihnen wird. Ihre Gedanken und Gespräche kreisen um nichts anderes. Der Plan, die Bergleute zu verändern, indem man sie über Innovationen in West Virginia oder an der Ruhr diskutieren ließ, erwies sich sehr schnell als unrealistisch.

Wenn Männer bereit sind, jede Nacht drei Stunden bei mehreren Gläsern Bier ihre Probleme bis ins kleinste Detail zu besprechen – warum sollte man ihnen dann nicht vorschlagen, dasselbe tagsüber zu tun, allerdings mit weniger Bier? Warum sollten sie nicht einen Blick in die Grube des anderen Managers werfen und sich ein Bild von den dort herrschenden Bedingungen machen – von jenen Bedingungen, über die sie in der Nacht zuvor so ausgiebig diskutiert hatten?

Es schien, daß viele Manager das Gespräch mit Kollegen brauchten, um klar erkennen zu können, was sie als nächstes tun sollten, oder um sich überhaupt über das Wesen des Problems klar zu werden, das einen solchen Schritt erforderlich machte. So wie der Jurist einen Füller zur Hand nehmen muß, um den Vertragsentwurf schriftlich zu fixieren, so braucht der Manager offenbar den Austausch mit einem echten »Kumpel«, bevor er seine eigene wertvolle Erfahrung für den besten Handlungsentwurf nutzen kann. So kam es dazu, daß wir die Grubenmanager zum gegenseitigen Austausch ermutigten und sie über die Probleme diskutieren ließen, auf die sie bei ihrer (möglichst) ähnlichen Arbeit in unterschiedlichen Umgebungen stießen.

Bei unserer nächsten Unternehmung versuchten wir, mehrere Teams aus einem Krankenhaus dazu zu bewegen, an ihren eigenen Problemen zu arbeiten und, ähnlich wie die Grubenmanager, andere Krankenhäuser zu besuchen und dortige Vorgänge zu diskutieren: vertraute Probleme, aber in einem anderen Setting. Zwischen den Bedingungen bestanden ausreichend große Unterschiede, um ein paar neue Fragen aufzuwerfen oder auch Kritik zu provozieren. Mein ernstgemeinter Vorschlag, die Grubenmanager auf die Probleme der Ambulanzen anzusetzen und die Oberärzte mit den Verkehrsproblemen an den Schachtsohlen zu betrauen, wurde von beiden Berufsgruppen verworfen.

Mein Ziel war, daß reale Manager an unbekannten Problemen in unbekannten Umfeldern arbeiteten (daß zum Beispiel der Logistik-Analytiker von einem internationalen Ölkonzern bei der Klärung der Entwicklungsprobleme einer internationalen Bank hilft – oder der Geschäftsführer einer Warenhauskette die Forschungs- und Entwicklungsschwierigkeiten eines großen Stahlkonzerns studiert). Um dieses Vorhaben zu verwirklichen, war ich gezwungen, nach Belgien zu gehen, wo ich die unbeirrbare Unterstützung von Gaston Deurinck, dem Geschäftsführer der *Stiftung Industrie und Universität* erhielt.[3] In einer konsequenten Anstrengung trieben wir die Manager an die Grenzen dessen, was sie an reinem *Q* aushalten konnten, und nahmen ihnen jede Möglichkeit, sich mit ihrem angesammelten *P* zu behelfen, indem wir sie mit der Lösung eines Problems betrauten, das völlig außerhalb ihres gewohnten Betätigungsfeldes lag. Diese rigorose Bemühung war der Beginn des eigentlichen Action Learning und stellt auch noch 15 Jahre später seine wirkungsvollste Anwendungsmöglichkeit dar.

Nachdem nun also Kohlezechen und Krankenhäuser an bekannten Problemen in unbekannten Umfeldern gearbeitetet hatten und die gesamte belgische Fertigungsindustrie sowie das Bankwesen an unbekannten Problemen in unbekannten Umfeldern, stellte sich die Frage, wo man unbekannte Probleme in bekannten Umfeldern angehen konnte – oder vielleicht sogar bekannte Probleme in bekannten Umfeldern? Waren solche Varianten möglich?

Im Jahre 1973 äußerte GEC (General Electric Company) Interesse an einem Action-Learning-Programm, weil es den obersten Führungskräften die Möglichkeit bieten würde, ihre Erfahrungen in einer etwas stärker strukturierten und besser organisierten Form auszutauschen als bisher üblich. Die seit langem bei GEC etablierte Praxis sah so aus, daß man zwar jedem Manager die Chance gab, seiner Inspiration freien Lauf zu lassen und Diskussionsthemen in der Zentrale vorzuschlagen, es dann aber den Leuten selbst überließ, wie und ob sie die neuen Einsichten nutzten, die sich aus diesen Gesprächen möglicherweise ergaben. Beim »traditionellen« GEC-Ansatz wurde also darüber nachgedacht, wie man Probleme, die sowieso angegangen werden mußten, auf neue Weise in Angriff nehmen könnte. Dieser Ansatz wurde durch das Action Learning erheblich erweitert. Warum sollten die Manager ihre Fragen und Ansichten nicht untereinander austauschen, anstatt die unbekannte Zukunft einzig und allein mit der Zentrale zu diskutieren?

Die Idee fand großen Anklang, und über 50 Manager unterbreiteten ihre Probleme anderen GEC-Kollegen. Teilweise blieben sie dabei innerhalb ihrer eigenen Unternehmenseinheit, teilweise wurden Grenzen innerhalb des riesigen Unternehmens überschritten; dabei kamen Arbeitsweisen miteinander in Kontakt, die beinahe so unterschiedlich waren wie bei der erfolgreichen belgischen Initiative. Ein oder zwei Projekte bezogen Kunden mit ein – wie zum Beispiel die Post, die damals intensiv über das Design ihrer eigenen Ausrüstung nachdachte. GEC genoß hohes Ansehen. Sobald bekannt wurde, daß sich seine bereits höchst effizienten Führungskräfte durch Action Learning weiterbildeten, begeisterte sich plötzlich ganz Großbritannien für die Möglichkeit, innerhalb eines bekannten Umfeldes (GEC selbst) unbekannte Probleme anzugehen und zum Beispiel die Herstellung auf Personalfragen oder die Technik auf die Probleme der Lagerung und Distribution anzusetzen.

Schließlich gab es da noch all die Führungskräfte, die sich rund um die Uhr um die Leitung ihrer eigenen kleineren Unternehmen bemühten. Sie waren aufgrund ihrer Arbeitsbelastung nur schwer zu bewegen, viel Zeit in andere Unternehmen zu stecken – und sich insbesondere mit der Frage zu beschäftigen, wie dieses andere Unternehmen seine eigene unausweichliche Zukunft bewältigen könnte. Konnte Action Learning zur Entwicklung einer neuen Wahrnehmung von *Q* beitragen, ohne daß der Manager dafür seine eigene Firma mit ihren dringenden Anforderungen an seine persönliche Aufmerksamkeit verlassen mußte?

Vor Jahren, noch bevor das Programm der Stiftung *Industrie und Universität* in Belgien stattfand, hatte man das Action Learning mit großem Erfolg in kleineren Unternehmen in Milwaukee, USA, und in Kortrijk, Flandern, angewandt. In beiden Fällen hatte sich eine kleine Gruppe aus einem halben Dutzend Eignern und Geschäftsführern von kleineren Firmen regelmäßig zum Essen getroffen und dabei über ihre Probleme diskutiert. Das hatte sie schließlich dazu bewogen, die Hilfe einer ortsansässigen Universität zu suchen. In gemeinsamer Arbeit hatten sie dann gegenseitig ihre Belegschaften befragt und jeweils einen leitenden Mitarbeiter ermuntert, eine kurze Zeit (nicht mehr als zehn Tage, verteilt über sechs Monate oder mehr) in den anderen Firmen zu verbringen und dort die Resultate der Interviews zu erörtern. Die Top-Manager mußten sich natürlich regelmäßig zu einem Meinungsaustausch treffen, was sie normalerweise bei einem Essen taten. Dabei erörterten sie dann die Ergebnisse, die ihre jeweiligen Helfer – ihr Büroleiter oder Bürovorsteher oder auch der Vorarbeiter aus der Produktion – ermittelt hatten. Die Chefs blieben praktisch die gesamte Zeit in ihrem eigenen Arbeitsbereich, wo sie ihre eigenen Probleme zu lösen versuchten (vertraute Situation und vertraute Sorgen, auch wenn sich die Sichtweise der Probleme durch die gründliche Erforschung veränderte).

Diese frühen Anfänge haben mittlerweile zu vielen neuen Ansätzen geführt, und die *Institution of Works Managers* (jetzt *Industrial Managers)* hat das Action Learning übernommen, damit sich Unternehmensführer oder Bereichsleiter in kleinen lokalen Gesprächskreisen mit ihren Arbeitsproblemen auseinandersetzen können. Aber das herausragendste Beispiel für die Inangriffnahme eines vertrauten Problems in einem vertrauten Umfeld ist der sogenannte »japanische Q-Zirkel«, für den ich mich (natürlich nicht unter diesem schicken Namen) in den 50er Jahren in mehreren Schriften eingesetzt habe. So hielt ich zum Beispiel 1957 einen Vortrag mit dem Titel »The Analysis of Industrial Behaviour«[4] auf der Jahreskonferenz der Produktionstechniker in Harrogate. Schon ein flüchtiger Blick zeigt, daß darin – auf der Basis umfangreicher Forschungsarbeiten – klar beschrieben wird, wie kleine Teams am Produktionsort aus ihren alltäglichen Erfahrungen lernen können.

Diese Analyse macht ziemlich deutlich, daß die kleine Gruppe von Männern und Frauen, die bei ihrer Arbeit in engem persönlichem Kontakt stehen, unweigerlich mit- und voneinander lernt. Meine Bemühungen, dieses machtvolle Potential systematisch zu nutzen, konnten jedoch nicht mit den von den Wirtschaftswissenschaftlern empfohlenen »Economies of Scale«[5] konkurrieren. Erst als die Japaner 20 Jahre später in die englischen Fabriken einfielen und die englischen Führungskräfte vor eine enorme Herausforderung stellten, erwachte in diesem Land das Interesse an der Anwendung seiner eigenen Ideen zur besseren Nutzung seiner eigenen Erfahrungen.

Action Learning in seiner mannigfaltigen Nutzung

Bei allen Programmoptionen versuchen Manager, mit- und voneinander zu lernen, wie sie hartnäckige Probleme, die einfach nicht von allein verschwinden wollen, effektiver angehen können. Solche Programme werden heute in Australien, Bahrain, Belgien, Großbritannien, Ägypten, Finnland, Indien, Libyen, Norwegen, Saudi-Arabien und Schweden durchgeführt.

Alle vier Optionen werden in verschiedenen Wirtschaftsbereichen ausprobiert, einschließlich Bildungssektor und Sozialwesen. In Australien arbeitet die private Industrie mit Regierungsbehörden zusammen, und zwar nicht nur mit öffentlichen Versorgungsbetrieben wie Wohnungsbau oder Telefonwesen, sondern auch mit rein administrativen Abteilungen wie Grundbuchämtern oder bereichsübergreifenden Koordinierungsstellen. Die staatlichen Industrien in Indien zeigen einige extrem phantasievolle Formen des Austauschs, indem zum Beispiel leitende Forschungsbeamte aus dem medizinischen und pharmazeutischen Bereich bei der langfristigen Entwicklung der Zementindustrie helfen – ein Anliegen von großer Wichtigkeit für eine Nation, die so abhängig von Straßen und Bewässerungsanlagen ist wie Indien. Das Suez-Kanal-Unternehmen in Ägypten gleicht in seiner Größe und Verschiedenartigkeit der britischen GEC, so daß mannigfaltige Formen des Austauschs möglich sind, um den Einfallsreichtum seiner buntgemischten und sehr praxisorientierten Bediensteten freizusetzen.

Gegenwärtig ist die Gründung einer Action-Learning-Stiftung im Gespräch: Eine internationale, gemeinnützige Institution soll versuchen, möglichst viele der unterschiedlichen und weit verstreuten Innovationen zu verbinden, so daß in echter Action-Learning-Manier alle Beteiligten mit- und voneinander lernen können. Auch die Weltgesundheitsorganisation zeigt großes Interesse am Action Learning; diese Entwicklung hängt mit der langfristigen Auswertung des Programms zusammen, das zwischen 1965 und 1969 in den 10 Londoner Krankenhäusern durchgeführt wurde.[6] Wie die Prüfung durch ein unabhängiges amerikanisches Managementgremium kürzlich ergab, handelt es sich hierbei um einen der wirkungsvollsten Versuche, die Effektivität – inter alia – zu steigern, da Millionen von Englischen Pfund gespart und Patienten schneller entlassen wurden. Des weiteren wurde vorgeschlagen, daß man ein kürzlich[7] erschienenes Buch – *The Origins and Growth of Action Learning* – ins Arabische und Japanische übersetzt, was darauf hindeutet, daß die Idee auch an weit entfernten Orten Fuß faßt.

Programmiertes Wissen (P) über Action Learning (Q)

Diese Hinweise auf die weltweite Verbreitung des Action Learning und auf einen zunehmenden Austausch zwischen verschiedenen Ländern könnten bedeuten, daß wir schon bald eine Literatur haben werden, aus der man Fallgeschichten und Übungen ableiten und genauso vermarkten kann wie die Ratgeberpakete für eine gesunde Ernährung oder einen muskulöseren Brustkorb. Aber wer versucht, mit einem oberflächlichen Denken in große Tiefen vorzustoßen, wird unweigerlich auf Grund laufen – die Geschichte der Management-

Ausbildung bietet genügend Beispiele dafür. Das Action Learning läßt sich nicht in kleine, handliche Pakete schnüren. Von dem Moment an, wo man es in präzis beschriebene Programme zwängt, wird es kein Action Learning mehr sein. Der einzige Weg, es besser zu verstehen, ist, es zu praktizieren, und der regelmäßige Kontakt mit anderen Experimentierenden dient nicht dazu, deren Ideen zu kopieren, sondern sie mit den eigenen zu vergleichen. Die Menschen, die sich selbst als Erfinder des Action Learning betrachten (und davon gibt es ein paar hundert), sollen nicht nur ihre Studenten dazu anhalten, mit- und voneinander zu lernen. Sie müssen es auch selbst tun. Beides ist gleich wichtig.

Wie auch immer, wenn das Action Learning sein Potential entfalten und zu einer ernsthaften Erforschung der eigenen Unwissenheit führen soll und wenn jene, die immer noch neugierig auf eigene Lernerfahrungen sind, in Kontakt bleiben sollen, dann brauchen wir ein gemeinsames Vokabular, in das wir unsere Eindrücke kleiden können, bevor wir sie öffentlich ausstellen. Einen Anfang könnten die folgenden Konzepte bilden, die überall auf der Welt, wo man das Action Learning eingeführt hat, aufgetaucht sind. Das Folgende ist in keiner Weise als Lehrplan, geschweige denn als maßgeblicher Lehrplan zu verstehen:

1. Man könnte sagen, daß jede Veränderungsbemühung aus zwei Phasen besteht; zuerst kommt die Diagnose- und Entwurfsphase, in der man herauszufinden versucht, was möglich ist (und dies ist notwendigerweise provisorisch); dann tritt man in die Therapie- oder Verhandlungsphase ein, um den Plan in die Tat umzusetzen (um das zu erreichen, muß der Entwurf unter Umständen geändert oder auch durch einen neuen ersetzt werden).

2. Der beste Einstieg in die Diagnosephase sind Fragen wie: »Was wollen wir hier konkret tun und bewirken?«, »Was hält uns davon ab, es zu tun?«, »Was können wir dagegen unternehmen?«

3. Die therapeutische Phase ist schwieriger als die diagnostische (deshalb überlassen intelligentere Berater die Umsetzung der in Auftrag gegebenen Diagnose dem Top-Management). Der Erfolg hängt davon ab, ob die Q-Lernenden einige starke Verbündete für die angestrebten Veränderungen im Unternehmen finden. Die Verbündeten erkennt man daran, daß sie bereitwillig solche Fragen beantworten wie: »Wer hat verstanden, worin diese Veränderung bestehen soll?«, »Wer wünscht sich diese Veränderung so sehr, daß er/sie selbst an ihrer Umsetzung mitwirken will?«, »Wer verfügt über den nötigen Einfluß, um die Veränderung durchzusetzen?« Da der Kunde sozusagen der »Eigentümer« des Problems ist, das die Veränderung so wünschenswert macht, sollte er sich da-

von überzeugen, daß diejenigen, die auf diese Fragen antworten, fest auf seiner Seite stehen.

4. Jede dieser beiden Phasen läßt sich in regelmäßig aufeinanderfolgende Unterphasen gliedern, die weltweit in allen Action-Learning-Programmen zu beobachten sind: Analyse, Entwicklung und Vermittlung; Zusammenbau, Anwendung und Überprüfung.[8]

5. Für die Gesprächsrunden von *Q*-Lernenden ist es hilfreich, wenn man eine gemeinsame Sprache hat, die eine Definition für die folgenden sechs Konzepte liefert: Entscheidung, Information, Lernen, Risiko, System und Nutzen.

6. Manchmal brauchen *Q*-Lernende eine gewisse Hilfestellung, damit die Sache ins Rollen kommt; der beste Helfer ist ein *Q*-Lernender aus einem früheren Programm, der erkennt, daß die neue Gruppe nicht von ihm abhängig werden darf.

7. Obwohl es sehr wichtig ist, daß die einmal gebildete *Q*-Gruppe in engem Kontakt bleibt, sollten die *Q*-Lernenden gelegentlich auch mit anderen Gesprächskreisen zusammenkommen und sich neu verteilen. Auf diese Weise erhalten die Lernenden Gelegenheit, ihr Tun vor einer anderen Gruppe zu erklären, die noch nicht alles für selbstverständlich hält.

8. Auch Sponsoren und Kunden sollten sich gelegentlich treffen, entweder mit oder ohne ihre *Q*-Lernenden.

Anmerkungen

1 Oxford und Cambridge.

2 Vgl. dazu Mike Pedlers Bemerkungen zu Revans' Biographie in seinem Beitrag »Eine Begegnung mit Reginald Revans« in diesem Buch.

3 Siehe Anmerkung 2.

4 In Revans Band *The Origins and Growth of Action Learning*, 64–81, aufgenommen; vgl. die kommentierte Bibliographie in diesem Buch.

5 Effizienzgewinn durch großen Umfang.

6 Das *Hospitals Internal Communications Project* (HIC).

7 Erschienen 1982.

8 Revans selbst variiert diese Punkte in anderen Veröffentlichungen leicht. In O. Donnenberg; N. Lazeron, »Wie organisiere und gestalte ich ein Action-Learning-Programm« sind im Abschnitt »Der Gesamtaufbau eines Programms/Woraus besteht ein Action-Learning-Programm« sechs Abschnitte unterschieden: Vorbereitung, Diagnose, Planung, Durchführung, Präsentation der Ergebnisse, »Nach-Forschungen«.

Otmar Donnenberg

Action Learning taucht auf

Neue Wege

Schon längere Zeit herrscht Unruhe im Land. *Schulungsveranstalter* können sich über mangelnden Zuspruch nicht beklagen. Auch in der Hektik des Geschäftes sind viele von ihnen mit Erkundungen und Neuorientierungen beschäftigt. Die Teilnehmerinnen und Teilnehmer an ihren Veranstaltungen äußern immer unverhohlener ihre Unzufriedenheit mit den Transferproblemen, die sie haben, wenn sie Neugelerntes anwenden wollen. Da helfen auch allerlei Künste der Teilnehmeraktivierung nur zum Teil. Behandelter Stoff wird zu oft als Ballast erlebt, weil seine Inhalte unnötig, unzutreffend oder nicht mehr zeitgemäß sind. Vielerorts finden Experimente statt mit Projektlernen und Lernen am Arbeitsplatz. Neben dem schulischen Lernen wird dem Erfahrungslernen vor Ort, bei der Arbeit und durch sie, immer mehr Aufmerksamkeit geschenkt.

Führungskräfte, die für zeitgerechte Anpassungen von Strategien und Produkten, Strukturen und Systemen verantwortlich sind, erkennen: »Die Änderungsmaßnahmen sind ausgeführt, aber einige Neuerungen erscheinen schon wieder veraltet, wenn die Maßnahmen abgeschlossen sind.« Oder die Verantwortlichen klagen darüber, daß es viel zu lange dauert, bis endlich Verbesserungs- und Neuerungsprozesse in Gang kommen. Mit dem Aktivieren der Talente und Fähigkeiten der Mitarbeiterinnen und Mitarbeiter will es nicht recht klappen: »Die verwenden ihre Energie eher für Widerstand gegen Lösungen, die von teuren Experten von außerhalb ausgearbeitet worden sind.« Wenn neue Strategien und Organisationsmodelle erarbeitet worden sind, beginnen die Schwierigkeiten eigentlich erst richtig: Die Umsetzung erfordert wiederholt viel mehr Zeit und Mühe, als ursprünglich angenommen wurde. Zur Überwindung von nicht mehr passenden Denk- und Handlungsgewohnheiten sind andere Lernformen erforderlich als die, welche in der Schule erlernt oder in unreflektierter Praxis erworben wurden. Unter der Devise »lernende Organisation« und mit den Mottos »Handeln lernst du durch Handeln« und »Wir lernen für das,

Abbildung 1: Das Unternehmen als »Lernlandschaft« (© A. van Dam)

was wir tun, nicht mehr und nicht weniger!« beschreiten viele Führungskräfte jetzt *neue Wege.*

Die »Lernlandschaft«

In einem großen internationalen Brauereiunternehmen erscheint eine Sondernummer der Mitarbeiterzeitung zum Thema »Das Unternehmen als Lernlandschaft« (Abbildung 1), mit dem Untertitel »Arbeitend lernen«. Das Unternehmen hat Ernst gemacht mit dem Prinzip der lernenden Organisation.

Nach einer Periode des Experimentierens präsentiert die Mitarbeiterzeitung als eine Art Zwischenbilanz Beispiele, wie im Unternehmen das Prinzip der lernenden Organisation praktiziert wird. Eine Schlußfolgerung lautet: »Schulungsveranstaltungen haben nur zu einem kleinen Teil dazu beigetragen.« Bewußtes und systematisches Lernen im Arbeitszusammenhang selbst bringt dagegen auffallend gute Ergebnisse. Ein neuer Begriff macht die Runde: »Wissensproduktivität«. Darunter verstehen seine Befürworter die Fähigkeit, neues Wissen zu entwickeln, es mitzuteilen und es schöpferisch anzuwenden, um vorhandene Prozesse, Produkte und Dienste zu verbessern und neue zu schaffen.

Ein Brauereidirektor berichtet in derselben Hauszeitung: »Während der großen Reorganisation fragten Mitarbeiter nach Lösungen. Ich habe damals gelernt, ihnen Fragen so zu stellen, daß sie selbst den Lösungen auf die Spur kamen. Wir haben miteinander gelernt, unterwegs Anpassungen vorzunehmen und fortwährend auf Veränderungen einzugehen. Rückblickend sind wir ganz erstaunt, wieviel wir durch unsere Lernpausen gelernt haben.«

In einem regionalen Dienst der Wasserversorgung machten sich mittlere Führungskräfte Sorgen darüber, daß junge, neu in Dienst getretene Mitarbeiter so schnell »verdorben« wurden durch den Zynismus und die unselbständige Haltung einiger recht einflußreicher Kollegen, die schon lange dort beschäftigt waren. Manch einer, der am Anfang vielversprechende Initiativen zeigte, Ideen hatte und Mut bewies, zog sich nach der Periode des Hereinwachsens auf Minimalpositionen zurück. Was tun? Eine dieser Führungskräfte fackelte nicht lange und lud »junge Talente« ein, bei informellen Mittagstreffen in einer Ecke der Kantine zu präsentieren, was ihnen ein Anliegen war. Diese periodischen Treffen werden inzwischen rege besucht. Zum Glück sind sie noch immer sehr informell. An einem dieser Treffen trug ein »Junger« ein Projektvorhaben vor, das schon lange im Gespräch war, aber immer wieder in der Versenkung verschwand. Sein Appell verhallte nicht ungehört. Kurz danach kam das Projekt in Gang.

In solchen »Lernlandschaften« taucht auch Action Learning auf, wie ein Richtungsweiser an der Küste, der sich aufgeschlossene »Entwickler« nähern. Eigentlich taucht es *wieder* auf; denn bereits in den 70er Jahren gab es viele Initiativen, um Lernen und Arbeiten lebendiger zu verbinden. Und auch in Jahrzehnten davor gab es solche Bemühungen. Woher kommt dieses neuerliche Interesse? Sicherlich trägt der Umstand dazu bei, daß die herkömmlichen Lernformen mit dem Tempo der Veränderungen nicht Schritt halten können und daß Lernen von Experten nicht die passende Lernform ist, die zum von Unternehmungsgeist geprägten und selbstgesteuerten Tun anregt. Aber gerade dieses ist so gefragt.

Alles und nichts: Wie klar ist der Begriff »Action Learning«?

Action Learning im Großunternehmen und im Krankenhaus, in der Business School bei der Polizei und im Erlebnislager der Schulklasse: an vielen Orten taucht das Phänomen auf. Neue Publikationen in englischer Sprache, die dem Thema gewidmet sind, erscheinen in immer kürzeren Abständen. In Großbritannien, Skandinavien, Australien, Neuseeland, Indien und Ägypten wird schon Jahrzehnte mit Action Learning gearbeitet. In den USA rückt es in den letzten Jahren in wachsendem Umfang in den Blickpunkt (vgl. Froiland 1994).

Personalentwickler sprechen von der Notwendigkeit, Bildungsveranstaltungen und Trainings viel näher an den Arbeitsplatz heranzubringen. Berater und Trainer übernehmen den Ausdruck »Action Learning« immer häufiger in ihr Vokabular. Aber nur wenige verbinden spezifische Vorstellungen damit, manche lassen sich verleiten zu der Aussage: »Action Learning? – Das tu' ich schon lange!«

Was kann man sich unter »Action Learning« eigentlich vorstellen? Einige Beispiele sollen illustrieren, was damit gemeint ist. Diese Fälle zeigen, wo und wann Action Learning eine Rolle spielen kann.

Beispiele

Ein Gruppenleiter in der Forschungsabteilung eines Unternehmens hat ein 360-Grad-Feedback[1] hinter sich gebracht, das heißt von Chef, Kollegen, Mitarbeitern und Kunden Rückmeldungen erhalten über Qualität und Auswirkungen seines Tuns. Daraus hat er abgeleitet, was er in seinem Tun und Denken deutlicher entwickeln will. Als er den Auftrag bekommt, eine neue technische Meßmethode auszuarbeiten, meldet er sich zur Teilnahme an einem Action-Learning-Programm an.

Das Action-Learning-Programm: Im Programmheft der Führungskräfteentwicklungsabteilung hatte er darüber gelesen, und es hatte ihn direkt angesprochen. Er will die Reflexionen mit Lernpartnern, die das Action-Learning-Programm möglich macht, dazu benutzen, Fortschritte in seiner Arbeit und an sich selbst im konkreten Tun zu testen. Die periodischen Reflexionen sieht er auch als wertvolle Chance, um damit Unterstützung in seiner anspruchsvollen Projektarbeit zu bekommen.

Die Koordinatorin in einer Musikhochschule fühlt sich sehr unter Druck bei der Ausübung ihrer Funktion. Sie soll die zahlreichen Projekte, welche die Schule unternimmt, aufeinander abstimmen, Prioritäten klären, Anpassungen zustande bringen, wenn unvorhergesehene Ereignisse eintreten. Sie ist noch nicht lange in dieser Position. Zuvor war sie selbst als Kunstpädagogin tätig. Neben ihrer Arbeit hat sie an einem zweijährigen Lehrgang für Kunstmanagement teilgenommen, und danach wurde ihr die Koordinatorfunktion übertragen. Inwieweit ist dies eine Führungsfunktion? Welche Befugnisse hat sie eigentlich, welche muß sie sich erwerben, um ihrer Verantwortung gerecht zu werden? Sie spürt den Druck von seiten der Kolleginnen und Kollegen, denen das ungewohnte Projektmanagement, das sie – gelernt ist gelernt – ausübt, nicht geheuer ist und die viel Widerstand leisten. Die neuen Gesetze und ministeriellen Rundschreiben in schneller Folge fordern ihr sehr viel ab.

Das Action-Learning-Programm: Als sie erfährt, daß die Managementschule, die sie besucht hat, als Service für die Absolventen ein Action-Learning-Programm anbietet, meldet sie sich zur Teilnahme. Mit vier anderen Kolleginnen und Kollegen, Bekannten aus dem Managementlehrgang, trifft sie sich regelmäßig zu gemeinsamer Reflexion. Die Hälfte dieser Treffen organisieren und gestalten sie selbst, die andere Hälfte wird von einem *Lernberater* begleitet. Bestandteil dieses Action-Learning-Programms sind auch periodische Gespräche mit Kunden ihrer Projekte und mit dem Direktor der Musikhochschule, ihrem Vorgesetzten.

Ergebnisse: Die Gespräche verschaffen ihr Erleichterung, Einsicht in ihre persönlichen Stärken und Schwächen und Anregungen für Problemlösungen und für ihren weiteren beruflichen Werdegang.

Ein Schichtmeister in einer Produktion für nicht-alkoholische Getränke muß sich im Rahmen einer tiefgreifenden Reorganisation der Fertigungslinie damit auseinandersetzen, daß sich dadurch seine Führungsrolle verändert (er soll in Zukunft ein selbststeuerndes Team unterstützen) und daß seine Mitarbeiter gezwungen sind, zusätzliche Qualifikationen zu erwerben, wodurch sie vielseitiger einsetzbar werden und selbständiger arbeiten können.

Das Action-Learning-Programm: Er meldet sich aufgrund des Hinweises der Personalberaterin seiner Fabrik zur Teilnahme an einem Action-Learning-Programm an, das vom zentralen Dienst für Managemententwicklung regelmäßig angeboten wird. Dort trifft er auf Kollegen aus anderen Betrieben des Unternehmens. Jeder hat ein eigenes Projekt. Zwischen den Reflexionszusammenkünften zu sechst haben sie die Gelegenheit, in kurzen Trainings bestimmte soziale Fähigkeiten (u. a. Verhandeln, Entwicklungsgespräche mit Mitarbeitern führen, mit anderen Beteiligten Ideen und Ziele erarbeiten) auszubauen.

Ergebnisse: Am Ende des Action-Learning-Programms hat er einen mit allen Betroffenen erarbeiteten Weiterbildungsplan fertig, er kennt sich aus, wie er im Reorganisationsprozeß aktiv und mit eigenen Beiträgen mitwirken kann, und fühlt sich sicherer, weil er durch die strukturierten Gespräche des Action-Learning-Programms mit Betriebsleiter und Personalberater ein tragfähigeres Kooperationsverhältnis zustande gebracht hat.

In einem Großunternehmen für die Produktion von Stahl und Aluminium will die Führungsspitze den Zusammenhang zwischen der Sparte Stahl und der Sparte Aluminium, zwischen den ursprünglichen Betrieben und den neu hinzugekauften Betrieben sowie zwischen den Betrieben und den zentralen Diensten verstärken. Da liegt einiges im argen. Vorurteile, die man übereinander hat, behindern die Zusammenarbeit. Manchmal lassen sie diese erst gar nicht aufkommen. Lernende Organisation? Von wem soll und kann ich denn etwas lernen? Wozu soll ich neue Erkenntnisse aus meinem Bereich für Kollegen in anderen Projekten und Abteilungen erschließen?

Das Action-Learning-Programm: In einem Gespräch zwischen einem der Vorstandsmitglieder und einem zentralen Dienst für die Personalentwicklung ist der Gedanke aufgekommen, den Ansatz des Action Learning dafür zu verwenden, Verbesserungen im Bereich der Zusammenarbeit zustande zu bringen. Mit einem externen Berater, der auf Action Learning spezialisiert ist, wird ein »Intercompany Learning Programme« (ILP) ins Leben gerufen. Inzwischen reiht sich ein ILP ans andere. Wenn die Ausschreibung für ein ILP im Unternehmen bekannt wird, können Interessierte sich melden: aus eigener Initiative oder auf den Hinweis eines Vorgesetzten oder (Projekt-)Auftraggebers hin.

Bedingungen: Das ILP ist abgestimmt auf Teilnehmer, die bereits mehrjährige Führungserfahrung haben, Aus- und Weiterbildungen zum Thema »Management und Organisation« absolviert haben und mit Coaching vertraut sind. Außerdem, so lautet eine Bedingung, kommen nur diejenigen in Frage, die ein Projekt oder eine Sonderaufgabe mitbringen und daran im Rahmen des Programms arbeiten wollen.

Verlauf: Das ILP bietet ihnen eine Unterstützung bei der Formulierung und Realisierung des Projekts. Die Teilnehmerinnen und Teilnehmer befragen einander so eindringlich, daß wesentliche Annahmen und Auffassungen ins Wanken kommen und neue Ideen und Gedankengänge entstehen. Wenn sie dann das eine oder andere ausgeführt oder ausprobiert haben, geben sie einander Feedback, das Widersprüche zwischen Denken, Reden und Handeln aufdeckt und das Einseitigkeiten und Effekte des eigenen Tuns bewußtmacht. *Lernpartner* sind jedoch nicht nur die anderen Teilnehmerinnen und Teilnehmer, sondern auch der *Auftraggeber*, der *Vorgesetzte* und der *Förderer* jedes Teilnehmers. Zu Konferenzen, bei denen Wissen vermittelt wird und Übungen zur Erarbeitung neuer Fähigkeiten veranstaltet werden, treffen sich die Teilnehmer nur in sehr begrenztem Ausmaß. Hauptsache ist die Reflexion der Projektarbeit im Tun und in Gesprächen mit den Lernpartnern. Diese Gespräche finden so oft wie möglich »vor Ort« statt, das heißt dort, wo die Teilnehmer an der Arbeit sind.

Ergebnisse: Die Teilnehmer sind froh, daß sie jetzt ihnen persönlich bekannte Ansprechpartner in den verschiedenen Teilen des Unternehmens haben, die ihnen gleich Antwort geben oder ihnen Wege zu kompetenten Fachleuten ebnen können. Bei einigen Teilnehmern hat die kollegiale Befragung und das Feedback der Lernpartner dazu geführt, daß sie ihren Wirkungsbereich im Unternehmen verändert haben. Betriebe, in denen sich Lerngruppen treffen, sind in der Lage, sich von unbefangener Seite Feedback und Lösungshinweise zu verschaffen, wenn sie der Lerngruppe aktuelle Probleme vorlegen.[2] Von- und miteinander lernen, betriebs- und funktionsübergreifend, wird ein fester Bestandteil des Arbeitens, und vor allem: mit den Projekten der Teilnehmer kommen konkrete Veränderungen in den Betrieben zustande.

Eine Business School verstärkt ihre Marktposition dadurch, daß sie Action Learning als integralen Bestandteil ihres Unterrichts einsetzt. Studentinnen und Studenten dieser Schule haben sich für sie entschieden, weil es sie anspricht, vor allem aus dem konkreten Tun heraus zu lernen und sich auf *die* Theorie zu konzentrieren, die bei der konkreten Problemlösung hilft. Sie selbst »können« es dann wirklich, sind nicht auf »Vielwissen« angewiesen, dessen Anwendbarkeit noch fraglich ist. Auch die Organisation, in welcher der Student beschäftigt ist, erzielt Vorteile aus dem Studium dieses Mitarbeiters. Durch die Action-Learning-Projekte werden in der Studienzeit aktuelle Probleme gelöst, notwendige Aufgaben erledigt, die womöglich schon längere Zeit einer Bearbeitung harrten, aber wegen der Arbeitsbelastung immer wieder zur Seite geschoben wurden.

Charakteristisch ist der Werdegang eines Studenten, dem – wie in allen Fällen – bei der Anmeldung von dieser Business School gesagt worden war, daß er sich nur dann einschreiben könne, wenn er tatsächlich in einer führenden Position beschäftigt sei. Er war jedoch freiberuflich, als einzelner tätig. Kurzerhand kaufte er eine kleine Sportschule, die in Konkurs gegangen war. In seinem eigenen Unternehmen realisierte er dann die Action-Learning-Projekte, die von der Business School von jedem Studenten verlangt werden: auf dem Gebiet des Marketing, des Informationsmanagements, der Finanzierung, der Strategieentwicklung, der Personalentwicklung usw. Er machte seine Sache so gut, daß er nach erfolgreicher Graduierung nicht nur den Titel »Master of Business Administration« erreicht, sondern auch noch einen kleinen Konzern aus mehreren Sportschulen aufgebaut hatte.[3]

In einer Universitätsklinik war der neue Verwaltungsdirektor zum Initiator für grundlegende Entwicklungsaktivitäten geworden. Er sah die vielen Defizite, die sich auf dem Gebiet des Managements und der Organisation häuften: die faktische Patienten-*Un*freundlichkeit in den täglichen Arbeitsabläufen der Klinik, die zahllosen Schnittstellenprobleme zwischen all den hochspezialisierten Mitarbeitern, das grotesk-autoritäre Verhalten mancher Führungskräfte, das dem Einsatz vorhandener Talente im Mitarbeiterkreis im Wege stand, die ungesteuerte EDV usw.

Das Action-Learning-Programm: Eine seiner Maßnahmen war ein Probelauf mit einem Action-Learning-Programm. Der externe Berater, der die jährlichen Managementkonferenzen der Universitätsklinik gestaltete, hatte die Grundsätze des Action Learning in einer dieser Konferenzen vorgestellt; er half in methodischer Hinsicht, das Programm einzurichten, und begleitete einige der Action-Learning-Aktivitäten. Projektleiter aus verschiedenen Bereichen der Klinik, aus dem ärztlichen und dem pflegerischen Bereich, aus der Medizintechnik und der Verwaltung konnten im Rahmen des Action-Learning-Programms periodisch in gemischten Konsultationsgruppen ihre Sorgen, Fragen und Schwierigkeiten in ihren Projekten gemeinsam reflektieren; sie wurden dabei durch Fragen von Kollegen angeregt, erhielten Feedback und Ratschläge. Hatte man einander vorher am Telefon und auf dem Flur oft noch ungnädig abgekanzelt, so entstand jetzt ein anderer Kommunikationston zwischen den Beteiligten. Über die Gräben der Berufsgruppen hinweg lernten sie einander als Lernpartner kennen und schätzen und bekamen realistischere Einblicke in die »Welt des anderen«.

In den Beziehungen zu den Chefs, Auftraggebern und Förderern der beteiligten Projektleiter, also den für das Action Learning wesentlichen Lernpartnern, wurde u. a. sichtbar:

- Die Auftraggeber (Klinikleitung, Dienstleiter) waren sich nur unzulänglich dieser Rolle bewußt und beherrschten ungenügend die für die Auftraggeberschaft erforderlichen Techniken und Vorgehensweisen. Da kann der Projektleiter noch so gut sein …
- Förderer zu sein ist gar nicht so leicht, und Fördergespräche zwischen Projektleiter und Förderer brauchen Aufmerksamkeit und gute Vorbereitung. Förderern war die Aufgabe gestellt, dem Projektleiter zu helfen, sich selbst und das Projekt auf adäquate Weise mit der Organisation zu verbinden und sich im politischen Kräftefeld der Organisation besser zurechtfinden zu lernen.
- Sachbezogen stießen die Beteiligten auf allerlei Fragen der lernenden Organisation, die sie konkret anzugehen und allgemein zu formulieren lernten.

Jetzt wird in der Klinik das Action Learning, zum Beispiel in den internen Stationsleiterlehrgängen, mit Erfolg und zur Freude der Teilnehmerinnen und Teilnehmer regelmäßig angewendet. Mitarbeiterinnen und Mitarbeiter mit Projektverantwortung und Sonderaufgaben interessieren sich für Action Learning als Hilfe bei ihren ungewöhnlichen Tätigkeiten.

Gemeinsame Charakteristika

Bei diesen sechs Beispielen von Action-Learning-Aktivitäten zeigt sich:

- Das Lernen betrifft die *aktuelle Arbeit*, bei der Probleme sich nicht nach Schema F lösen lassen, Lösungen experimentierend und untersuchend entdeckt werden. Das Lernen findet ganz nahe *am Arbeitsplatz* statt. Tun und Lernen gehen Hand in Hand. Es geht um *Lösungen zugunsten Dritter*. Die *Aktion steht an erster Stelle*, das Lernen konzentriert sich darauf.
- Die Beteiligten sind nicht einfach »Studenten«, sondern sie üben eine *verantwortliche Rolle* aus, aus der heraus sie miteinander und voneinander lernen: als *Projektleiter*, als *Auftraggeber* für ein Projekt, als *Förderer* (eine Rolle, die im Abschnitt »Faktoren des Action Learning« und im Beitrag »Wie organisiere und gestalte ich ein Action-Learning-Programm?« noch näher erläutert wird), als *Kunde*, als *Initiator und Träger* für ein Action-Learning-Programm.
- Die Lerngespräche führen *heterogene* Personen zusammen: aus verschiedenen Berufen, verschiedenen Bereichen der Organisation, aus verschiedenen Organisationen und ihrer Umgebung. Die Heterogenität befähigt sie, einan-

der *»dumme« Fragen* zu stellen, die sich dem Laien aufdrängen und die dann die oder den mit dem Fachgebiet Vertrauten erleben lassen, daß das, was für sie oder ihn selbstverständlich ist, gar nicht so leicht zu vermitteln ist. In den Versuchen, das »Selbstverständliche« zu erläutern, kommen den Erklärenden dann (heilsame) Zweifel, sie beginnen wie von selbst, Fragen dazu zu entwickeln, und stoßen auf eigene Annahmen und Auffassungen, die Anlaß zum Hinterfragen bieten.

- Am Anfang eines Action-Learning-Programms steht die *Initiative einer Person*, die für den Verlauf des Programms eine *Trägerschaftsrolle* ausübt. Der Initiator oder die Initiatorin eines Action-Learning-Programms schaffen damit Raum für initiatives Arbeiten und Lernen der Teilnehmerinnen und Teilnehmer. Wesentlich ist, daß diese sich aus sich und aus aktuellem Bedarf heraus für die Teilnahme interessieren.

Die Schlüsselrollen im Action-Learning-Programm im Überblick

Die Schlüsselrollen der im AL-Programm Beteiligten, die in den Beispielen schon größtenteils vorgekommen sind, seien hier im Überblick genannt:

Teilnehmer sind *Projektleiter*: das heißt, wer die Initiative ergriffen hat, um ein bestimmtes Problem zu lösen oder eine bestimmte Aufgabe zu erfüllen, und schließlich die Verantwortung für die Durchführung eines Projektes auf sich genommen hat; er oder sie entscheidet sich aus freier Wahl, an einem Action-Learning-Programm teilzunehmen, und ist vielleicht sogar aktiv geworden, um einen *Programmträger* (siehe unten) zu finden, der ein umfangreicheres Action-Learning-Programm ideell und materiell ermöglicht.

Mehrere Projektleiter bilden miteinander eine Action-Learning-Gruppe (im englischen Action-Learning-Jargon: »the set«).

Auftraggeber ist, wer als »Problemeigentümer« lebhaft daran interessiert ist, daß eine Problemlösung erarbeitet wird, dafür Mittel einsetzt und mit dem Projektleiter einen Auftrag vereinbart. Meistens ist es eine höherrangige Führungskraft.

Ein solcher Auftraggeber ist der wichtigste Verbündete des Projektleiters. Die Klärung der Auftraggeberschaft macht deutlich, inwieweit es tatsächlich um eine Leistung zugunsten Dritter geht und es sich nicht einfach um ein Hobby des Projektleiters handelt.

Der Kunde, oft identisch mit dem Auftraggeber, ist, im allgemeinen jedenfalls, wer von der Problemlösung profitiert.

Förderer ist, wer als Coach dem Projektleiter behilflich ist, seine (oder ihre) Verbindung als *Person* mit der Organisation zu klären und zu verstärken, jetzt und für die Zukunft, und das *Projekt* im Arbeitsgeschehen adäquat zu positionieren. Oft handelt es sich um eine höherrangige Führungskraft, der von den Mitarbeitern viel Vertrauen entgegengebracht wird. Förderer werden im englischen Action-Learning-Jargon »Sponsor« genannt.

Programmträger ist ein Mitglied des Seniormanagements, das es auf sich nimmt, aufgrund seiner (oder ihrer) Entscheidungsmacht ein offizielles Action-Learning-Programm zu ermöglichen. Manchmal bilden Programmträger aus verschiedenen Organisationen ein Konsortium zur Durchführung eines organisationsübergreifenden Action-Learning-Programms.

Der Action-Learning-Berater wird engagiert, um über die Möglichkeiten von Action Learning zu informieren, ein spezifisches Action-Learning-Programm mit den Beteiligten entwerfen zu helfen und als Katalysator Lernprozesse der Lernpartner zu intensivieren (professionelle Hilfe für das »Lernen lernen« im Kontext der »lernenden Organisation«).

Doch eine Definition von Action Learning

Für den Beginn einer Beschäftigung mit dem Phänomen »Action Learning« lohnt es, wesentliche Merkmale anzugeben, ohne die eine Lernaktivität kein Action Learning ist. Wenn Action Learning scharf profiliert vorgestellt wird, wissen die Beteiligten, woran sie sind, und sie können spezifizierend entscheiden, inwieweit sie sich darauf einlassen wollen und was die besonderen Vorteile sind, die sie damit erzielen.

Action Learning ist

- die Lösung komplexer und realer Probleme zugunsten Dritter,
- wobei unterschiedliche Lernpartner
- lernen zu lernen, und zwar im Lernen von- und miteinander.

Diese drei Punkte sollen im folgenden erläutert werden:

• *Problemlösung* steht nicht zufällig an erster Stelle: Aktion ist der Ausgangspunkt für diese Art des Lernens, Tun: etwas zustande bringen, ein Produkt, einen Dienst, eine Verbesserung, eine Erneuerung; etwas, was ein Dritter braucht, woran ein Dritter (= der »Problemeigentümer«) lebhaftes Interesse hat, bei dem er darauf wartet, daß es endlich zustande kommt. »*Komplex*« deutet darauf hin, daß die Lösung nicht ohne weiteres gefunden werden kann. Der Problemlöser steht also vor der Aufgabe, daß er Wege und Mittel, vielleicht sogar die Lösungsrichtung, erst noch erkunden muß und auf Erprobungen angewiesen ist, sich jedenfalls mit viel Unbekanntem herumschlagen muß. »*Real*« ist ein Hinweis darauf, daß es nicht um etwas geht, das nur zu Lernzwecken erfunden worden ist, wie zum Beispiel ein Planspiel, sondern um etwas, das hier und jetzt stattfindet, tatsächlich einen Bedarf darstellt, existentielle Bedeutung für den »Problemeigentümer« hat.

»*Zugunsten Dritter*« unterscheidet Action Learning von Lernaktivitäten, die vor allem darauf gerichtet sind, persönliche Probleme zu bereinigen, beispielsweise mit Hilfe von Therapie und Supervision. »Wie soll die neue Umgehungsstraße gelegt werden?«, »Patienten-Information über bestimmte Behandlungsformen auf der kieferchirurgischen Abteilung«, »Bildliche Bedienungsvorschriften bei Maschinen, die die Unfallquote unter ausländischen Arbeitern senken können«, »Strategie der Personalentwicklung für die angeschlossenen lokalen Banken«, »Wiedereingliederung von Mitarbeitern, die lange Zeit im Ausland gearbeitet haben, im Stammhaus«: dies sind Beispiele für die hier gemeinten Probleme.

- Das Vorhandensein *unterschiedlicher Lernpartner* ist ein Unterscheidungsmerkmal par excellence, um Action Learning von anderen Formen des »Lernens durch Tun« zu unterscheiden. Lernpartner sind nicht nur die anderen Problemlöser, die auch ein Projekt oder eine spezielle Aufgabe auf der Grundlage persönlicher Verantwortung bearbeiten und mit denen sich der Problemlöser in einer Lerngruppe regelmäßig trifft, um Projekterfahrungen zu besprechen: es sind auch Kunden, für die das Projekt stattfindet, zum Beispiel die Mitarbeiter der angeschlossenen Banken, der Auftraggeber für das Projekt (etwa der Direktor der Unternehmensuniversität, der die Personalentwicklungsstrategie für seine Abstimmung mit anderen Unternehmensbereichen braucht) oder auch der persönliche Förderer, den sich der am Action-Learning-Programm teilnehmende Projektleiter ausgesucht hat, um mit dessen Unterstützung sich selbst und das Projekt im Unternehmen günstig zu positionieren (zum Beispiel der Regionaldirektor für eine Gruppe angeschlossener Banken). Im Rahmen des Action-Learning-Programms führt der teilnehmende

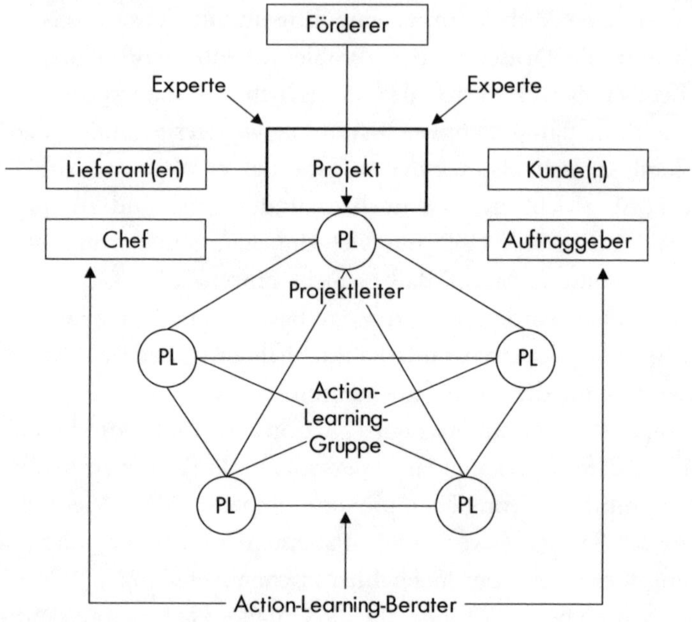

Abbildung 2: Grundstruktur der Action-Learning-Beziehungen für einen teilnehmenden Projektleiter (PL)

Projektleiter auch mit ihnen von Zeit zu Zeit reflektierende und evaluierende Zweiergespräche, aus denen beide (!) Parteien lernen können.

Jeder teilnehmende Projektleiter setzt sich dafür ein, die Beziehungen zum Auftraggeber, zu seinem Förderer (Promotor oder Sponsor) usw. so lehrreich wie möglich zu gestalten. Wenn diese wiederum bewußt und geplant in das Action-Learning-Programm einsteigen, sind auch sie in der Verantwortung, intensiv zu lernen. Der Förderer kann zum Beispiel in seinem Coaching des Projektleiters aus dessen Berichten erkennen, wo es Mängel in der Grundstruktur der Organisation, Unklarheiten in der Geschäftspolitik usw. gibt, und daraufhin die nötigen Veränderungsinitiativen ergreifen; dem Auftraggeber wird klar, was sein Anteil ist, um das Projekt zügig voranzubringen, und wie er Ziele inspirierender formulieren kann, sowie daß er Projektergebnisse zeitgerecht einfordern muß; der Chef merkt, daß er mit dem Mitarbeiter, der als Teilnehmer am Action-Learning-Programm mitmacht, einen besseren Dienstplan verabreden muß. Der Teilnehmer kann auch Lieferanten und Experten als Lernpartner ansprechen.

- »*Lernen zu lernen*«, und zwar im »Lernen von- und miteinander«, ist wahrscheinlich der schwierigste Teil des Action Learning. Der Ausdruck »Lernen zu lernen« mutet zunächst sehr abstrakt an. Bei näherer Betrachtung werden viele von uns entdecken, daß sie bei »Lernen« vor allem an schulisches Lernen denken und sich im übrigen nicht so der Art und Weise bewußt sind, wie sie selbst und ihre jeweiligen Arbeitspartner lernen. Wer weiß schon, was sein (oder ihr) dominanter Lernstil ist? Warum ihn (oder sie) das Verhalten eines anderen in bezug auf Experimentieren, Reflektieren usw. irritiert? Wer arbeitet systematisch daran, seine Fähigkeit ständig zu verbessern, Feedback zu geben und zu bekommen sowie Fragen zu stellen, die zum tieferen Nachdenken anregen? Wer achtet sorgfältig darauf, daß Aha-Erlebnisse im Trubel des Alltags nicht verlorengehen, neu gewonnene Einsichten in Aktionspläne umgesetzt werden? Wie weit gelingt es uns, selbstkritisch zu sein? Überlegungen und Vorgehensweisen dieser Art tragen jedenfalls zur Effektivitätssteigerung unseres Lernens bei, und diese Effektivitätssteigerung brauchen wir, um uns in den unaufhörlichen neuen und andersartigen Einflüssen zu bewähren, denen wir ausgesetzt sind.

Abgesehen davon, daß diese Weise, sich mit dem eigenen Lernen zu beschäftigen, ungewohnt ist, herrscht auch allgemein die Tendenz vor, das Lernen hintanzustellen: die direkte Leistung hat meistens Vorrang. Und wenn der Termin mit Ach und Krach eingehalten wird und die Arbeitsbelastung wächst: wer hat da den Mut, auch noch sich selbst und anderen das »Lernen zu lernen« abzuverlangen?

Hier liegt eine der größten Herausforderungen in der Gestaltung eines Action-Learning-Programms: verbindlich Freiräume zu schaffen, in denen die Lernpartner sich zur gemeinsamen Reflexion treffen können und Energie und die guten Methoden parat haben fürs Nach- und Vorausdenken.

Das »*Lernen von- und miteinander*« geschieht zwar beiläufig und halb bewußt tagaus und tagein; beim Nachdenken über diesen Aspekt des Lernens stellt sich jedoch leicht eine gewisse Skepsis ein: Was kann ich denn von den anderen Lernpartnern schon lernen? In der Lerngruppe heißt es dann: Die haben doch ganz andere Projekte! Sie kommen doch aus ganz anderen Bereichen! Die haben einen anderen beruflichen Hintergrund! Die haben auch keine Lösungen für mein Problem parat. Der Förderer ist doch viel zu weit weg von dem Gebiet, in dem ich tätig bin, der Auftraggeber hat nur Augen für seine eigenen Interessen. Was soll ich von denen lernen können? Wär's nicht doch besser, gleich Experten zu suchen und einzuschalten?

Auch in dieser Hinsicht fordert Action Learning seine Gestalter und Teilnehmer auf eine grundlegende Weise: Es bringt Leute zusammen, die nur zum Teil über die benötigten Antworten verfügen und die in beträchtlichem Ausmaß Nichtwissende sind, und fordert sie auf, ihr Nichtwissen einander offenzulegen, ebenso ihre Zweifel und ihre Verwirrung. Es lädt mit voller Absicht möglichst heterogene Lernpartner zu gemeinsamer Reflexion ein. Das widerspricht dem Rollenverständnis vieler Führungskräfte, die glauben, nur dann ein guter Vorgesetzter zu sein, wenn sie »Besserwisser« sind, und dem vieler Fachkräfte, denen ein »Nichtwissen« ein Greuel ist, weil sie es mit Versagen assoziieren. Entsprechend ist es auch für Mitarbeiterinnen und Mitarbeiter nicht ohne weiteres zu ertragen, wenn sie merken: »Es kommt jetzt auf mich an!«, und Hilfsbedürftige erschrecken, wenn sie zu der Erkenntnis kommen: »Ich kann mich nicht ohne weiteres auf einen Experten verlassen!«

Hier liegt eine Schwelle, die »Action Learners« überwinden müssen: Es braucht Mut, um sich darauf einzulassen, daß die Lernpartner vor allem durch Fragenstellen und durch Spiegeln bzw. Feedbackgeben einander helfen und durch die verschiedenen Gesichtspunkte und »Einstiege«, die sie aus ihren verschiedenen Abteilungen, Disziplinen und Rollen mitbringen. Aber gerade in diesem schwierigsten Punkt liegt auch der größte Wert des Action Learning. Es kann durch diese Art der Lernkonstellation ausgezeichnet dazu beitragen, daß wir miteinander lernen, die Zukunft zu gestalten, die für uns alle unbekannt ist, und lernen, produktiv mit den unterschiedlichen Anforderungen umzugehen, die wir in zunehmendem Maße auf unserem Weg finden.

Ein dynamischer Begriff von Action Learning

Die oben erläuterte Kurzdefinition von »Action Learning« kann als eine Art Einführung in dem Vorhaben betrachtet werden, seine wesentlichen Merkmale herauszuarbeiten. Sie ist als Einladung gemeint, durch Lektüre und persönliche Versuche zu einer *eigenen* Definition zu kommen. Mit Definitionen von Action Learning, erarbeitet von vielen verschiedenen Personen, und Weiterentwicklungen von ursprünglich gefundenen Umschreibungen können wir am ehesten der Aufforderung von Action Learning gerecht werden: aus dem Leben zu lernen!

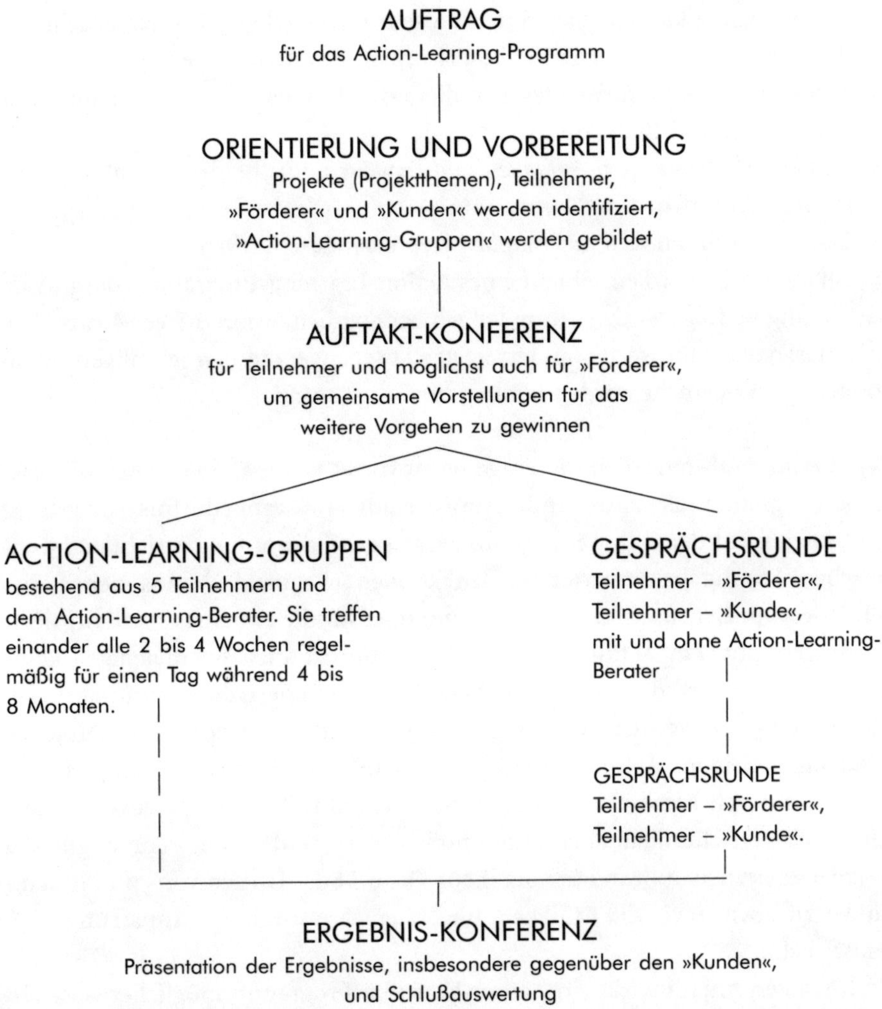

Abbildung 3: Muster eines Ablaufs

Der Ablauf eines Action-Learning-Programms

Ein Action-Learning-Programm hat den Zweck, einen »*Lern*gang« (nicht einen *Lehr*gang) zu gestalten. Ziel des Lerngangs ist es, die »*Lern*kräfte« (nicht die *Lehr*kräfte) der Lernpartner zu mobilisieren, um ein gewünschtes Arbeitsergebnis, zum Beispiel ein neues Produkt oder einen neuen Dienst, die Reorganisation einer Organisationseinheit usw., zustande zu bringen.

Der Lerngang kann je nach Situation sehr verschiedene Formen annehmen. Maßgebend sind in erster Linie die Prinzipien des Action Learning:

- *Lernen von- und miteinander*, vor allem durch Reflexion des Tuns mit Hilfe von Fragen und Rückkoppeln;
- *Lernen an lebensechten Aufgaben und Projekten*, für die der Teilnehmer persönlich Verantwortung übernimmt;
- *Lernen mit funktionell aufeinander bezogenen Lernpartnern.*

Im folgenden wird ein Ablauf eines Action-Learning-Programms dargestellt, der häufig verfolgt wird. Es wäre jedoch bedauerlich, wenn dieses Muster dem phantasievollen Entwerfen andersartiger Lerngänge, die den jeweiligen Situationen besser gerecht werden können, im Wege stünde!

Zu Anfang muß natürlich die Frage beantwortet werden, ob ein Action-Learning-Programm die zutreffende Antwort auf ein Lernbedürfnis ist. Das ist sicherlich nicht der Fall, wenn es um Fragen geht, die mit einer richtigen technischen Lösung beantwortet werden können (Reginald Revans nennt dies »Puzzles« im Gegensatz zu »Problemen«) oder für die es bereits standardisierte Lösungen gibt. Ein Action-Learning-Programm ist auch für diejenigen keine geeignete Antwort, die nicht selbst Verantwortung übernehmen und aus eigener Initiative etwas zustande bringen wollen oder die an höchst persönlichen Problemen leiden. Action-Learning-Programme sind hingegen empfehlenswert, wenn sich Person und Organisation »Hand in Hand« entwickeln sollen, unternehmerischer Elan anerkannt und verstärkt werden soll, wenn es gilt, das »schlanke Lernen« (»lean learning«) vor Ort und das Lernen von- und miteinander zu üben sowie die Fähigkeit, unverzüglich notwendige Anpassungen zu entwickeln.

Im ersten Anlauf wirkt ein Action-Learning-Programm möglicherweise abschreckend kompliziert und geradezu elitär. Aber im Ausprobieren wird schnell deutlich, worum es geht. Und: Das Beispiel steckt an. Mehr und mehr Leute im Unternehmen beginnen sich dafür zu interessieren.

In der Vorbereitungsphase schreiben sich die Teilnehmer ein. Bedingung für ihre Teilnahme ist, wie gesagt, daß sie eine Aufgabe bzw. ein Projekt »mitbringen«. Die Auswahl der Aufgaben und Projekte erfolgt aufgrund der Initiativen der Teilnehmer und strategischer Überlegungen des Managements. Hand in Hand gehen damit Situationsanalysen, das Engagieren von Lernberatern, bei größeren Programmen die Bildung eines Lenkungsausschusses.

Im weiteren Verlauf führen die Teilnehmer dann ein Logbuch für ihre individuelle Reflexion, führen strukturierte, gut vorbereitete Gespräche mit den Projektkunden, dem Auftraggeber und ihrem persönlichen Förderer. Außerdem konsultieren sie einander in periodisch tagenden »Sets«, das heißt Beratungsgruppen von vier bis sechs Mitgliedern. Zwischendurch kann es sein, daß sie an Studientagen teilnehmen, an denen ihnen von Dozenten Lernstoff vermittelt wird, der ihnen für ihre Arbeit notwendig erscheint.

Den Abschluß bilden Präsentationen vor einem größeren Publikum, das neben ihren Lernpartnern auch andere Interessierte umfaßt. Er soll die Gelegenheit bieten, Arbeitsergebnisse sichtbar werden zu lassen und Aufschluß zu geben über den Prozeß des Lernens und über Gelerntes. Die Spannung, die er bei den Teilnehmern hervorruft, kommt ihrer Lernmotivation zugute. Präsentationen können auch in Buch- und Artikelform, Pressegesprächen, Videos usw. erfolgen. Lernmotivationsfördernde Spannung gilt es übrigens im gesamten Verlauf des Action-Learning-Programms immer wieder einzubauen.

Ergebnisse eines Action-Learning-Programms

Die Ergebnisse eines Action-Learning-Programms sind vielfältig, und sie sind im Arbeitsgeschehen der Organisation direkt wiederzuerkennen. Allgemein lassen sie sich unter folgenden Kategorien zusammenfassen:

- *Veränderungen in der Organisation* aufgrund der Projektarbeit;
- *Erweiterung der Lernkultur*: Werte und Verhaltensmuster des selbstgesteuerten Lernens sind verstärkt, die grundsätzliche Integration von Arbeit und Lernen ist vorangetrieben;
- *persönliche Entwicklung*: Erkenntnisse über die Dynamik des sozialen Systems und der eigenen Person, unternehmerische Haltung, funktionsspezifische Erkenntnisse und Fähigkeiten.

Transferprobleme fallen größtenteils weg, da das Lernen arbeits- und funktionsbezogen abläuft. Das Verhältnis von Aufwand und Ertrag ist günstig. Die Lernpartner brauchen wenig Extrazeit; denn die Analysen und Reflexionen betreffen Aufgaben und Probleme, die ohnehin zu erledigen sind, das heißt, die aufgewendete Zeit kommt direkt der Aufgabenerfüllung und der Problemlösung zugute. Externe Kosten fallen in geringem Ausmaß für die Tagesmiete von außerhalb der Organisation gelegenen Räumen und für den Einsatz externer Lernberater und – in sehr begrenztem Ausmaß – externer Experten an.

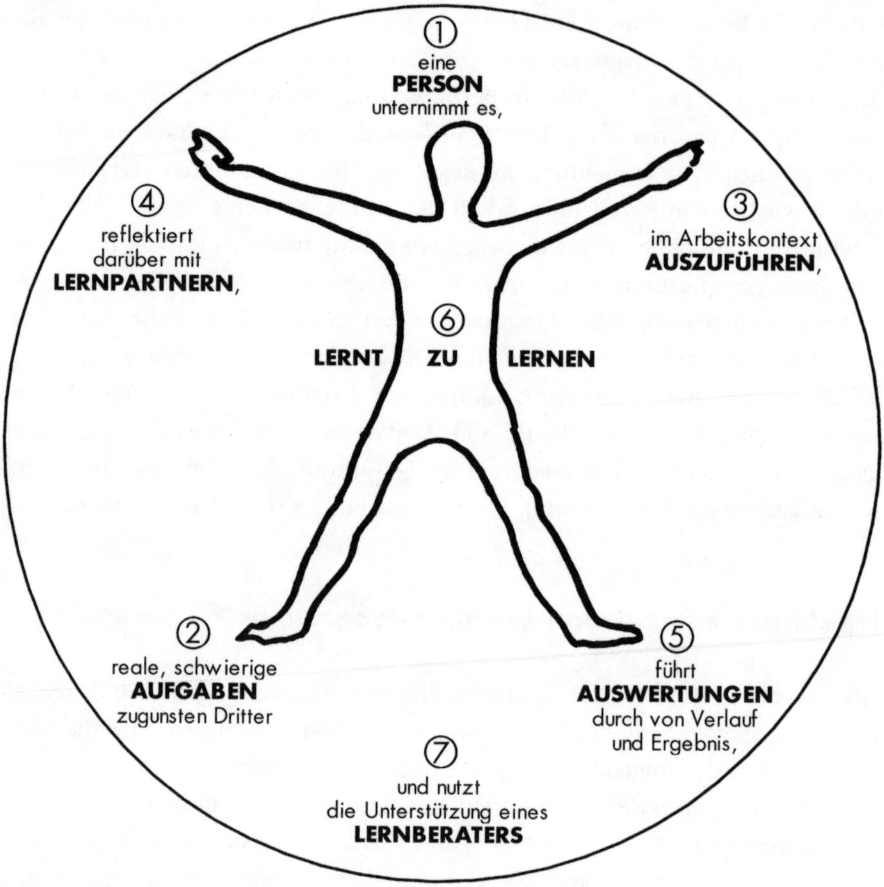

Abbildung 4: Übersicht über Faktoren des Action Learning

Faktoren des Action Learning

Im folgenden wird eine Übersicht über Faktoren gegeben, die wesentlich sind für das Realisieren und das Gelingen eines Action-Learning-Programms. Diese Faktoren, die bereits kurz angesprochen wurden, werden im folgenden ausführlicher dargestellt und erläutert.

Erster Faktor: Personen unternehmen es ...

Es beginnt mit Initiative und Verantwortlichkeit

Action Learning betrifft Aktivitäten, die vor allem von Interessierten und Lernenden selbst ausgehen: die nicht abwarten, bis allerlei fertige Programme und Bildungsangebote an sie herangetragen werden, sondern gerne Chancen wahrnehmen, das zu lernen, was sie brauchen, um etwas zu erreichen, das sie bereits mehr oder weniger klar vor Augen haben – die auch bereit sind, allerlei Risiken und Schwierigkeiten auf sich zu nehmen, und sich dadurch nicht einschüchtern lassen. Erfolgreiche Action-Learning-Programme richten sich in erster Linie an diese aktiven Lernwilligen. Sie sollen in ihrem Tun unterstützt werden. Indem sie die Leitung von Projekten auf sich nehmen, mit ihrem Auftraggeber über das Projekt verhandeln, sich mit den Kunden, das heißt den Nutznießern des Projekts, verständigen, Kollegen und andere Mitarbeiter als Projektteammitglieder und Projektberater heranziehen, strahlt das Lernen auf eine funktionelle, organische Weise aus. Es brauchen nicht umständlich Lernorganisationen in großer Entfernung von der Arbeitssituation geschaffen und Teilnehmer ohne eigene Fragen und Ambitionen mit viel Wissen und vielerlei Übungen »vollgestopft« zu werden.

Es ist in Action-Learning-Programmen damit experimentiert worden, Teilnehmerinnen und Teilnehmer einzubeziehen, die sich auf Aufforderung von Dritten, etwa der Vorgesetzten, gezwungen fühlten mitzumachen. Zum Beispiel wurde im Zuge einer Reorganisation in einem psychiatrischen Krankenhaus ein Action-Learning-Programm für alle diejenigen eingerichtet, die in eine neu geschaffene Funktion eingesetzt worden waren. Das Action-Learning-Programm sollte ihnen allen helfen, sich mit der neuen Funktion auseinanderzusetzen und die für die neue Funktion benötigten Kenntnisse und Fähigkeiten in der Einarbeitungsphase zu erwerben; außerdem sollten sie in die Lage versetzt werden, aktiv an der näheren Ausgestaltung dieser Funktion teilzunehmen, im Wechselspiel mit ihren Funktionskollegen und ihrem Vorgesetzten. Hinter letzterem stand die Absicht, so weit wie möglich die Reorganisation im Stil der »lernenden Organisation« durchzuführen. Einige der Teilnehmer ergriffen diese Chance mit großer Energie und konnten für sich und die Organisation wichtige Einsichten erwerben und Anpassungen erzielen. Andere, die nicht bereit waren, Verantwortung für die Situation auf sich zu nehmen, verharrten in ihrer Abhängigkeitshaltung und waren vor allem damit beschäftigt, andere zu beschuldigen, daß sie zu wenig Klarheit schafften, und zu klagen, daß sie überfordert seien. Die Chance, den eigenen Anteil zu untersuchen, in den Spiegel zu schauen, wie sie mit dem Umbruch umzugehen geneigt waren, und Spielräume der neuen Funktion zu erkunden, nutzten sie kaum.

Ausgangspunkt für Action Learning ist also die *Person, die Verantwortung übernimmt für ein Problem und bereit ist, sich aktiv und konstruktiv damit auseinanderzusetzen*, und die nicht allzu lange an der »Klagemauer« stehenbleibt. Wenn sich eine solche Person mit einer Aufgabe identifiziert, sich in die Aufgabe oder das Projekt immer mehr einarbeitet und sich bewußtmacht, daß sie noch nicht genügend Klarheit über die Aufgabe gewonnen hat, daß ihr noch notwendiges Wissen und erforderliche Fähigkeiten fehlen, dann stellt sich eine starke Motivation zum Lernen ein: »Das muß ich mir unbedingt noch erwerben, sonst bringe ich das von mir angestrebte Ergebnis nicht zustande!« Diese Einsicht bildet dann die Grundlage für die Reflexionen und Nachforschungen des Projektleiters gemeinsam mit Auftraggeber, Förderer, Kunden und Kollegen, die ihrerseits auch ein schwieriges Projekt auf sich genommen haben. Lernberater helfen schließlich, diese Reflexionen und Erkundungen so lehrreich wie möglich zu gestalten. Sie können ihre Beiträge schwerlich leisten, ohne daß ein Träger in einer einflußreichen Position für das Action-Learning-Programm in seiner Gesamtheit einsteht (Programmträger).

Zwei Lernlinien

Mit dem Prinzip, daß die Initiative des aktionsorientierten Teilnehmers der Ausgangspunkt ist, unterscheidet sich Action Learning grundsätzlich von der traditionellen Weise, Bildung an Menschen heranzubringen. In diesem Vorgehen geht die Initiative hauptsächlich von Führungsspitzen aus, die Spezialisten damit beauftragen, Bildungsveranstaltungen für diejenigen einzurichten, denen »etwas beigebracht werden muß«, das heißt die »nicht o. k.« sind. Häufig versuchen solche Spezialisten, den Entscheidungsträgern an der Spitze »beizubringen«, was nach neuestem Erkenntnisstand »gut ist für andere«. Die zwei »Lernlinien« des Action Learning und der traditionellen Lernkonzepte sind in der folgenden Tabelle zusammengefaßt.

In dieser Darstellung sind Action Learning und traditionelle Bildungskonzepte einander idealtypisch gegenübergestellt. In der Praxis durchmischen sich natürlich die zwei Linien. Nichtsdestoweniger hilft diese Gegenüberstellung, sich des ganz anderen Ansatzes des Action Learning bewußt zu werden.

Elemente des Lernens	*Action Learning*	*Traditionelle Lernkonzepte*
Initiator für den Lernprozeß	Wer ein Ergebnis aus eigener Verantwortung zustande bringen will	Spezialisten Experten Führungsspitze Institutionen
Steuerung des Lernprozesses	Selbstgesteuert	Fremdgesteuert
Lernaktivitäten	Hauptsächlich mit Hilfe von Fragen und Feedback, in gemeinsamen Reflexionen, Lernen der »Lernpartner« von- und miteinander	Oft hochentwickelte Didaktik mit einer klaren Rollenverteilung zwischen »Belehrenden« und »Lernenden«
Ergebnis	1. Direkte Verbesserung oder Neuerung 2. Verstärkung der Lernkultur 3. Entwicklung unternehmerischer Fähigkeiten (u. a.)	1. Verbesserung oder Neuerung nach oft großen Transferproblemen 2. Bestätigung der Expertenkultur 3. Gesteigerte Fähigkeiten für den Vollzug
Grundmuster	Durch Nichtwissen, Verwirrung und Erprobungen hindurch zu Erkenntnis und zu neuen Fähigkeiten	Anwendung von vermitteltem, vorgefertigtem Wissen und Können

Tabelle 1: Zwei Lernlinien

Zweiter Faktor: reale, schwierige Aufgaben zugunsten Dritter

Es geht um Aufgaben, für die es kein Drehbuch, um Lösungen, für die es noch keine Gebrauchsanweisungen gibt. Keiner der Lernpartner verfügt über ein vollständiges Gesamtbild. Jeder von ihnen sieht sich vor offene Fragen gestellt. Die Aufgabe oder das Projekt ist für sie alle der Bezugspunkt für ihr Lernen. So können sie ihr Lernen »schlank« gestalten (»lean learning«): sie können weglassen, was keinen Wert hat für das beabsichtigte Ergebnis.

Action Learning findet im Leben selber statt und reflektiert Erlebtes. Im Seminar und im Lehrgang läßt sich vieles sehr eindrucksvoll darstellen – in der

Sicherheit und Unangefochtenheit des Seminarraums. Beim Transfer stellen sich dann vielerlei Ent-Täuschungen und Überwältigungen ein, auf welche die Teilnehmerinnen und Teilnehmer nur ungenügend vorbereitet sind. Beim Action Learning stehen die Beteiligten fortwährend auf dem Prüfstand der Wirklichkeit. Sie lernen direkt in der Wirklichkeit kennen, was realistisch ist.

Arbeiten nach den Grundsätzen der Projektorganisation

Die »reale und schwierige Aufgabe« wird in den meisten Fällen die Form eines Projektes annehmen; denn dieses ist seiner Art nach auf einmalige, neue Maßnahmen gerichtet, die innerhalb einer bestimmten Zeitspanne realisiert werden sollen. Die Form des projektgemäßen Arbeitens enthält auch erzieherische Elemente, die dem Reflektieren der Lernpartner zugute kommen. Die Phasierung, wie sie zur Methodik der Projektarbeit gehört, zwingt dazu, daß die Beteiligten immer wieder die zurückliegende Phase auswerten und die bevorstehende Phase detailliert planen; die Entscheidungspunkte zwischen den Phasen (Initiativphase, Definitionsphase, Entwurfsphase, Vorbereitungsphase, Ausführungsphase, Nachsorgephase) sind also ausgezeichnete Anlässe für konfrontierende Fragen und konkretes Feedback. Jedes Projekt ist Zukunftsentwurf, und dies ist ein Kernelement von Action Learning: die Beteiligten lernen aus den schrittweisen Aktionen, wie sie die noch offene Zukunft gestalten können. Die Verwaltungsaspekte des projektgemäßen Arbeitens (Information, Organisation, Zeit, Geld und Qualität) liefern sehr konkret und anschaulich den Stoff für das systematische Lernen der Beteiligten. Auftraggeber, delegierter Auftraggeber, Förderer, Projektkunden und Vorgesetzter des Projektleiters sind alle Lernpartner, wie sie dem Action Learning entsprechen. In dieser Hinsicht ist Action Learning Projektlernen. Darüber hinaus betont Action Learning noch stärker den Anteil des »Lernen zu lernen« und kann auch unabhängig von Projekten stattfinden, zum Beispiel in der Realisierung von Aufgaben, die im Kontext der »permanenten« Organisation stattfinden.

Dritter Faktor: Ausführung im Arbeitskontext

In traditionellen Maßnahmen betrieblicher Weiterbildung ist es üblich, daß eine bestimmte Kategorie von Arbeitenden eingeladen wird. Aus dem Betriebszusammenhang wird gleichsam eine »Scheibe« von Personen mit derselben Funktion (zum Beispiel alle Schichtmeister) herausgeschnitten. Diese Personen nehmen dann zusammen an einem Lehrgang oder Seminar teil. Wenn sie aus der Veranstaltung zurückkommen, müssen sie dann mühsam das Erlernte mit all den »Mitspielern« in der Arbeitssituation in Beziehung zur Praxis bringen. Action Learning hingegen betrifft vor allem Gruppierungen von Personen aus der Organisation, die *funktionell miteinander zu tun haben* (Funktionscluster), zum Beispiel den Projektleiter, seinen Chef, den Förderer, Projektkunden usw.

Bei Action-Learning-Programmen sind die Teilnehmer höchstens kurzzeitig außer Haus, für halb- oder ganztägige ungestörte Reflexions-Treffen. Die interne Kommunikation wird verstärkt (Gespräche mit Chef, Auftraggeber, Förderer und Projektkunden), statt unterbrochen.

Lernduos beobachten einander im Arbeitsgeschehen und interviewen einander: In der Praxis des Action Learning hat es sich bewährt, die Teilnehmer zeitweilig *Lernduos* bilden zu lassen. Die Partner eines solchen Lernduos interviewen und observieren einander im Arbeitsgeschehen. In den Interviews befragen sie einander eindringlich über die Arbeitssituation. Beim Observieren im Arbeitsgeschehen nimmt der Lernpartner, der aus einer anderen Abteilung oder einem anderen Unternehmen kommt, zum Beispiel an Arbeitsbesprechungen, Betriebsrundgängen, Gesprächen mit Kunden usw. teil. Über das Wahrgenommene gibt er sofort danach dem anderen Feedback. Das Material aus den Interviews (meistens sind es mehrere) und den Observationen faßt er in einer Beschreibung der Arbeitssituation seines Lernpartners zusammen. So wird jedem dieser Lernpartner ein sehr umfassender Spiegel vorgehalten.

Erstaunlich ist, wie stark so ein Spiegel wirkt. Aus der reinen Beschreibung und aus dem Vergleich der zwei Beschreibungen ergeben sich viele Fragen, die nachdenklich stimmen. Einen Teilnehmer zum Beispiel beeindruckte das Feedback des Lernpartners so sehr, daß er seine Situation kritischer betrachtete, sich auf seine Kernqualitäten besann und sich schließlich auf einen anderen Posten im Unternehmen versetzen ließ. Ein anderer übernahm eine Systematik der täglichen Leistungsbilanz für Mitarbeiter, die er bei seinem Lernpartner kennengelernt hatte. Ein dritter wurde bei seiner observierenden Teilnahme an einer Arbeitsbesprechung von den Anwesenden gebeten, auch ihnen Feedback über ihr Verhalten und die Einrichtung der Arbeitsbesprechung zu geben. Für die meisten erweist sich die Beschreibung als wertvolles Hilfsmittel, um das Projekt besser in den Kontext einzubetten.

Dieses Schema lädt dazu ein, bei den Interviews bzw. dem Feedback von den Ergebnissen auszugehen: Welche Ergebnisse bringt der Lernpartner in seiner

Faktoren, die den Lernenden bestimmen	Verhalten des Lernenden in der Arbeitssituation	Faktoren, die der Lernende bestimmen kann	Ergebnisse des Tuns des Lernenden
Regelungen, Gesetze, Prozeduren	Wahrnehmen Ziele klären Inspirieren Kommunizieren	Organisation Information	Leistungen Qualität Umsatz
Umwelt und Markt: Trends und Probleme, Chancen und Risiken	Anregen Überwachen lernen usw.	Menschen	Image Umweltfolgen
Normen von Schlüsselpersonen		Mittel	usw.

Tabelle 2: Leitfaden für Interviews in Lernduos über den Kontext der Aktion[4]

Arbeitssituation, mit seiner Abteilung oder seinem Betrieb zustande? Mit welchen Handlungen, welchem Verhalten bewirkt er dies? Wodurch wird sein Verhalten bestimmt? Was beeinflußt der Lernpartner mit seinem Tun?

Die besondere Aufgabe des Förderers

Der Förderer des Teilnehmers hilft ihm u. a., das Projekt und sich selbst in der Organisation als Gesamtheit zu positionieren. Darum ist es wichtig, daß der Teilnehmer sich einem Förderer anvertrauen kann, der mit der Entwicklung der Organisation bestens bekannt ist, den Gründungsimpuls, der zum Entstehen der Organisation geführt hat, gut kennt und der im politischen Kräftefeld der Organisation eine starke Position hat. Die Reflexionsgespräche, die Teilnehmerinnen und Teilnehmer und ihre persönlichen Förderer miteinander führen, sollen nach zwei Seiten wirksam sein:

- Der *Teilnehmer* kann sein Projekt und seine eigene Laufbahn im Hinblick auf das Ganze der Organisation gestalten.
- Der *Förderer* erkennt aus den Darstellungen des Teilnehmers Schwachstellen und Entwicklungsmöglichkeiten der Organisation.

In Action-Learning-Programmen werden Teilnehmerinnen und Teilnehmer dazu aufgefordert, sich einen Förderer zu suchen. Dieser Suchprozeß vermittelt an sich bereits interessante Aufschlüsse über die Position der Teilnehmer in der Organisation und über die Art und Weise, wie sie sich darin bewegen. Eine der Aufgaben bei der Organisation eines Action-Learning-Programms ist es, potentielle Förderer darin zu bestärken, diese Rolle auf sich zu nehmen und zu klären und mit Hilfe der Gespräche mit den Teilnehmerinnen und Teilnehmern selbst so viel wie möglich über die Organisation und das eigene Verhalten darin zu lernen.

Das Lernen als Bestandteil des Geschehens im Handlungsfeld der Beteiligten bei Reginald Revans

Man kann Reginald Revans als einen frühen »Propheten« der lernenden Organisation bezeichnen. Revans hat bereits in seinen ersten Ausführungen zum Action Learning das Lernen als Bestandteil des Geschehens im Handlungsfeld der Beteiligten gesehen. Ausführlicher hat er es dann 1971 in seinem Buch *Developing Effective Managers* dargestellt. Dieses Buch schrieb er aus Anlaß des Action-Learning-Programms, das von der Stiftung *Industrie und Universität* in Belgien aufgrund seiner Konzeptionen veranstaltet wurde. Es war dazu bestimmt, die Kluft zwischen Theorie und Praxis, zwischen Hochschullehre und Managementpraxis zu überwinden. Unternehmer hatten es initiiert. Dezentral, in fünf Kernbereichen, wurde in kleinen Lernnetzwerken aktionsorientierte Managemententwicklung betrieben. Die Aktion bestand vor allem darin, daß Nachwuchskräfte für höchste Managementposten während einer bestimmten Periode in einem anderen Unternehmen die Lösung eines organsiatorischen Problems übernahmen. Revans hatte damit einen Lernkontext durchgesetzt, der den Teilnehmern maximalen Anlaß für »fresh questions« bot: Die Umgebung und das Aufgabenfeld waren für den Teilnehmer unbekannt, durch Fragen und nochmals Fragen mußte er sich »ins Bild setzen« (Typus 4 im Sinne der folgenden Typenübersicht).

		AUFGABE	
		bekannt	unbekannt
SITUATION	bekannt	Typus 1	Typus 2
	unbekannt	Typus 3	Typus 4

Tabelle 3: Typen von Action-Learning-Programmen

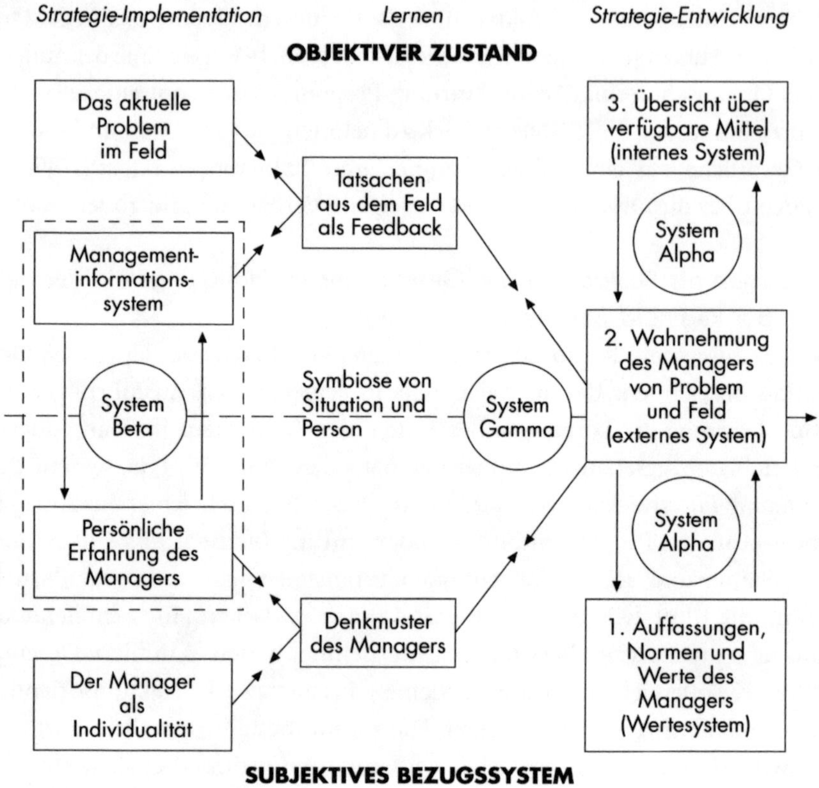

Abbildung 5: Lernen im Managementprozeß – Action Learning als Kombination von Entscheidungsfindung, wissenschaftlicher Methode und Lernen (Quelle: Drieghe 1989/90).

In dem erwähnten Buch geht Reginald Revans davon aus, daß Manager im Prozeß der Strategie-Entwicklung und der Strategie-Implementation ihren intensivsten Lernprozeß vollziehen. Den Prozeß der Strategie-Entwicklung konzipierte er als sogenanntes »System Alpha«, den Prozeß der Strategie-Implementation als »System Beta« und die Integration mit dem persönlichen Lernen der Manager im »System Gamma«. Lernen findet statt im Durchschauen und Bewältigen der Diskrepanzen zwischen Erwartung und Erfahrung, im Spannungsfeld zwischen Subjekt und Situation.

Vierter Faktor: Reflexion mit Lernpartnern

Die ungehobenen Schätze der Erfahrung

Im täglichen Arbeitsgeschehen kommen die Reflexion, das Hinterfragen des Tuns und das konkrete verhaltensbezogene Feedback chronisch zu kurz. Die zahllosen Kontakte mit internen und externen Kunden, die Störungen und Überraschungen, die auftreten: es geschieht so viel, was alles Lernstoff bietet, aber weitgehend unerschlossen bleibt, weil wir uns dem Lernstoff des Alltags so wenig zuwenden. Die Neigung ist riesengroß, uns in der Informationsflut treiben zu lassen und uns im Tun und in der Gewohnheit zu erschöpfen. Sehr oft brauchen wir besonders starke Signale wie Krankheit, Kündigung, Streit, Burn-out, totalen Mißerfolg, um uns zu besinnen auf das, »was im Gange ist«. Action Learning ist durch und durch ein Unterfangen, um mehr aus unserer Erfahrung zu machen. Es mobilisiert Kräfte und schafft Verbindlichkeit, welche die Voraussetzung eines beständigen Prozesses ist, in dem sich Reflexion entfalten kann. Reginald Revans appelliert mit dem von ihm unermüdlich beschriebenen Ansatz des Action Learning an diejenigen, die sich darauf einlassen, das Leben als Schule zu sehen: als »Lernstatt«, wie wir im heutigen Jargon formuliern können.

Verbindlichkeit als Voraussetzung für Reflexion

Die Verbindlichkeit der Teilnahme muß gleich am Anfang deutlich angegeben und klar verankert werden. Derjenige, der als Träger die Verantwortung für das Action-Learning-Programm als Ganzes auf sich genommen hat – zum Beispiel der Geschäftsführer –, und der Lernberater machen unmißverständlich klar, was *Teilnahme* bedeutet: bei allen verabredeten Treffen, sei es zu zweit oder zu mehreren, von Anfang bis Ende durchgehend anwesend zu sein. Wer das nicht zusagt, kann nicht mitmachen. Wenn jemand an einem Treffen wegen eines unüberwindlichen Hindernisses nicht teilnehmen kann, zum Beispiel wegen Krankheit, so ist er dafür verantwortlich, daß alles getan wird, um einen Ersatztermin zu finden. Säumige Teilnehmer bekommen am Ende kein Zertifikat. Eine andere mögliche Sanktion ist, daß der Teilnehmer, bei vorzeitigem Abbruch der Teilnahme, Kosten rückzuerstatten hat. Dies alles dient dazu, die Gelegenheiten zur Reflexion zu schützen gegen die Dynamik des »Machens« und gegen das Wegbleiben als Flucht, wenn es im Lernprozeß zu – für Entwicklungen durchaus erforderlichen – Krisen kommt.

Gerade das Verhalten in der Krise ist ein wesentliches Thema für das Lernen im Action-Learning-Programm: Wie geht der Betreffende damit um? Welche Verhaltensmuster legt er an den Tag? Auf welchen Auffassungen beruhen diese? Wie kann er produktiver damit umgehen? Woran scheitert der Versuch, es anders zu tun? Entscheidend ist auch das Beispiel der Förderer und des Lernberaters. Wenn die schützenden Bedingungen gleich am Anfang von den Beteiligten angenommen werden, werden sie im weiteren Verlauf als selbstverständlich erlebt.

Vertraulichkeit

Eine der wichtigsten Spielregeln, welche die Lernpartner miteinander verabreden, ist die Zusicherung, mit Informationen, deren Weitergabe an Dritte einer Person oder der Organisation Schaden zufügen könnte, sehr sorgfältig umzugehen. Auch dies gilt es sofort, schon in der Startphase eines Action-Learning-Geschehens, zu einer Gewohnheit zu machen.

Effektivität

Auf die Frage, wie effektiv verschiedene Arten von Reflexion sind, gibt die Forschungsarbeit des *Center for Creative Leadership* interessante Hinweise.[5] In einer empirischen Studie wird festgestellt, daß die Reflexion, trotz der durch den Trubel des Manageralltags bedingten Widerstände gegen sie, immer mehr zu einem wesentlichen Bestandteil der Organisationspraxis wird. Beispiele dafür gibt es in Unternehmen wie AT&T und PepsiCo. Bei Exxon, Motorola, General Motors und Hewlett-Packard hat der dort angewendete Ansatz des *Action-Reflection-Learning* sehr dazu beigetragen, der Reflexion einen anerkannten Platz im Arbeitsgeschehen zu verschaffen.[6]

Phasen der Reflexion

Die genannte Studie des CCL unterscheidet verschiedene Phasen der Reflexion, wenn sich eine Person einem Problem zuwendet:

- *Artikulation des Problems,*
- *Analyse des Problems,*
- *Formulierung und Überprüfung eines Erklärungsversuchs* und
- *Aktion bzw. Entscheidung für eine Aktion.*

Individuelles und gemeinsames Reflektieren

Die Studie unterscheidet weiter zwischen individuellem und gemeinsamem Reflektieren. Ihre Ausgangsfrage lautete: Welche Art der Reflexion – die indi-

Beispiele für individuelles Reflektieren	*Beispiele für das Reflektieren mit einem Helfer oder in einer Kleingruppe*
Spontanes Reflektieren im Zuge rhythmischer, repetitiver, physischer Aktivitäten ohne besondere bewußte Zuwendung (wie Rasenmähen, Joggen) Meditation Gebet Logbuch schreiben Geschäftsdokumente erstellen (Projektbericht, Gesprächsnotiz) Assessment-Instrumente (in Eigenregie durchführbare Tests)	Mitarbeitergespräch Coachingsgespräch, Supervision Individuelle oder Gruppentherapie Problemlösungsgespräch Projektauswertungskonferenz Informelle Diskussionen Kollegiale Beratung Interviews Mentoring Feedbackgespräche

Tabelle 4: Beispiele verschiedener Formen der Reflexion

viduell, die mit einem Helfer oder die in einer Kleingruppe praktizierte – ist die ertragreichste für den Manager, der aus spannenden Arbeitserfahrungen mehr lernen will? 48 Manager aus einer Fortune-500-Unternehmung dienten als Versuchspersonen. Sie wurden in vier Versuchsgruppen eingeteilt, von denen die Mitglieder der ersten individuell, der zweiten mit einem Coach, der dritten in einer Kleingruppe mit vier bis fünf Kollegen ohne Lernberater reflektierten, während die vierte Gruppe, eine Kontrollgruppe, aus nicht extra die Reflexion einsetzenden Managern bestand. Die Gruppen 1 und 2 lernten mehr als die Kontrollgruppe, die Gruppe 3 weniger. Letzteres überraschte die Forscher. Als Gründe für den geringeren Lernertrag ermittelten sie a) die Tendenz, eher Gleiches oder Ähnliches in ihren Erfahrungsberichten hervorzuheben, statt auf das Spezifische einer persönlichen Mitteilung einzugehen, b) den Drang, jedem gleich viel Zeit zur Besprechung der Erfahrung einzuräumen, und zwar auf Kosten der Tiefe und Gründlichkeit der Behandlung, und c) das Unterlassen von Notizen und die Nichtverwendung der Reflexionsfragen. Diese Gründe bestätigen die Wichtigkeit eines »Reflexionsleitfadens« und verstärken die Vermutung, daß für die Reflexion in der Gruppe eine Person, welche die Begleiterrolle auf sich nimmt, der Effektivität des Lernens zugute kommt.

Ausdrücklich weist die Studie auf die Verantwortung des *Reflektierenden selbst* für seinen Lernprozeß hin, die immer wieder nur allzu leicht den Bildungsexperten zugeschoben wird; weiter zeigt sie, daß ein erstaunlich hoher Lernertrag mit wenig Zeitaufwand zu erzielen ist.

Gegenstand der Reflexion

Wenn die Lernpartner miteinander ins Gespräch kommen, haben sie einander viel zu bieten. In ihren Mitteilungen über die eigene Situation erweitern sie den Horizont des anderen, in ihren Fragen setzen sie das »Lernrad in Bewegung« (Charles Handy), mit ihrem Feedback verschaffen sie den überaus notwendigen Spiegel, in dem blinde Flecken, Widersprüche zwischen Reden und Tun und unbewußte Motive sichtbar werden. Die Reflexion der Lernpartner kann jedoch leicht im Oberflächlichen und beim »Mehr vom selben« steckenbleiben. Da sind dann der Ehrgeiz der Lernpartner und die Kunst des Lernberaters erforderlich, um auch andere Schichten im Tun zu erfassen.

Einzelschleifen – und Doppelschleifenlernen

Im Sinne von Chris Argyris (1997) können die Lernpartner einander die Fragen stellen:

Sind wir mit »Einzelschleifenlernen« beschäftigt? Das heißt, interessiert uns vor allem die mehr technische Verbesserung, die Anpassung der Strategie unseres Handelns? Hier ist das Risiko groß, noch mehr vom selben hervorzubringen: noch mehr Prozeduren, noch mehr Mitteleinsatz usw., um an die Lösung des Problems heranzukommen.

Inwieweit gelingt uns das »Doppelschleifenlernen«? Das heißt, untersuchen wir auch die unserem Handeln zugrundeliegenden Auffassungen, Normen und Werte? Die meisten von ihnen sind uns gar nicht bewußt, darum kann zu Recht von unseren »verborgenen Lenkern« gesprochen werden. Sie kommen in unserem tatsächlichen Tun und Lassen zum Ausdruck (»implizite Handlungstheorien« nennt Argyris sie, im Gegensatz zu dem, was wir in unseren Reden benennen). In dieser Richtung können wir uns und den anderen viel tiefgreifender entdecken: Welche Ziele verfolge ich eigentlich? Warum diese und nicht andere? Was erscheint mir an der gegenwärtigen Praxis als wertvoll? Was will ich damit? Welchen »Antreibern«, Normen versuche ich zu entsprechen? Wozu denn?

Mit diesen und ähnlichen Fragen machen die Lernpartner ganz andere Suchrichtungen zugänglich, erweitern grundsätzlich die Handlungsmöglichkeiten. Mit dem Doppelschleifenlernen werden die Lernpartner erst richtig produktiv in ihrem Lernen.

Man kann sich das Bild eines an einem Pflock festgebundenen Elefanten vorstellen, um es sich plastisch zu machen, wie sehr die »verborgenen Lenker« unsere Kräfte »an die Leine legen«. Als kleiner Elefant ist er abgerichtet worden,

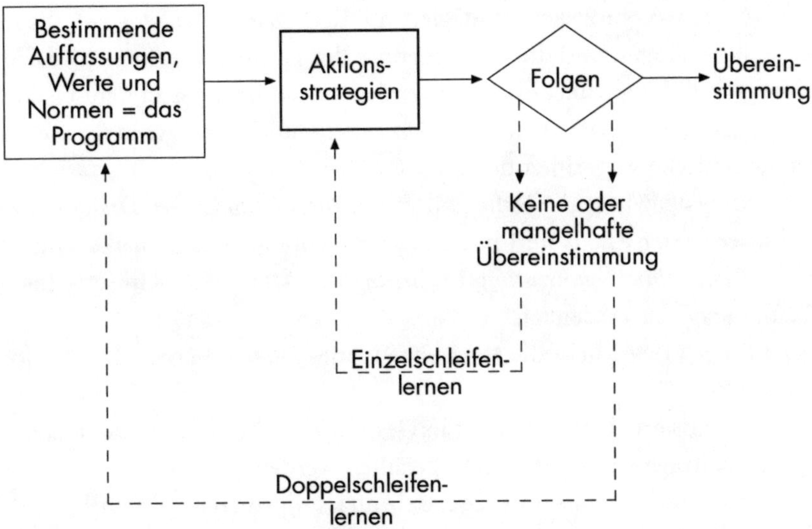

Abbildung 6: Einzelschleifen- und Doppelschleifenlernen nach Argyris

angepflockt zu verharren. Als großer Elefant hätte er die Kräfte, um sich loszumachen, aber die Gewohnheit bindet sie.

Einheit und Unterschied

Ihr Tun verbindet die Lernpartner. Der Projektleiter hat die Verantwortung auf sich genommen, das Vereinbarte zustande zu bringen. Der Auftraggeber und die Kunden wollen das Problem gelöst haben. Dem Förderer ist es ein Anliegen, daß Projektleiter und Projekt so positioniert sind und sich so entwickeln können, daß die Aktion der Organisation und ihrem Umfeld zugute kommt. Die anderen Projektleiter haben wieder andere Fragen aus ihren Projekten heraus und sind interessiert, mit den Projektleiterkollegen (»comrades in adversity« nennt sie Reginald Revans) herauszufinden, wodurch Engpässe und Gegenkräfte aufgetreten sind und wie sie als Projektleiter damit ins reine kommen können, welche Chancen sich bieten und wie sie zu nützen sind. Die Reflexionsgespräche, die sie in verschiedener Form miteinander führen, machen die verschiedenen Sichtweisen und Aspekte des Geschehens sichtbar. Sie geben Orientierung für ein Tun, das der Komplexität und Eigenart der Situation angemessen ist.

Chris Argyris (1997) ist es in seiner *Action Science* sehr darum zu tun, die Reflexion des Tuns durch eine klare psychologische Begriffsbildung sowie durch eine empirisch gut unterbaute Methodologie zu unterstützen.

Reginald Revans hingegen propagiert mit dem *Action Learning* vor allem das eindringliche Fragen und die Heterogenität der Lernpartner. Er sieht darin die hervorragende Möglichkeit, den Lernenden auf andere, passendere Gedanken zu bringen und durch das Kennenlernen neuer Gesichtspunkte in der Reflexion das systematische Experimentieren zu fördern.

Neuerdings gewinnt die Reflexion durch die *Methodik der Dialogführung.*[7] Dies ist der in der Praxis und in der Theorie vorangetriebenen Forschungsarbeit des *Center for Organizational Learning* des *MIT* (Massachusetts Institute of Technology) zu verdanken.

Peter Senge (1996) hebt die Wichtigkeit eines *Dialogs* hervor. Der Dialog ist für Senge

- eine gemeinsame Untersuchung in Gesprächsform, in der verschiedene Gesprächsbeiträge »gegen das Licht gehalten werden«,
- um dem Handeln zugrundeliegende Auffassungen zu ermitteln,
- diese wenigstens vorübergehend freizugeben für ein offenes Hinterfragen,
- so daß durch diesen Prozeß hindurch schließlich neue Gedankengänge erschlossen werden, worin alle Beteiligten sich finden können.

Im Dialog greifen die Lernpartner eine Frage oder einen Vorfall auf, worüber die Meinungen auseinandergehen. Sie betrachten diese Meinungen aus verschiedenen Blickwinkeln und explizieren ihr eigenes Denken. Sie laden andere dazu ein, ihrerseits die Auffassungen unter die Lupe zu nehmen. Dies alles geschieht mit lebhaftem Fragen. Diese Beschreibung der Vorgehensweise mag abgehoben, das heißt schwer praktizierbar, erscheinen. Nichtsdestoweniger zeigt sie nachweislich ihren Nutzen in Situationen, in denen sich die Fronten chronisch verhärtet haben, zum Beispiel in der Beziehung zwischen einer Geschäftsführung und dem Betriebsrat.

Ein Fangnetz für Waghalsige

Projektleiter exponieren sich zwangsläufig mit ihrer Projektarbeit. Neues – und darum geht es in Projekten – ist nicht allen im Umfeld willkommen. Manche sehen sich in ihren Interessen bedroht, haben andere Bestrebungen. Nur allzu leicht entstehen Mißverständnisse. Widerstand kommt manchmal von dorther, wo man ihn gar nicht erwartet hätte, oder wird nicht offen geäußert, aber »aus dem Hinterhalt« praktiziert. Wenn der Projektleiter Neues und Unbekanntes ausprobiert, sind Fehler und Fehleinschätzungen nur schwer zu vermeiden. Tragisch ist es dann, wenn Leute, die wegen ihrer Fähigkeit zum Entwickeln und Erneuern in der Organisation dringend benötigt werden und die mutig

Verantwortung auf sich nehmen, aus den genannten Gründen zu Fall kommen. Solchen Situationen kann Action Learning vorbeugen. Rechtzeitiges Reflektieren, in dem viele verschiedene Aspekte durch die Lernpartner angeschnitten werden, kann auf bisher Übersehenes aufmerksam machen. Es kann begangene Fehler durchleuchten und zu passender Fehlerbehebung verhelfen. Für ein »Projekt in Not« ist ein am Ergebnis stark interessierter Auftraggeber ein ausgezeichneter Verbündeter. Wenn sich der Projektleiter eines einflußreichen und klugen Förderers vergewissert hat, wird ihm dieser in einer kritischen Phase des Projektes Schützenhilfe bieten können. So bilden die Lernpartner des Teilnehmers miteinander ein sicherndes »Fangnetz«, wenn sich dieser auf Unsicheres, Unbekanntes und Neues einläßt.

Fünfter Faktor: Analyse von Anfangssituation, Verlauf und Ergebnis

Reginald Revans hat in seinen späteren Action-Learning-Programmen immer deutlicher drei Phasen unterschieden: *Vorbereitung*, *Diagnose* und *Realisierung*.[8] In allen drei Phasen war ihm die gründliche Erforschung der Situation, des Verlaufs und des Ergebnisses ein großes Anliegen.[9] Darin kommt zum Ausdruck, worin er seine Hauptaufgabe sah: darin, das praktische Tun im Arbeitsleben mit den Wesenszügen des wissenschaftlichen Denkens zusammenzubringen. Im Jahre 1957 schrieb er eine Abhandlung über »Management and the Scientific Method«.[10] Er beginnt diese Abhandlung mit der folgenden Feststellung:

»Die wissenschaftliche Methode ist vermutlich der größte, wenn nicht sogar der einzige Beitrag der westeuropäischen Zivilisation zur Entwicklung der Menschheit. Sie besteht aus 5 Schritten:
1) Beobachten der äußeren Welt,
2) Formulieren von Theorien aufgrund dieser Beobachtungen,
3) Entwerfen und Durchführen von Experimenten, um diese Theorien zu überprüfen,
4) Vergleichen der Ergebnisse dieser Experimente mit der Prognose,
5) Verwerfen, Modifikation oder Bestätigung der Theorie aufgrund der Ergebnisse.«

In der Vorbereitungsphase geht es vor allem darum, die Teilnehmer mit der zentralen Bedeutung des Fragens vertraut werden zu lassen (»Questioning

Learning«) und sich mit der Rolle der Auffassungen, Normen und Werte auseinanderzusetzen sowie mit den Systembedingungen, den Entscheidungsprozessen, den Unsicherheiten und Wahrscheinlichkeiten.

In der Diagnosephase geht es dann darum, sich ein Bild zu machen über die Leistungsfähigkeit und die Kräfteverhältnisse; außerdem darum, aktuelle Dilemmata, Fragen und Spannungen zu inventarisieren und die mobilisierbaren Mittel (Finanzen, Know-how, Entscheidungsmacht usw.) herauszufinden.

In der Realisierungsphase erfolgt dann das eigentliche Kennenlernen der Situation; denn im Vollzug lernt der Handelnde die tatsächlichen Kräfteverhältnisse im Handlungsfeld und sich selber kennen. Im Rückblick und in der Auswertung der Ergebnisse entsteht schließlich eine Übersicht .

Noch eine Herausforderung

Neben dem *Lernen von- und miteinander* (statt von Experten) und dem intensiven *Reflektieren* ist das exakte *Untersuchen* der Situation, des Verlaufs und der Ergebnisse eine weitere Herausforderung, vor die Action Learning die Lernpartner stellt. Action Learning geht davon aus, daß keiner von ihnen fertige Lösungen hat und daß sie Neues aufspüren und in seinem Wert erkennen sollen. Das Feedback, das sie über die Folgen ihrer Aktionen bekommen, erbringt nur dann verläßliche Lernergebnisse, wenn die Informationsgrundlage stimmt. Das exakte Untersuchen, das hierfür erforderlich ist, verlangt den Lernpartnern Disziplin und »Forschermentalität« ab.

Aufgaben für die Zukunft

Es ist kaum zu erwarten, daß Menschen, die mitten in der Praxis stehen, solch eine Forschermentalität in erheblichem Maße aufbringen. Woher sollen dann das grundsätzliche Erwägen von Fragestellungen und die Fähigkeit zu methodisch verläßlichen Untersuchungen kommen, die objektive Aussagen für das Feedback der Lernpartner im Action Learning liefern? Einen Lösungsweg hat Kurt Lewin[11] mit seiner *Aktionsforschung* aufgezeigt. Im Zusammenwirken von professionellen Forschern einerseits und aktionsorientierten Praktikern andererseits lernen beide Seiten voneinander beim konzertierten Einsatz zugunsten einer Änderung oder Neuerung im Arbeitsgeschehen und im Gemeinwesen. Der Forscher mildert sein Risiko, im »Elfenbeinturm« zu verbleiben, bzw. das des asozialen Forschens, und der Praktiker lernt Rollenmodelle und Vorgehensweisen des Forschens kennen. Die Durchführung eines Action-Learning-Programms im Stil der Aktionsforschung heißt: Teilnehmerinnen und Teilnehmer

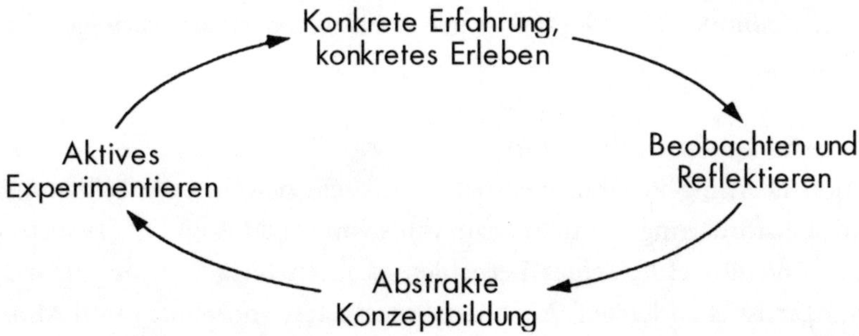

Abbildung 7: Der Lernzyklus nach David Kolb

am Action-Learning-Programm und Forscher arbeiten miteinander in der Vorbereitungsphase (Prozeßentwurf), in der Diagnosephase (Situationsanalyse) und in der Ausarbeitungsphase (Zwischenauswertungen, Effektivitätsuntersuchung) regelmäßig zusammen.

Ein historisches Vorbild für das Zusammenwirken von Managern und Akademikern liefert das bereits erwähnte Action-Learning-Programm der Stiftung *Industrie und Universität* in Belgien im Jahre 1968 bis 1969. Der niederländische *Verein für Action Learning* hat aus den geschilderten Gründen eine Arbeitsgruppe von engagierten Forschern mehrerer Universitäten ins Leben gerufen, die Möglichkeiten der Kooperation mit Action-Learning-Partnern besser erkennen und nützen helfen.

Sechster Faktor: Lernen zu lernen

Das Lernen gerät in der Dynamik des Arbeitsgeschehens im allgemeinen und der Projektarbeit im besonderen leicht ins Hintertreffen, das *Lernen zu lernen* erst recht. Eine Ursache liegt sicherlich darin, daß wenig Bewußtsein besteht für das, was »Lernen« und »Lernen zu lernen« eigentlich bedeutet und was zur Effektivitätssteigerung des Lernens getan werden kann. Das geringe Bewußtsein darüber – nicht nur bei Management und Mitarbeitern, sondern selbst bei Lehrkräften – ist heute mehr denn je hinderlich, da für das Überleben der Organisationen heute die Fähigkeit zum schnellen und adäquaten Lernen so wichtig wie nie geworden ist. Revans faßt dies in der »Überlebensformel« zusammen, $L \geq V$. Das heißt: *Eine Organisation überlebt, wenn ihr Lerntempo größer ist als oder zumindest gleich groß ist wie das Tempo der Veränderungen im Umfeld.*

Das eigene Lernen reflektieren

In Action-Learning-Programmen hat es sich sehr bewährt, die Teilnehmer zur Bewußtseinsförderung mit dem Lernzyklus von David Kolb (1974) vertraut zu machen und mit Hilfe seines Lernstiletests ihren Blick auf die Eigenart des eigenen Lernstils zu lenken. Auch der Lernstiletest von Honey und Mumford (1986 u. 1986, 3. Aufl. 1992), die auf den Konzeptionen von Kolb aufbauen, hat diesbezüglich seinen Nutzen erwiesen.

Kolb verschafft mit seiner Konzeption des »Lernzyklus als Problemlösungszyklus« einen sehr direkten Zugang zum Lernen durch Tun. Charles Handy (1989) vergrößert noch die Anschaulichkeit durch die Darstellung eines »Lernrades« mit den vier Sektoren *Frage, Theorie, Überprüfung* und *Reflexion*: Solange es sich dreht, lernen wir. Er beschreibt Merkmale von Menschen, die besonders intensiv lernen:

Sie übernehmen 1. Verantwortung für sich selbst und für ihre Zukunft, 2. bilden sich deutliche Vorstellungen über ihre Zukunft, 3. setzen sich aus vollen Kräften dafür ein, daß diese Zukunft eintreten kann, und vertrauen 4. darauf, daß sie das (1. bis 3.) leisten können. Dies sind wesentliche Kriterien, welche die Lernpartner in einem Action-Learning-Programm bei der Auswertung ihres Verhaltens verwenden können.

Heutzutage hat *Lernen zu lernen* in der Arbeitswelt durch Peter Senge und seine »Lernpartner« großen Auftrieb bekommen. Sein Buch *Die Fünfte Disziplin* und sein mit anderen Autoren erstelltes *Fieldbook zur »Fünften Disziplin«* enthalten eine Fülle von Konzepten und Methoden, um konkret daran zu arbeiten. Auch Arie de Geus, bis zu seiner Pensionierung Shell-Manager, bietet mit seinem Buch *Jenseits der Ökonomie* ein Beispiel für das reiche Material, das inzwischen für diejenigen zur Verfügung steht, denen »lernende Manager« und »Lernen im Arbeitsgeschehen« ein Anliegen sind. Arie de Geus ist bekannt geworden durch seine Darstellung des Planens als Lernprozeß.

Zwei Lernwege

Der Umschwung in vielen Unternehmungen, durch den sie zu »Lernlandschaften« werden, kann an der Gegenüberstellung von zwei grundlegenden Lernwegen verdeutlicht werden.

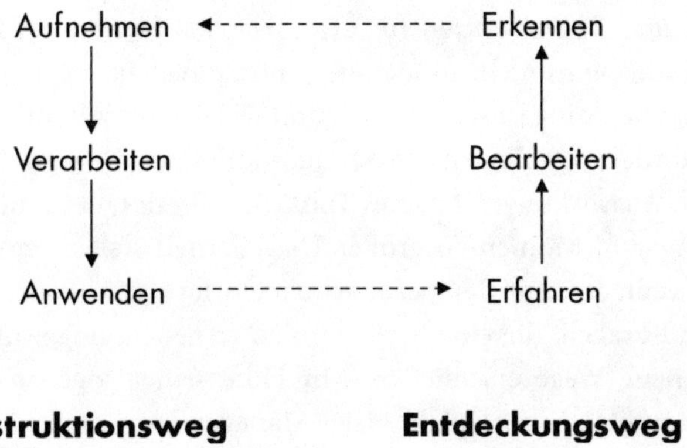

Abbildung 8: Zwei grundlegende Lernwege

Der *Instruktionsweg* ist uns allen durch die Belehrungen der Eltern und das schulische Lernen vertraut. Auf diesem Weg sind wir wesentlich geprägt worden. Althergebrachtes und bewährte Modelle, »programmiertes Wissen« (Reginald Revans), sind der Lehrstoff. Wir nehmen ihn auf, verarbeiten ihn innerlich und durch Übungen, um ihn schließlich uns in der Anwendung »einzuverleiben«. Dann können wir souverän damit arbeiten. Die Anerkennung der Autorität des Lehrenden ist die Voraussetzung für das Beschreiten dieses Weges.

Der andere Weg, der *Weg des Entdeckungslernens*, beginnt mit einer Erfahrung, die wir im konkreten Tun erwerben. Wir erschließen in der Reflexion über das Erfahrene, was sich darin ausspricht. Wenn wir uns sehr intensiv damit auseinandersetzen, gelangen wir – vielleicht – zu einer wesentlichen Erkenntnis. Voraussetzung auf diesem Weg ist das Ernstnehmen der Erfahrung und das Fragenstellen über das Erfahrene.

Das Ernstnehmen der Erfahrung vermittelt uns sehr eindringlich Paulo Freire (siehe dazu den Aufsatz von Piet Reckman) mit seiner Pädagogik für Unterdrückte. Seine Darlegungen über das Lernen von Unterdrückten können Anlaß sein, unsere persönliche Situation zu überprüfen. Durch welche Normen, Auffassungen und Gewohnheiten unterdrücke ich selbst meine Frage- und Lernregungen? Welche Regelungen und welches Führungsverhalten unterdrücken in unserer Organisation das tiefergehende Auswerten von vollzogenen Maßnahmen und das Experimentieren?

Handicaps und Bedingungen für erfolgreiches Lernen bei Managern

Reginald Revans wird nicht müde, die zentrale Bedeutung des Fragens zu betonen. Action Learning ist seinem Verständnis nach im wesentlichen das Stellen von herausfordernden Fragen (»fresh questions«) an die tatsächlichen oder zu erwartenden Auswirkungen unseres Tuns. Bei »Fresh Questioning« geht es um Fragen, die wir in Momenten großer Unsicherheit stellen, in chaotischen Situationen, wenn keinem der Lernpartner ein fertige Antwort zur Verfügung steht. Es sind Fragen, die eine Sache von einer neuen, ungewohnten Seite angehen, die neue Wege erschließen. Mit Hilfe seiner sogenannten »Lerngleichung« verdeutlicht er die Gefahr vieler Management-Entwicklungsaktivitäten: die Rolle des programmierten Wissens (P) wird übertrieben. Lösungen aus der Vergangenheit werden kultiviert. Das Fragenstellen (Q), mit dem Verantwortungsträger in die Unsicherheit der Zukunft hinein ihren Weg bahnen, wird grundsätzlich hintangestellt. Für Revans ergibt sich die Lerngleichung: *Lernen = P+Q*.

Im Rahmen des Action-Learning-Programms der belgischen Stiftung *Industrie und Universität* formuliert Reginald Revans (1968) *Lernhandicaps von Managern*:

- Die Neigung, frühere Erfahrungen im Erinnern und Interpretieren der Vergangenheit zu idealisieren;
- die Schwäche für charismatische Führungspersönlichkeiten, deren Erfolg sie zu reproduzieren versuchen;
- der Drang zur direkten Aktion: »Es muß sofort etwas geschehen!«;
- die Geringschätzung der Beiträge von Untergeordneten aus einem stark hierarchisch geprägten Bewußtsein heraus.

Diesen vier Lernhandicaps der Manager stellt er vier *Bedingungen für ein erfolgreiches Lernen* der Manager gegenüber:

- Lernende Manager sind aus sich selbst heraus motiviert, souverän im Verhältnis zu erfolgreichen Persönlichkeiten in ihrem Umfeld;
- lernende Manager sind aufgeschlossen für das Lernen von- und miteinander;
- lernende Manager überprüfen ihre Annahmen;
- lernende Manager suchen Input über ihren Output, verläßliche und objektive Information über die Folgen ihres Tuns und ihrer Entscheidungen.

Siebter Faktor: die Unterstützung durch Lernberater

Dem Lernenden eröffnet sich in einem Action-Learning-Programm eine Entdeckungsreise, die »erlebenswert« ist, Wertvolles für den Lebensweg bietet. In Anlehnung an die Entdeckungsreise des Menschen, wie sie Joseph Campbell in seinem »Held mit 1000 Gesichtern« beschreibt, ist auch der Lernende auf seiner Entdeckungsreise auf Helfer angewiesen.

Joseph Campbell destilliert aus einer Vielzahl von Mythen aus aller Welt ein Grundmuster für die Reise des Helden heraus, das heißt des Menschen in seiner Menschwerdung. Sein Weg ist markiert von Begebenheiten, in denen zeitlose Symbole zum Ausdruck gelangen. Der Held kann sich, wenn es darauf ankommt, dem Aufruf zum Abenteuer verweigern. Wenn er sich auf das Abenteuer aber einläßt, wird es ihm, dem Menschen, nicht leicht gemacht. Um dorthin zu gelangen, wo Entwicklung möglich ist, muß er eine Schwelle überschreiten, was sich in Prüfungen dramatischer Art äußert. Die Wende zum Neuen ereignet sich, sobald er eintaucht in das, was die zentrale Herausforderung seiner Aufgabe ist. Daraus gewinnt er das Elixier, das heißt eine lebenspendende Essenz, die er nur gegen allerlei Widerstände in seinen Lebensalltag herüberbringt. Immer wieder ist er auf Helfer angewiesen.

Die Lernpartner im Action-Learning-Programm können einander in vielfältiger Weise diese Hilfe bieten. Zu Anfang ist aber nachweislich durchaus die Hilfe eines Lernberaters erforderlich. Dies können Personen aus den Reihen der Pädagogen sein oder aus den Reihen der Manager: Hauptsache, er oder sie kann aus eigener reflektierter Erfahrung heraus behilflich sein, die heute noch vielfach ungewohnten Pfade des systematischen Entdeckungslernens zu beschreiten.

Die Akzente in der *Aufgabenstellung des Lernberaters* verschieben sich im Verlaufe des Action-Learning-Programms. Im Anlauf muß er vor allem Orientierung und sachliche Aufschlüsse bieten, so daß die Beteiligten sich entscheiden können, ob und wie sie sich auf das Programm einlassen: dem Förderer (Sponsor) für das gesamte Programm, was die Möglichkeiten und Grenzen, die zu erwartenden Ergebnisse und die erforderlichen Bedingungen für das Programm und seine Lenkbarkeit betrifft; dem Teilnehmer und seinen Lernpartnern, daß sie wissen, was ihre Rollen beinhalten und was sie zu erwarten haben. Wenn das Action-Learning-Programm beginnt, sind Ratschläge zur praktischen Organisation des Programms gefragt. Sobald die Lernpartner miteinander zu reflektieren beginnen, profitieren sie von seinem Coaching, individuell und in dem »Set« der Teilnehmer. Das Coaching umfaßt die folgenden Tätigkeiten (vgl. Casey 1997):

- Anregen zum »Geben«: das heißt Fragen stellen, Feedback bieten, Wahrnehmungen, Gefühle und Eindrücke mitteilen, Unterstützung und Ratschläge bieten;
- Anregen zum »Nehmen«: das heißt um Feedback bitten, sich interessieren für die Fragen und die Wahrnehmungen der anderen, Zweifel und Skepsis akzeptieren;
- Transparentmachen der verschiedenen Prozesse des Action Learning, zum Beispiel der Veränderungsprozesse im Organisatorischen, der persönlichen und sozialen Lernprozesse, der Projektereignisse, usw.;
- Helfen beim selbstgesteuerten Ausführen der Tätigkeiten, wie sie in den ersten drei Punkten genannt sind, und
- zu Durchbrüchen verhelfen, wo die Lernpartner aus ihren Abwehrmechanismen heraus steckenbleiben.

Reginald Revans äußert sich immer wieder sehr kritisch über die Mitwirkung professioneller Lernberater. Er fürchtet, daß nur allzu leicht wieder das tiefsitzende Verlangen nach dem Lernen von Experten mit ihren fertigen Antworten und die Überheblichkeit vieler Experten das selbstverantwortete Suchen der Handelnden verdrängen. Von vielen, die sich intensiver mit Action Learning auseinandergesetzt haben, wird diese kritische Haltung als übertrieben empfunden.

Zum Abschluß: Zur Bedeutung des Action Learning

Kennen Sie schon den Witz vom Betrunkenen, der in der Nacht auf der Straße herumtorkelt, offenbar auf der Suche nach etwas auf der Straße? Ein vorbeikommender Polizist fragt ihn, was er wohl suche. Der Betrunkene sagt: »Meinen Hausschlüssel!« Der Polizist sucht mit, ohne Erfolg. Schließlich fragt er den Betrunkenen: »Sind Sie sicher, daß Sie ihn hier verloren haben?« Darauf antwortet der Betrunkene: »Verloren habe ich ihn dort drüben. Aber dort ist es viel zu dunkel, aber hier unter der Straßenlaterne ist es hell genug, um etwas finden zu können.« – Ein blöder Witz? Jedenfalls tauglich, um die Neigung zu illustrieren, nur dort zu suchen, wo es hell ist, und lieber nicht dort, wo es dunkel ist. Das ist jedenfalls eine Neigung, die das Action Learning zu überwinden hilft. Es gibt Mut, um im Dunkeln zu suchen, statt sich im Licht des vorhandenen Know-hows zufriedenzugeben. Es schafft die Bedingungen dafür, daß die Lernpartner Unsicherheit und Nichtwissen im Hinblick auf das Unbekannte akzeptieren, daß sie sich selbst und einander als kompetent erfahren, weil sie direkt beteiligt sind, und daß sie das Wagnis des Experimentierens angehen.

Anmerkungen

1 Zu Möglichkeiten und Voraussetzungen für diese Methode vgl. Antonioni (1996).

2 Sehr interessant ist in dieser Hinsicht zum Beispiel der vom Action Learning inspirierte Ansatz der »Life Case Study«, wie ihn Ariane Berthoin Antal vom Wissenschaftszentrum Berlin und Albrecht Lange von Beiersdorf (1997) beschreiben.

3 Wie diese Business School zu der Action-Learning-Komponente in ihrem Unterricht kam, welches Know-how sie dabei benutzte und wie sie das Action-Learning-Element ständig weiterentwickelt, beschreibt Marcel van der Ham in diesem Buch.

4 Sehr inspirierend ist das Beispiel des »Peer Assisted Leadership« (PAL)-Programms, wie es das *Western Institute for Improving Education through Research, Development and Service* in San Francisco für die Managemententwicklung von Schulleitern verwendet. Lizenzträger dieses Systems in Europa ist u. a. das *Centre for Professional Development in Education* der Universität von Amsterdam. Der in diesem Beitrag wiedergegebene Leitfaden orientiert sich an dem PAL-Konzept.

5 Eine Zusammenfassung und Besprechung der Forschungsergebnisse bei Daudelin (1996).

6 Eine Darstellung dieses Ansatzes, der eine mit Markenschutz versehene Spezifizierung des Action Learning ist, bei Victoria Marsick et al. (1992).

7 Eine Einführung in diese »Kommunikationstechnik« gibt Edgar H. Schein (1993) im Themenheft von *Organizational Dynamics* über die »Lernende Organisation«. Eine ausführliche Darstellung bei Hartkemeyer et al. (1998); vgl. auch Bohm (1998).

8 Die Angabe der Phasen variiert bei Revans leicht; vgl. die Unterscheidung von *Diagnose- und Entwurfsphase* und *Therapie- oder Verhandlungsphase* im Abschnitt »Programmiertes Wissen über Action Learning« in Revans' Beitrag in diesem Buch.

9 Reginald Revans war zwischen 1927 und 1935 als Kernphysiker in den *Cavendish Laboratories* in Cambridge beschäftigt. Er hat dort als Assistent von Sir J. J. Thomson, dem Entdecker des Elektrons, die Ionenwellen entdeckt. Zu seiner Zeit arbeiteten dort mehrere Nobelpreisträger. Revans konstatiert über diese Periode in seinem Leben: »To have seen a dozen Nobel Laureates helping each other to ask totally fresh questions explained what Action Learning is. At 80 I judge others not by what

they already know, but by the questions they put to me.« (Revans, Reginald, »Action Learning in Brief«, unveröffentlichter Text seines Vortrags bei der Eröffnung des *Revans Action Learning Workshop* am 18. 12. 1987).

10 Diese Abhandlung ist einer von 52 Aufsätzen über Action Learning, die 1982 gebündelt publiziert worden sind in dem Buch *The Origins and Growth of Action Learning.* Alle Aufsätze stammen aus der Feder von Reginald Revans.

11 Äußerst lesenswert zur Vertiefung dieser Aussage ist das Kapitel über »Lewin, der praktische Theoretiker«, in Weisbord (1987).

Literatur

Antonioni, David (1996), »Designing an Effective 360-Degree Appraisal Feedback Process«, *Organizational Dynamics*, Autumn.

Argyris, Chris (1997), *Wissen in Aktion. Eine Fallstudie zur lernenden Organisation*, Stuttgart: Klett-Cotta.

Berthoin Antal, Ariane; Lange, Albrecht (1997), »Drawing Life out of the Live Case Study«, *efmd Forum*, H. 3, 43–46.

Bohm, David (1998), *Der Dialog. Das offene Gespräch am Ende der Diskussionen*, Stuttgart, Klett-Cotta.

Campbell, Joseph (1972), *The Hero with 1000 Faces*, Princeton, NJ: Bollingen Series.

Casey, David (1997), »The Role of the Set Adviser, in: Pedler, Mike (Hrsg.), *Action Learning in Practice*, 3. Aufl., Aldershot: Gower, 209–220.

Daudelin, Marilyn Wood (1996), »Learning from Experience Through Reflection«, *Organizational Dynamics*, H. 3.

Drieghe, Luc (1989/90), *Action Learning. Een biografie van Reginald William Revans. Een overzicht van theorie en experimenten*, Diss., Rijksuniversiteit Gent (Psychologische/pädagogische Fakultät).

Froiland, P. (1994), »Action Learning. Taming Real Problems in Real Time«, *Training Magazine*, Jan., 27–43.

Geus, Arie de (1998), *Jenseits der Ökonomie. Die Verantwortung der Unternehmen*, Stuttgart: Klett-Cotta.

Handy, Charles (1989), *The Age of Unreason*, London: Business Books Ltd.

Hartkemeyer, Martina; Hartkemeyer, Johannes; Dhority, L. Freeman (1998), *Miteinander Denken. Das Geheimnis des Dialogs*, Stuttgart: Klett-Cotta.

Honey, Peter; Mumford, Alan (1986), *Using Your Learning Styles*, Berkshire.

–; – (1986, 3. Aufl. 1992), *The Manual of Learning Styles*, Berkshire.

Kolb, D. A. (1974), »Learning and Problem Solving«, in: Kolb, D. A.; Rubin, I.; McIntyre, J., *Organizational Psychology: An Experimental Approach*, Englewood Cliffs, NJ: Prentice-Hall.

Marsick, Victoria et al. (1992), »Action-Reflection Learning«, *Training & Development*, Aug.

Revans, Reginald W. (1968), »Report of Senior Research Fellow«, in: Revans (1982).

– (1971), *Developing Effective Managers. A New Approach to Business Education*, London: Longmans.

– (1982), *The Origins and Growth of Action Learning*, Bromley: Chartwell-Bratt.

Schein, Edgar H. (1993), »On Dialogue, Culture, and Organizational Learning«, *Organizational Dynamics*, (22) 2.

Senge, Peter M. (1996), *Die Fünfte Disziplin. Theorie und Kunst der lernenden Organisation*, 4. Aufl., Stuttgart: Klett-Cotta.

Senge, Peter M. ; Kleiner, Art; Roberts, Charlotte; Ross, Rick; Smith, Bryan (1996), *Das Fieldbook zur »Fünften Disziplin«*, 2. Aufl., Stuttgart: Klett-Cotta.

Weisbord, Marvin (1987), *Productive Workplaces; Organizing and Managing for Dignity, Meaning and Community*, San Francisco: Jossey-Bass.

Rolf Th. Stiefel

Strategieumsetzende Personalentwicklung und Action Learning

Ich möchte im ersten Teil meines Beitrags einige Tendenzen, »Produkte« und Arbeitsprinzipien der strategieumsetzenden Personalentwicklung beschreiben, die ich als Berater von Firmen bei Neukonzipierungsprojekten und als Beobachter der »Szene der Personal- und Organisationsentwicklung« eingesetzt und erlebt habe. Im zweiten Teil meiner Ausführungen werde ich dann der Frage nachgehen, welche Bedeutung Action Learning (AL) in der strategieumsetzenden Personalentwicklung hat und welchen Stellenwert es einimmt.

Strategieumsetzende Personalentwicklung – persönliche Zugänge

Es ist seit einiger Zeit üblich, Personalarbeit und Personalentwicklung, aber auch Human-Resource-Management mit dem Zusatz »strategisch« zu versehen. Dabei ist nicht immer klar, was im einzelnen darunter verstanden wird, wenn man in der Praxis diesen Zusatz benutzt.

Auch in der Theorie besteht ein breites begriffsinhaltliches Spektrum – Hampden-Turner hat in seiner Literaturanalyse zehn hauptsächliche Positionen unterschieden, bevor er selbst zwei weitere anfügte (1993, S. 336 ff.).

Ich möchte mich diesen Betrachtungen nicht weiter anschließen, sondern meine begriffsinhaltliche Position von strategieumsetzender Personalentwicklung (PE) skizzieren, und zwar zunächst anhand von persönlichen Zugängen, die mich zu meiner heutigen Sicht gebracht haben.

Anfang der 80er Jahre hatte ich bei einem Schweizer Unternehmen ein Beratungsprojekt der Ausbildungsabteilung – so nannte sich diese Abteilung damals – übernommen. Ich war als eine Art »Tenniswand«, Sparringspartner oder externer Coach – wie man heute dazu sagen würde – für den Leiter der Abteilung vorgesehen, der sich den »Luxus« leistete, sich während eines Jahres mit punktuellen Treffen in seiner Entwicklungs- und Veränderungsarbeit begleiten zu lassen. Während dieser Zeit kam ich mit der Frage in Berührung, wie ein kurz zuvor von einer Beratungsgruppe erarbeitetes neues Strategiekonzept für das Unternehmen durch Projekte der Ausbildungsabteilung implementiert werden konnte. Im Rahmen dieser Praxisbegleitung hatte ich mich mit den Veröffentlichungen von Pümpin befaßt und u. a. auch sein Standardwerk *Management strategischer Erfolgspositionen* (1982) gründlich studiert. Darin waren auch Sätze zu lesen, die meine damalige Desillusionierung bezüglich der traditionellen Weiterbildungsarbeit sehr treffend wiedergaben: »Ich bin der Ansicht, daß der Zusammenhang zwischen Strategie, Unternehmenskultur und Ausbildung noch zuwenig erkannt wurde.« – »... Mitarbeiterentwicklung erfolgt im luftleeren Raum, konzipiert nach den Vorstellungen von Fachspezialisten. Sie projizieren ihr Wissen, ihre Vorstellungen darüber, wie die Welt sein sollte, ihre Wünsche und Vorstellungen in die Ausbildungsprogramme.« (S. 199 f.)

Pümpin macht an verschiedenen Stellen seines Buchs deutlich, daß es weniger auf die formulierte Strategie, sondern wesentlich stärker auf die *umgesetzte Strategie* ankommt – so wenn er ausführt, »daß der strategische Erfolg einer Unternehmung weniger von ausgeklügelten Strategiepapieren, sondern vielmehr vom täglichen Verhalten aller Führungskräfte und Mitarbeiter bestimmt wird« (S. 111). Der bekannte Strategieexperte Ansoff hat diesen Sachverhalt später in einem sehr treffenden »One-liner« noch einmal auf den Punkt gebracht: »It is no trick to formulate a strategy, the problem is to make it work.« (1988, S. 165)

Wenn Pümpin von dem notwendigen täglichen Verhalten bei Führungskräften und Mitarbeitern spricht, sind damit natürlich pädagogische Kategorien angesprochen: Strategieumsetzung und Mitarbeiterentwicklung scheinen sich derselben Aufgabe zuzuwenden.

In den Gesprächen mit meinem damaligen Klienten fanden während der einjährigen Begleitung mannigfache Diskussionen über eine Neuausrichtung der betrieblichen Entwicklungsarbeit statt, insbesondere nachdem wir die beiden Dissertationen von W. Meier (1983) und H. A. Wüthrich (1984) gelesen hatten, die beide bei Pümpin studiert hatten. Wir kamen jedoch auch zu dem Schluß, daß die strategieumsetzende Detailarbeit in der Verhaltensentwicklung nicht von den Betriebswirten geleistet werden konnte.

Zur gleichen Zeit, Anfang der 80er Jahre, erschien der Business-Bestseller *In Search of Excellence: Lessons from America's Best Run Companies* von Peters/Waterman (1982). Die Autoren stellten die *Beschäftigung mit Unternehmenskultur* heraus und forderten die Ausprägung von bestimmten Werthaltungen bei Führungskräften und Mitarbeitern als *einzigartigen, schwer imitierbaren Wettbe-*

werbsvorteil in der Unternehmensführung. Dieses neue Konstrukt der Unternehmenskultur wurde auch in verschiedenen Veröffentlichungen Pümpins als entscheidender Hinderungsgrund bzw. fördernder Faktor für die Umsetzung von strategischen Erfolgspositionen erläutert.

Mit der entdeckten Neupositionierung der betrieblichen Entwicklungsarbeit und ihrer jetzigen Nähe zur Strategieumsetzung löste sich für mich ein *Dilemma*: Unternehmen entwickeln langfristige Marschrichtungen für ihre Geschäftsfelder, indem sie sich an eigenen Stärken ausrichten und diese mit Chancen und Umfeldentwicklungen in Beziehung bringen. Klassische Weiterbildungsarbeit stützt sich bei ihren Interventionen auf »Bedarf« als eine zentrale Kategorie und interpretiert ihn als ein Konstrukt, das sich an einem »pädagogischen Defizit-Begriff« orientiert. Stärkenausbauende Strategieentwicklung und defizitreduzierende Weiterbildung passen von ihren Grundannahmen her nicht zusammen. Wenn die Ausprägung von strategieumsetzendem Verhalten und die Förderung von kulturellen Werten und Normen so wichtig war, dann konnte sich eine Abteilung, die sich mit Weiterbildung und Personalentwicklung befaßte, nicht ausschließlich auf organisiertes Lernen und intentionale Verhaltensentwicklung beschränken.

Ende 1986 erhielt ich eine Einladung, bei der Einweihung des neuen Trainingszentrums eines amerikanischen Computerherstellers einen Vortrag über »Strategische Personalentwicklung« zu halten. Dieser wurde etwas später in überarbeiteter Fassung veröffentlicht (Stiefel/Belz 1987, S. 47 ff.). Ich führte dort das neue strategische Denken in der Personalentwicklung auf die Beantwortung einer zentralen Frage zurück, die ich schon vorher bei Beratungsprojekten immer wieder gestellt hatte und bei der ich meinen Gesprächspartnern anmerkte, daß Mitte der 80er Jahre diese Art von Fragen zu den Tabuthemen im Entwicklungsgeschäft gehörte: *»Welche Art von Lernen brauchen wir für unser Unternehmen, um rascher als die Konkurrenz zu lernen?«*

Nach diesem Vortrag hatte ich wiederholt mit Beratungsprojekten bei Klienten zu tun, die nicht länger um das Thema kreisten, die »Dinge in der PE-Abteilung richtig oder richtiger« zu machen. Vielmehr wagte man sich an die Frage heran, ob man sich als PE-Abteilung überhaupt mit den *»richtigen Dingen«* auseinandersetzte.

Strategieumsetzende PE – meine Prämissen in der Beratungsarbeit

Wenn ich heute in Unternehmen an die Neugestaltung der PE-Arbeit herangehe, dann mache ich meinen Klienten – Mitglieder der Geschäftsführung oder des Personalressorts – zunächst meine Prämissen deutlich, mit deren Verständnis es ihnen leichter fällt, die »Produkte und Serviceleistungen« einer strategieumsetzenden PE zu begreifen.

1. *Unternehmen konkurrieren in der Umsetzung ihrer Strategien*
   Unternehmen konkurrieren heute im wesentlichen beim »Aufbau von Umsetzungsarchitekturen« (Kiernan 1993, S. 7 ff.), wobei die Personalentwicklung in ihrer strategieumsetzenden Anlage einen besonderen Stellenwert als Instrument bei der Generierung von Wettbewerbsvorteilen einnimmt.

2. *Zeit als Wettbewerbsfaktor im strategieumsetzenden Lernen*
   Der Faktor Zeit wird in der Strategieumsetzung zu einem entscheidenden Faktor und muß sich in neuen Lernformen manifestieren. Diese setzen an die Stelle des sequentiellen »learn then act« ein simultanes »learn and act« (Dixon 1994, S. 120 ff.).

3. *Nur strategisch relevante Bedarfe sind ein PE-Handlungsanlaß*
   Nicht jede Schwachstelle und jede subjektiv empfundene Unvollkommenheit im Unternehmen ist ein Bedarf, der eine PE-Abteilung zum Handeln zwingt. Vielmehr geht eine strategieumsetzende PE-Funktion davon aus, daß sie nur bei strategisch relevanten Bedarfen gebraucht wird und »sonstige Bedarfe« durch das kulturimmanente Lernpotential im Unternehmen bearbeitet werden können.

4. *Fokussierung der Veränderungsenergien*
   Von allen Ressourcen, die bei der Entwicklung von Mitarbeitern eingesetzt werden, ist die wertvollste Ressource die begrenzte Veränderungsenergie der Mitarbeiter. Dieses kostbare Gut muß auf die für ein Unternehmen wichtigsten Veränderungsprozesse fokussiert werden.

5. *Entwicklung des Personals ist mehr als die Summe entwickelter Personen*
   Die kollektive Entwicklung der Belegschaft oder des gesamten Managements hat in der strategieumsetzenden PE eine eigene Qualität und kann nicht als

Ergebnis der Entwicklung von Individuen verfolgt werden. Diese kollektive zeitgedrängte Entwicklung führt zur Ausprägung neuer Kulturmerkmale – und das ist etwas anderes als nur der Erwerb von neuen Fähigkeiten.

6. *Bedarfsbearbeitung im lernenden Unternehmen bedeutet immer Zuwachs an Lernfähigkeiten*
   Jeder strategisch relevante Bedarf muß in einer Weise bearbeitet werden, daß sich als Ergebnis der Bearbeitung bei den teilnehmenden Personen ein Zuwachs an Lernfähigkeiten und im Unternehmen eine Lernkulturveränderung in Richtung lernendes Unternehmen einstellt.

7. *Personalentwicklung nur mit aktiver Unterstützung der Geschäftsführung*
   Strategieumsetzendes PE-Handeln kann nur mit Unterstützung der Geschäftsführung erfolgreich sein, wobei es im einzelnen eine Vielzahl von kreativen Einbindungsformen der obersten Führungsebene gibt.

8. *Einzelne Positionen und Abteilungen haben unterschiedliche Bedeutung*
   Im zeitlichen Ablauf der Umsetzung von Unternehmensstrategien nehmen einzelne Positionen als Schlüsselpositionen und einzelne Abteilungen als Schlüsselabteilungen eine bevorzugte Rolle ein. In diesen Investitionsfeldern führt ein strategieumsetzendes PE-Engagement zu einem besonders markanten Nutzen für das Unternehmen. Gleichzeitig erfüllt ein PE-Handeln auf der Grundlage dieser Denkfigur aber auch die Auflage des lernenden Unternehmens, nach der allen Mitarbeitern eine Chance zur Weiterentwicklung in Richtung größerer »employability« eingeräumt wird.

9. *Strategieumsetzende PE enthält direkte und indirekte Entwicklungsmechanismen*
   Eine PE-Funktion arbeitet mit Maßnahmen, die direkt auf die Entwicklung einzelner, von Gruppen und größerer Organisationseinheiten einwirken. Um dem Anspruch des lernenden Unternehmens gerecht zu werden, muß sich PE aber auch mit der Konstruktion von bestimmten verhaltensproduzierenden Systemen befassen, die sowohl strategieumsetzendes Alltagshandeln unterstützen als auch einen Zuwachs an selbstgesteuertem Lernen im Unternehmen bewirken.

10. *Strategieumsetzende PE will Spuren ziehen und keine ausgetretenen Pfade gehen*
    Eine strategieumsetzende PE-Abteilung begreift sich in ihrem Entwicklungs- und Veränderungsauftrag als Unternehmer, insofern die ausgetretenen Pfade des normalen Entwicklungsgeschäfts verlassen werden, um für

ein spezifisches Unternehmen eine maßgeschneiderte Entwicklungslösung hinsichtlich der Entwicklungsprojekte, der »Schrittlänge« in der Entwicklungsgeschwindigkeit und der eingesetzten Lernformate zu kreieren. Wenn man sich als innovativer PE-Unternehmer sieht, kann man wenig von dem ohnehin schwach ausgeprägten Theoriegerüst der allgemeinen Personalentwicklung profitieren, sondern muß als PE-Aktionsforscher seine eigenen Leitlinien erarbeiten.

Strategieumsetzende PE – einige typische »Produkte und Serviceleistungen«

Eine strategieumsetzende PE-Abteilung geht davon aus, daß nur eine begrenzte und überschaubare Zahl von Entwicklungs- und Veränderungsprojekten den Kunden im Unternehmen angeboten werden, weil zu viele Maßnahmen sich sehr schnell gegenseitig lähmen und eine negative Synergie erzeugen. Dabei wird man im Einzelfall von den folgenden Projekten ausgehen:

1. Bearbeitung eines unternehmensweiten Bedarfs an einem *großflächig angelegten* Veränderungsprojekt, bei dem sich alle Führungskräfte innerhalb eines überschaubaren Zeitrahmens mit einem bestimmten strategisch relevanten Thema befassen.

2. Durchführung eines *Schlüsselabteilung-Entwicklungsprogramms*: Eine besonders wichtige Abteilung im Rahmen der anstehenden Strategieumsetzung erhält die Möglichkeit, ihren Wertschöpfungsbeitrag für das Unternehmen mit Hilfe zusätzlicher PE-Investitionen zu erhöhen.

3. Die *Inhaber einer strategisch bedeutsamen Schlüsselposition* nehmen als einzelne und als Gruppe an einem für sie geplanten und auch durch sie selbst gestalteten Lern- und Entwicklungsprozeß teil, um auf ihrer Position mehr Leistung und Wertschöpfung für das Unternehmen zu erbringen und gegenüber Mitbewerbern im Markt einen qualitativen Wettbewerbsvorsprung zu sichern.

4. Im Rahmen der *zukunftssichernden Förderung von vorhandenem Potential* bei Mitarbeitern werden Maßnahmen eingesetzt, die die Potentialträger für zu-

künftige Situationen im Unternehmen »veredeln«, ohne daß zum Qualifizierungszeitpunkt feststeht, wann und in welcher bestimmten Situation die vorhandene Einsatzflexibilität bei den geförderten Personen Verwendung findet. Dazu gehören Projekte

- der Rekrutierung und Förderung von Trainees (als Nachwuchs für die erste Führungsebene);
- der Förderung von Fachkräften und Stabsmitarbeitern, um sie auf einen späteren Übergang in eine Führungsfunktion vorzubereiten;
- der Förderung von Führungskräften mit ersten Führungserfahrungen, um sie auf höhere oder andere Führungsaufgaben vorzubereiten;
- der Förderung von erfahrenen Führungskräften mit Weiterentwicklungspotential zum Kreis der oberen Führungskräfte;
- der Förderung von oberen Führungskräften mit Potential für die Ebenen der selbständigen Leitung von Sparten, größeren Profit-Centers und der Geschäftsführung.

5. Durchführung eines *offenen Programms*, das *allen* Mitarbeitern zum Besuch offen steht und in dem strategisch bedeutsame Schlüsselqualifikationen des Unternehmens erworben oder Fähigkeiten erlernt werden, die in ihrer Anwendung durch die Teilnehmer das Unternehmen in Richtung eines »lernenden Unternehmens« weiterentwickeln.

Strategieumsetzende PE – einige bewährte »Erfolgskonzepte«

Es gibt viele Erfolgskonzepte und Erfolgsrezepte, die die strategieumsetzende PE im lernenden Unternehmen zu einer Konkurrenzüberlegenheit bringen. Würde man die einzelnen Aussagen auf ihren zusammenhängenden »roten Faden« überprüfen, käme man auf das Meta-Erfolgskonzept der »sophisticated simplicity«, das auch in einem anderen Zusammenhang als erfolgsentscheidend in den Vordergrund gestellt wurde (Hague 1988, S. 172 f.).

1. *Nachvollziehbarkeit und Plausibilität des PE-Handelns*
   Strategieumsetzende PE wird *nicht für das*, sondern immer *mit dem* Management eines Unternehmens verwirklicht. Dazu gehört, daß das Management die Lernarchitektur der PE-Produkte und PE-Serviceleistungen verste-

hen muß. »Verstehen von PE im Management« bedeutet immer Einsicht in die Logik des Beitrags der Maßnahmen zur Weiterentwicklung des Unternehmens und zum Aufbau von Wettbewerbsvorteilen.

2. *Überschaubare Zahl von strategieumsetzenden PE-Projekten*
Statt einer Vielzahl von Einzelmaßnahmen arbeitet die strategieumsetzende PE mit einer überschaubaren Zahl von Projekten, die jeweils separat budgetiert und mit einem spezifischen PE-Projektmanagement zum Erfolg geführt werden.

3. *Durch Fokussierung mehr Unterstützung in der Geschäftsführung*
Die Konzentration auf wenige, für das Unternehmen wichtige Projekte führt dazu, daß sich eher sichtbare Ergebnisse aus den Entwicklungs- und Veränderungsprozessen einstellen. PE-Projekte mit markanten Erfolgen erhalten größere Unterstützung durch die Geschäftsführung. Das Engagement für PE-Projekte der Mitglieder der Geschäftsführung und des oberen Führungskreises schlägt sich wiederum in mehr und beschleunigtem Erfolg und in einem Zuwachs an Kompetenz in Sachen »Lernen und Entwicklung« nieder.

4. *Einbindung von Führungskräften über Steuerkreise*
Jedes strategieumsetzende PE-Projekt wird mit einem Steuerkreis aus oberen Führungskräften ausgestattet, um die angestrebte Entwicklung und Veränderung im Management zu verankern. Gleichzeitig bilden diese Steuerkreise eine Art »verdecktes Lernforum«, in dem Führungskräfte ihre »mentalen Modelle« (Senge 1996, S. 213 ff.) über Lernen von sich und anderen offenlegen und mit dem »Offengelegten« das Thema Lernen in und von Unternehmen besprechbar machen.

5. *Einbindung des Managements heißt Mobilisierung des Common Sense in Sachen »Lernen und Entwicklung«*
Mit der Einbindung des eigenen Managements in die Konzipierung und Durchführung der strategieumsetzenden Lern- und Entwicklungs-Produkte verwertet eine PE-Abteilung den Common Sense und Sachverstand in der Linie. Dies führt dazu, daß nicht nur eine andere Qualität von »Ownership« der PE-Arbeit im Management entsteht. Vielmehr wird mit dem bislang durch einseitiges »PE-Expertentum« praktizierten Entwicklungshandeln jetzt auch »Laien-Know-how« für die eigene PE-Arbeit zugänglich gemacht.

Dieses nimmt angesichts der schwachen Ausprägung des allgemeingültigen theoretischen Fundaments der Personalentwicklung einen wichtigen Stellenwert in jeder wissensgestützten Konzeption von strategischer Veränderung ein (Hoerem; von Krogh; Roos 1996, 116 ff.).

6. *Unspektakuläre Formen der PE-Arbeit schaffen nicht imitierbare Wettbewerbsvorteile gegenüber der Konkurrenz*
   Wenn man die strategieumsetzende PE-Arbeit mit Merkmalen der hier beschriebenen »sophisticated simplicity« betreibt, dann stellt sich für einen außenstehenden Betrachter das beobachtbare Entwicklungshandeln in einem Unternehmen als eher unauffällig und unspektakulär dar; Potenz und Wirksubstanz für die Entwicklung einzelner und größerer Gruppen ist nicht ohne weiteres auszumachen. Genau dies gehört aber zur Schaffung von nicht imitierbaren Wettbewerbsvorteilen in einer Branche – eine Dimension im betrieblichen Wissensmanagement, die viele PE-ler heute übersehen.

7. *Die Persönlichkeit des PE-lers als entscheidender Erfolgsparameter*
   Die Persönlichkeit der für die Entwicklungsarbeit verantwortlichen PE-ler steht mit dem Meta-Konzept der »sophisticated simplicity« in enger Verbindung. Der Typ des PE-Leiters, seine Fachkompetenz und Antriebsstruktur – um nur zwei Ausprägungen zu nennen –, verbunden mit dem hohen Freiheitsgrad, der sich in einem selbstbestimmten Ausfüllen der eigenen Rollenwahrnehmung niederschlägt, entscheidet im wesentlichen darüber, wie in einem Unternehmen die PE-Arbeit angelegt wird.

Strategieumsetzende PE – die Bedeutung von Action Learning

Action Learning paßt – als Generalthese – mehr als andere Lernformen in unsere Zeit und hat eine hervorragende Kompatibilität zu dem Konzept der strategieumsetzenden PE. In den folgenden Punkten möchte ich den Stellenwert von AL im besonderen unterstreichen:

1. Zunächst gibt es zwischen der strategieumsetzenden PE und AL eine *entfaltungsgeschichtliche Parallele*. In der Geschichte betrieblicher Entwicklungsmaßnahmen folgte der ursprünglichen Weiterbildung die operative PE-Ar-

beit, bevor dann an ihre Stelle die strategieumsetzende PE-Arbeit trat. In Wahrheit zerfällt die Epoche der Weiterbildung in einzelne Phasen, die jedoch hier nicht weiter differenziert werden sollen. Die strategieumsetzende PE bildet – streng genommen – eine Gegenposition zum »aktionistischen Reparaturbetrieb« der Weiterbildung.

In der Geschichte der eingesetzten Lernformen entsprach der Weiterbildung das organisierte Lernen, das sich von den passiven Lehrformen der Vermittlung von kognitiven Inhalten bis zu aktiven Formen der Fallmethode und des Planspiels erstreckte. Allen diesen Formen war gemeinsam, daß sie in einen institutionellen, arbeitsplatzfernen Rahmen eingebettet waren, der in der Einrichtung der Business Schools die prominentesten pädagogischen Vertreter dieser institutionalisierten Weiterbildung hatte.

AL bildete mit seiner Beschreibung des belgischen Projekts an der Stiftung *Industrie und Universität* (Revans 1971) eine Gegenposition zu dem gerade in England lancierten neuen Business-School-Lernen, das sich als Empfehlung des Lord Franks-Report in der Gründung von zwei neuen Business Schools in London und Manchester manifestierte.

AL basierte für Revans auf Prämissen des Erwachsenenlernens, auf die er bereits vor seiner Zeit in Belgien zurückgriff, als er mit lernstattähnlichem Vorgehen im Steinkohlebergbau arbeitete. Er setzte sich als einer der wenigen zu der Zeit mit der andragogischen Literatur auseinander und kannte auch die emanzipatorische und befreiungspolitische Pädagogik-Literatur eines Paulo Freire und Ivan Illich (Reimer 1971, 1 ff.)

Das AL-Konzept, wie es erstmals 1971 umfassend dargestellt wurde, war als Gegenposition zur Business-School-Weiterbildung von Führungskräften formuliert. Darin wurde im Kern die Abkehr vom Expertenlernen begründet, mit dem man nur aus seiner Sicht das wiederkäut, was als bereits bekanntes Wissen vorhanden ist.

Während die Weiterbildung mit den eingesetzten Formen des organisierten Lernens individuelle Managerbedürfnisse befriedigen wollte, verfolgte die strategieumsetzende PE Entwicklungsmaßnahmen, die mit der strategischen Marschrichtung eines Unternehmens im engsten Zusammenhang stehen und die den Anspruch auf selbst erarbeitete Einzigartigkeit erfüllen, zumal die bloße Weitergabe von Expertenwissen dafür nicht mehr ausreicht. Das ursprüngliche AL-Projekt in Belgien war als Top-Management-»Programm« konzipiert, das sich mit strategischen Problemen der beteiligten Unternehmen und der Entwicklung der Persönlichkeit der Beteiligten befaßte – eine weitere Parallele zur strategieumsetzenden PE, die sich auf strategische Bedarfe und deren Bearbeitung konzentriert.

2. Die Desillusionierung beim Einsatz seminaristischer Lernformen ist allgemein erkennbar. Statt die psychologische Distanz zwischen dem Lernfeld und dem Arbeitsfeld – wie es in der Terminologie der Design-Theoretiker heißt – mit immer raffinierteren transferfördernden Methoden zu beheben, geht die Action-Learning-Schule davon aus, daß *das Transferproblem in Unternehmen ein selbstgeschaffenes Problem* ist. Single-loop-learning-Paradigmatiker in Unternehmen werden nicht müde, neue Vorgehensweisen und Verfahren zu entwickeln, um den Transfer zu verbessern. Double-loop-learning-Paradigmatiker beginnen das System des Lernens insgesamt in Zweifel zu ziehen und kreieren statt dessen völlig andere Lernarchitekturen.

3. Wenn Lernen von Arbeiten getrennt ist, dann tritt auch etwas ein, was heute in Unternehmen enorme Bedeutung hat: der *Faktor Zeit im Lernprozeß* oder, schlicht formuliert, man lernt in den meisten Unternehmen zu langsam!
»Schneller lernen als die Konkurrenz« (Stiefel 1988, S. 76 ff.) war bereits vor Jahren eine Forderung im Rahmen der strategieumsetzenden PE, doch kenne ich in Deutschland keine PE-Abteilung, die, analog zu den beispielhaft genannten Ansätzen im »High-Speed-Management« (Jones 1993), »High-Speed-Lernsysteme« überzeugend etabliert hat.
Ich war jüngst bei einer großen Bank als Berater eingeladen, die aus mehreren Entwicklungsabteilungen und Trainingsgruppen eine schlagkräftige neue Management-Development-Abteilung einrichten wollte. Als einem der neuen Handlungsfelder wollte man sich bei großflächigen Veränderungsprojekten zukünftig engagieren und wesentlich früher als bislang der Geschäftsführung helfen, neue Strukturen und Kulturmerkmale (wie flachere Organisation, unternehmerisches Handeln der Führungskräfte etc.) zu implementieren. Man stellte sodann – durchaus mit Recht – fest, daß man für die neuen Produkte und Serviceleistungen im Geschäftsfeld »Implementierung von großflächigen Veränderungen« noch nicht genügend kompetent war. Und dann beschloß man – sehr traditionell –: Wir müssen zuerst die notwendigen Kompetenzen in einem extern durchgeführten Curriculum erwerben, bevor wir das neue Geschäftsfeld mit Produkten und Serviceleistungen bearbeiten. Und da das ausgewählte OE-Curriculum erst im Folgejahr begann und ein Jahr arbeitsbegleitend läuft, stehen dem Unternehmen frü-

hestens nach zwei Jahren – gemessen vom Zeitpunkt der Entscheidung, daß man sich als MD-Abteilung neu positioniert – die neuen Fähigkeiten zur Verfügung.

Wenn diese Bank mit ihrem selbst unter »Entwicklungs-Profis« praktizierten »learn-then-act«-Modell (Dixon 1994, S. 120 f.) ein »act-through-learning«- oder gleichermaßen ein »learn-through-acting«-Modell (Dixon 1994, S. 121 f.) verwenden würde, dann hätte sie gegenüber Mitbewerbern im Markt, die ähnliche Veränderungsprojekte realisieren wollen, gleich mehrere positive Effekte zu verzeichnen:

- Sie würde mit dem Action Learning ein Lernmodell aufzeigen, das einen Bearbeitungsvorsprung von 2 Jahren sichert.
- Sie würde eine andere Form des Lernens demonstrieren, das dem tatsächlichen Aktionsforschungs-Modell von erfolgreichen Managern wesentlich näher kommt als das Seminarraum-Lernen.
- Die PE-Abteilung würde mit dem Kompetenzerwerb auf Action-Learning-Basis als Wegbereiter für die Etablierung einer neuen Lernkultur gesehen werden, mit allen Merkmalen und Konsequenzen, die damit verbunden sind.

4. Um für das Tagesgeschäft mit seiner Belegschaft fit zu sein, kann man in Unternehmen auf Coaching oder supervisionsähnliche Lernformen zurückgreifen. Daneben gibt es aber in der strategieumsetzenden PE den ungleich wichtigeren Handlungsbereich, die Mitarbeiter so zu qualifizieren, daß sie die *Anforderungen von morgen* bestehen, insbesondere wenn es um Handlungskompetenz für völlig neue Situationen geht, in denen man in der richtigen Weise aktiv werden muß (Boot; Lawrence; Morris 1994).

   Im Action-Learning-Konzept von Revans gibt es zwei unterschiedliche Entwicklungsziele – bezeichnet mit *P und Q. P* enthält das validierte, programmierbare Management-Wissen, das man in Business-School-Curricula wiederfindet und das eine validierte Antwort auf die Probleme von gestern darstellt. *Q* – »Questioning insight« – zielt darauf ab, das vorhandene Wissen zu restrukturieren und neu zu organisieren und mit Vorgehensweisen zu versehen, damit die Probleme von morgen in Angriff genommen werden können.

   Im klassischen Zitat von Revans kommt die Nähe von Action Learning, strategieumsetzendem Lernen und Unternehmensentwicklung voll zur Geltung:

»Um in den altvertrauten Verhältnissen des flachen Landes zu überleben, genügt es völlig, auf schon Bekanntes zurückzugreifen; um aber die Höhen von morgen zu erklimmen, ist es erforderlich, die eigene Unwissenheit stetig nach nutzbringenden Fragen zu erforschen. Auf dem flachen Land wird der Sieger der sein, der über das umfassendste programmierte Wissen verfügt; wenn sich die Verhältnisse dann zunehmend verändern, ist es der Experte, an den wir uns wenden. Aber am Abgrund, wenn alles dem Wandel unterliegt und in Zweifel gezogen wird, muß derjenige, der überleben will, mehr an dem interessiert sein, was er nicht zu sehen vermag, als an dem, was ihm schon bekannt ist; in solchen Menschen erkennen wir nicht Experten, sondern Führungspersönlichkeiten. Ihr Handwerkszeug ist nicht programmiertes Wissen, sondern Verständnis gewinnen durch Fragenstellen ...« (Revans 1982, 710)

In neueren amerikanischen »leading edge«-Programmen in Executive Education wird dieser Tatsache mittlerweile vermehrt Rechnung getragen, wenn neben dem individuellen Entwicklungsstrang der Bearbeitung von realen Problemen in einem Projektlernstrang eine immer zentralere Rolle zuerkannt wird (Vicere 1996, S. 67 ff.).

5. Als eine Ergänzung zu diesen in AL-Format durchgeführten Förderungsprogrammen gibt es die besondere Form von »*Förderungsprogrammen im Firmenkonsortium*« (vgl. Stiefel 1998, S. 15 ff.), bei denen mehrere Unternehmen in der Förderung von Mitarbeitern kooperieren. Diese Programme erhalten einen immer größeren Stellenwert in der strategieumsetzenden PE,
   - weil sie die stark eingeforderten Unternehmerfähigkeiten (sowie eine Mentalität des Mit-Unternehmertums) ausprägen
   - und weil diese Programme mit ihrem besonderen Lernformat im Projektlernstrang eine einzigartige Chance bieten.

   Das besondere Lernformat wird dadurch erreicht, daß die Teilnehmer im konsortial durchgeführten Förderungsprogramm aus ihrer bisherigen Organisation (own organization) und aus ihrem bisherigen Tätigkeitsgebiet (own job) heraustreten und sich mit völlig neuen Situationen befassen, wie aus der folgenden Matrix ersichtlich ist (Garratt 1991, S. 59):

	Own job	Other job
Own organization		
Other organization		x

Bei dieser Art der Projektbearbeitung (x) wird insbesondere auf die Entwicklung der »Unternehmerpersönlichkeit«- im echten Sinn des Worts – eingewirkt, eine Herausforderung an die strategieumsetzende PE, die sie mit keinem anderen Lernarrangement aufnehmen kann.

6. Es gehört zu den Wesensmerkmalen der strategieumsetzenden PE, daß sie als Arbeitsprinzip die Mitarbeiter mit ihrer unverwechselbaren Disposition, ihrer *Persönlichkeit*, sieht und daß sie in einem ihrer »Produkte« sich mit den Inhabern von Schlüsselpositionen befaßt. Persönlichkeitsentwicklung als Lernen über sich und seinen »Schwarzen Kasten«, der im Führungsalltag das beobachtbare Verhalten bestimmt, gehört zu den essentiellen Merkmalen von PE.

   Beim Projektlernen, insbesondere bei der ursprünglichen Bearbeitungsmodalität der Umsetzung und Einführung der Ergebnisse, lernt der Teilnehmer sich als Person kennen, wie er sich speziell im realen Veränderungsprozeß anstellt – und das ist wesentlich anders, als wenn jemand in der behaglichen Atmosphäre eines Seminarhotels Feedback erhält.

   Revans (1971, S. 56 f.) spricht übrigens in seinem theoretischen Lernkonzept (»system gamma«) vom »Manager als einer einzigartigen Person«, die während des Bearbeitungsprozesses ständig über sich und ihr Handeln Feedback erhält – *Feedback nicht als Übung, sondern als Reflexion des Handelns im Feld* mit den dort zwangsläufig generierten und jetzt dem Lernenden zur Verfügung stehenden Daten. Daß in den Set-Treffen als Action-Learning-Begleiter ein anderer Manager aus dem Unternehmen und kein Psychologe tätig ist, läßt das in diesen Sitzungen entstehende Feedback zwar nicht so psychologisch trennscharf und präzise erscheinen, es ist aber durch das Prinzip der gegenseitigen Hilfestellung (»comradeship in adversity«) ungleich verbindlicher für eine Veränderung des individuellen Verhaltens – und das ist es, was nach dem Feedback letztendlich zählt.

   Ich habe bei den heutigen Führungstrainings und -entwicklungsformen oft das Gefühl, daß in Feedback-Runden die Selbstdarstellung in den Vordergrund tritt, indem vor allem ein Feedback-Geber Punkte sammeln möchte; dazu gibt er sich psychologisch versiert und einfühlsam, um als sensitiver Manager zu gelten. Aber ein solches, vielgepriesenes Verfahren hält der Überprüfung nicht stand, denn die Sensibilitätsübungen im Seminarraum führen nicht zu Verhaltensveränderungen in der Realität, sondern nur – wenn überhaupt – zu erhöhter verbal artikulierbarer Sensibilität, und das wird oft dann nur im privaten Lebensraum praktiziert.

7. Eine Bedingung der strategieumsetzenden Personalentwicklung ist die *Entwicklungsarbeit mit allen Führungskräften*, insbesondere auch den Führungskräften im oberen Führungskreis und in der Geschäftsführung, die normalerweise von einer PE-Abteilung nicht erreicht werden.

   Action Learning ist das Lernkonzept dafür schlechthin, das eine breite Einbindung mehrerer Führungskräfte-Ebenen verfolgt:
   - mit den Führungskräften als Probleminhaber,
   - dem Konzeptelement des Sponsors
   - und mit einer wie nirgendwo sonst – auch später in der Fachliteratur nicht – differenzierten Darstellung des Lernklimas im Top Management (Revans 1978, S. 7 ff.).

8. Ich habe zu Anfang bereits Ansoffs Statement, mit dem er die Situation in Firmen kennzeichnet, wiedergegeben: »Es ist einfach, eine Strategie zu formulieren, das Problem ist, zu erreichen, daß sie praktiziert wird.« (Ansoff 1988, S. 165) Die Erklärung dafür liegt in dem Vorhandensein der Kulturträgheit in Unternehmen und in Mentalitätsbarrieren im Management, die es unmöglich machen, daß an der Spitze neu formulierte Strategien von Unternehmen einfach weiter unten übernommen werden.

   Bei dem Projekt als Problembearbeitung im Action Learning befaßt sich der Teilnehmer mit der *realen Ist-Kultur* und nicht mit einer gedanklich abstrahierten Kultur. Damit lernt man insbesondere das besser kennen, was ein Unternehmen im Kern ausmacht, wenn man es verändern möchte, nämlich die auf den ersten Blick vorborgenen Werte und Normen.

   AL führt in dieser Sicht zu kultursensitiven Mitarbeitern, einem Lern- und Entwicklungsziel, das als fehlende Umsetzungsstärke bei den Mitarbeitern der strategieumsetzenden PE immer wieder abverlangt wird und heute zu der Schlüsselqualifikation von Führungskräften in ihrer Rolle als »Change Manager« schlechthin gehört.

9. Unternehmen sind weiter entwickelt auf dem Weg zu »Lernenden Unternehmen«, wenn ihre Mitglieder Lernfähigkeiten erworben haben, also lernen, wie man lernt.

   Self development heißt das neue Schlagwort im Zeitalter von »lernenden Unternehmen«, eine Forderung an die strategieumsetzende PE, der sie sich mit keiner Maßnahme entziehen kann. Mit »self development« verhält es sich heute jedoch genauso wie früher mit der Vorbereitung von Führungskräften auf eine Übernahme von Verantwortung auf höherer Ebene im Unternehmen. Man lernt sie nicht dadurch, daß man als funktionaler Ressortleiter einen schicken General-Management-Kurs bei einer Glamour-Einrichtung besucht, sondern nur dadurch, daß man das angestrebte Lernziel real praktiziert.

Ganz ähnlich ist es mit den »Self development-Fähigkeiten« von Führungskräften. In einem AL-Projekt ist jeder Teilnehmer sein eigener Entwickler – ein Entwickler des »Selbst« und der, der selbst über die relevanten Parameter, die Lernen ausmachen, entscheidet.

10. Lernen in Unternehmen ist nur dann erfolgreich, wenn es transparent ist und durch seine Einfachheit und Nachvollziehbarkeit Unterstützung auf der Geschäftsführungsebene mobilisieren kann.

    Die schönste PE hilft nicht weiter und bringt für ein Unternehmen nichts, wenn für Manager nicht klar ist, was die einzelnen Veränderungsmechanismen bewirken.

    Action Learning ist für mich ein Paradefall von Common-sense-PE: Mitarbeiterentwicklung und reale Problembearbeitung werden verbunden. In dieser Sicht entspricht es dem genannten Motto der strategieumsetzenden PE-Arbeit: »Sophisticated simplicity«.

Das Konzept von AL ist engstens mit dem Namen von Reginald W. Revans verbunden, der sich, anders als viele seiner Zeitgenossen, gegen die modischen Torheiten in der Weiterbildung gestellt hat und mit seiner unbeugsamen Haltung oft als Rufer in der Wüste erschien. Dazu kam seine streitlustige und streitsüchtige Persönlichkeit, die es gelegentlich auch den AL-Anhängern nicht immer leicht gemacht hat, die dogmatische AL-Flagge gebührend hoch zu halten.

Es ist eine Tragik, daß Revans gerade in der deutschen Personalentwicklung nicht der Respekt widerfahren ist, der ihm in der Sache unstrittig zugestanden hätte und der ihm hätte entgegengebracht werden müssen, nachdem sein 1971 erschienenes Buch über AL dem damaligen Direktor des *Deutschen Instituts zur Förderung des industriellen Führungsnachwuches*, Hellwig, gewidmet war: Hellwig war einer der Autoren, die Ende der 60er Jahre eine Denkschrift über die Weiterbildung von Führungskräften in Deutschland verfaßten (Arndt; Fassbender; Hellwig 1968), die zur späteren Gründung des *Universitätsseminars der Wirtschaft* (USW) geführt hat, und er war der Direktor jenes Instituts, das zu den Initiatoren der heute noch stattfindenden *Baden-Badener Unternehmer-*

gespräche gehörte – die aber als eine eher harmlose »Ritualveranstaltung« alles andere tut, als Unternehmer zu fördern!

Literatur

Ansoff, H. Igor (1988), *The New Corporate Strategy*, New York: John Wiley.

Arndt, Hans-Joachim; Fassbender, Siegfried; Hellwig, Hans (1968), *Weiterbildung wirtschaftlicher Führungskräfte an der Universität*, Düsseldorf: Econ.

Boot, Richard; Lawrence, Jean; Morris, John (1994), *Managing the Unknown by Creating New Futures*, London: McGraw-Hill.

Dixon, Nancy (1994), *The Organizational Learning Cycle. How We Can Learn Collectively*, London: McGraw Hill.

Garratt, Bob (1991), »The Power of Action Learning«, in: Pedler, Mike (Hrsg.): *Action Learning in Practice*, 2. Aufl., Aldershot: Gower, 45 ff. (in der 3. Aufl. 1997: 15 ff.)

Hague, Sir Douglas (1988), »Criteria for Success in Management Development«, *Management Education and Development*, (19) 3, 163 ff.

Hampden-Turner, Charles M. (1993), Dilemmas of Strategic Learning Loops, in: Hendry, John et al. (Hrsg.), *Strategic Thinking. Leadership and the Management of Change*, Chichester: John Wiley, 327 ff.

Hoerem, Thorvald; Krogh, Georg von; Roos, Johan (1996), »Knowledge-based Strategic Change«, in: Krogh, Georg von/Roos, Johan (Hrsg.), *Managing Knowledge*, London: Sage, 116 ff.

Jones, John W. (1993), *High-speed Management. Time Based Strategies for Managers and Organizations*, San Francisco: Jossey-Bass.

Kiernan, Matthew J. (1993), »The New Strategic Architecture: Learning to Compete in the Twenty-first Century«, *Academy of Management Executive*, (7) 1, 7 ff.

Meier, W. (1983), *Analyse und Gestaltung eines Systems zur Durchsetzung eines strategiegerechten Verhaltens in der Unternehmung*, St. Gallen: Diss.

Peters, Tom; Waterman, Robert H. (1982), *In Search of Excellence: Lessons from America's Best Run Companies*, New York: Harper & Row.

Pümpin, Cuno (1982), *Management strategischer Erfolgspositionen. Das SEP-Konzept als Grundlage wirkungsvoller Unternehmensführung*, Bern: Haupt.

Revans, Reginald W. (1971), *Developing Effective Managers. A New Approach to Business Education*, London: Longmans.

– (1998), *ABC of Action Learning*, London: Lemos & Crane.

– (1982), *The Origins and Growth of Action Learning*, Bromley: Chartwell-Bratt.

Reimer, Everett (1971), »An Essay on Alternatives in Education«, *Interchange*, (2) 1, 1 ff.

Senge, Peter M. (1996), *Die Fünfte Disziplin. Theorie und Kunst der lernenden Organisation*, 4. Aufl., Stuttgart: Klett-Cotta.

Stiefel, Rolf Th. (1988), »Schneller lernen als die Konkurrenz«, *Absatzwirtschaft*, (31) 10, 76 ff.

– (1998), Konzepte der Entwicklungsbegleitung in Förderungsprogrammen – 31. Folge: »Dimensionen eines Konsortialprogramms«, *Management-Andragogik und Organisationsentwicklung*, (20) 1, S. 15 ff.

–; Belz, Otto (1987), »Lernen als strategischer Erfolgsfaktor«; *Jahrbuch für Absatz- und Verbrauchsforschung*, (33) 1, S. 47 ff.

Vicere, Albert A. (1996), »Executive Education: The Leading Edge«, *Organizational Dynamics*, (25) 2, 67 ff.

Wüthrich, H. A. (1984), *Ansatz eines mehrdimensionalen Führungskonzepts zur Durchsetzung des strategischen Managements in der Unternehmung*, St. Gallen: Diss.

Teil 2:
Praxis des Action Learning

Nina Lazeron und Otmar Donnenberg

Wie organisiere und gestalte ich ein Action-Learning-Programm?

Die Heilung unserer Menschenwelt kann nur beginnen
in unseren Herzen, in unserer Fähigkeit zur Reflexion,
in unserem Relativierungsvermögen
und in der menschlichen Verantwortung.
Václav Havel

Wie ist dieser Beitrag zustande gekommen?

Dieser Beitrag ist aus der Zusammenfassung von Erfahrungen zweier Action-Learning-Praktiker entstanden. Nina Lazeron hat als Leiterin des Dienstes Managementtraining von Heineken Nederland jahrelang aus der Position des internen Beraters mit Teilnehmern und mitwirkenden Seniormanagern verschiedene Gestaltungsformen von Action-Learning-Aktivitäten erprobt. Das Unternehmen hat im Laufe mehrerer Jahre wertvolle Erkenntnisse über die Gestaltung von Action-Learning-Programmen erworben. Vor allem hat sich in dieser Zeit eine Reihe von Führungskräften mit dieser Vorgehensweise angefreundet und ist – im ständigen Verbessern und Intensivieren der Action-Learning-Programme – zu aktiven Entwicklungspartnern für Nina Lazeron geworden. Otmar Donnenberg hat mit ihr als externer Berater zusammengearbeitet, um erfahrenen Managern von Heineken Nederland zu helfen, mehr aus ihrer Erfahrung zu machen. Solche »erfahrenen Manager« sind Führungskräfte, die in vielen Fällen im In- und Ausland große Projekte geleitet haben bzw. die in der zweiten Hälfte ihrer aktiven Laufbahn neuartige Aufgaben übernehmen sollen. Otmar Donnenberg verwendet in seiner Arbeit Einsichten, die er seit 1987 in sehr unterschiedlichen Action-Learning-Programmen – in der Industrie, der öffentlichen Verwaltung und im Gesundheitswesen – erworben hat.

Art der Darstellung

Jedes Action-Learning-Programm erfährt seine spezifische Prägung. Das ergibt sich aus dem offenen Charakter des Action Learning. Diejenigen, die untersuchen wollen, ob in ihrer Situation ein Action-Learning-Programm zweckdienlich ist und wie es gestaltet werden kann, können sich anhand ihrer Fragen das, was sie an Informationen brauchen, aus diesem Beitrag heraussuchen. Der folgende Überblick soll ihnen dabei behilflich sein:

Fragen im Vorfeld
- *Wo soll das Action-Learning-Programm ansetzen?*
- *Wann läßt sich Action Learning anwenden, wann nicht?*
- *Wie kommt Action Learning ins Spiel?*
- *Wie ist das Lernklima in der Organisation? Ist es geeignet für Action Learning?*
- *Action Learning oder ein anderes Vorgehen oder eine Kombination?*

Fragen bei der Durchführung des Action-Learning-Programms
- *Zum Auftakt einen Orientierungsworkshop!*
- *Wer kommt als Teilnehmer für ein Action-Learning-Programm in Frage?*
- *Welche Rollen übernehmen die Beteiligten im Action-Learning-Programm?*
- *Was soll mit dem Action-Learning-Programm erreicht werden?*
- *Was sind wesentliche Elemente des Programms?*
- *Wie wird reflektiert?*
- *Welche Rolle spielt Aktionsforschung im Programm?*
- *Wie sieht die Arbeit in den Lerngruppentreffen aus?*
- *Wie kann ich die Qualität meines Fragens überprüfen?*

Der Gesamtaufbau eines Programms
- *Woraus besteht ein Action-Learning-Programm?*
- *Eine organisationsübersteigende Form der »Nachbereitung« von Action-Learning-Programmen*

Fragen im Vorfeld

Wo soll das Action-Learning-Programm ansetzen?

Am besten ist es, ein Action-Learning-Vorgehen zu starten, wenn im Unternehmen ein wichtiger und dringlicher Handlungsbedarf entstanden ist oder Innovationsinitiativen ergriffen werden. Es ist dann Sache der Führungskräfte und der Lernberater, aktuelle Anlässe und Problemlösungsinitiativen im Unternehmen wahrzunehmen und mit Beteiligten zu untersuchen, ob mit dem Action-Learning-Ansatz darauf eingegangen werden kann und soll. Die beiden folgenden Beispiele zeigen Situationen, in denen es für eine Organisation sinnvoll sein kann, Action Learning zu initiieren:

1. Im Fertigungsbereich eines Flugzeugbauers, der zu teuer produziert, sollen Prozeßabläufe optimiert und soll die Abschottung der Arbeitseinheiten voneinander überwunden werden. Reorganisationsmaßnahmen gehen Hand in Hand mit Trainings in »Verbesserungsmanagement«. Für diese Trainings wird ein wirksames Follow-up gesucht, wodurch sich die Teilnehmer das Gelernte direkt nach dem Training in der Praxis zu eigen machen können. Der für die Fertigung zuständige Geschäftsführer will dem Praxislernen in seinem Bereich mehr Raum verschaffen und benützt diese Gelegenheit, um das Follow-up nach den Grundsätzen des Action Learning gestalten zu lassen. Er sieht das Action Learning als eine sehr geeignete Maßnahme, um sowohl die Organisationsentwicklung als auch die persönliche Entwicklung der Beteiligten ergebnisorientiert und integral zu ermöglichen. Ohne viel Aufhebens laden die internen Personalberater diejenigen, welche die Trainings absolviert haben, ein, sich projektbezogen an Konsultationsgruppen sowie systematischen Gesprächen mit ihren Auftraggebern, Kunden und mit einem zu wählenden Förderer zu beteiligen.

2. Eine Gemeinde hat sich aufgemacht, um die Entscheidungs- und Verwaltungsprozesse viel mehr als bisher auf den Bürger zu konzentrieren. Sie will die Zusammenhanglosigkeit, die Starrheit und Trägheit der Dienste überwinden. Die zentralen politischen Verantwortungsträger sowie das aus der Beamtenschaft rekrutierte neue Managementteam setzen sich dafür ein, daß die Aufgaben netzwerkartig verflochten erfüllt werden. Projektgemäßes Arbeiten, coachend Führen, Qualitätsmanagement und Action Learning sollen helfen, die Verbesserungen und Neuerungen Schritt für Schritt zu realisieren. Jedem Dienstbereich steht es frei, in welcher Form er das Action Learning praktizieren will: Hauptsache, Leitung und

Mitarbeiter wollen die Form und engagieren sich dafür. Aus den verschiedenen Formen des Action Learning in den verschiedenen Dienstbereichen will man als Organisation lernen, welche Methodik sich unter den gegebenen Bedingungen besonders gut bewährt. Entwicklungsprojekte eines Dienstes betreffen zum Beispiel die Ausarbeitung eines Marketingplanes, Teambuilding in den neu zusammengestellten Arbeitsgruppen, Maßnahmen, um den Besucherstrom gleichmäßiger zu gestalten.

Wann läßt sich Action Learning anwenden, wann nicht?

Für die Berater oder Personalentwickler sowie deren Auftraggeber ist es sicherlich vorteilhaft, eine präzise Vorstellung von Action Learning zu haben; denn dann können sie genau einschätzen, ob und inwieweit Action Learning die geeignete Antwort auf eine Entwicklungsfrage ist. Die meisten anderen Beteiligten schreckt eine ausführliche Präsentation über Action Learning zum Kennenlernen am Anfang eher ab. Die Gefahr ist groß, daß eine solche Darstellung zu hohe Erwartungen weckt (»… scheint ein Wundermittel zu sein!«), als banal erlebt wird (»Was ist jetzt da eigentlich neu dran?«) oder als viel zu kompliziert erscheint (»All die verschiedenen Lernpartner mobilisieren – das laß ich lieber!«). Der Ausdruck »Action Learning« ruft auch sehr leicht in ersten Kontakten Mißverständnisse hervor (»an Felswänden abseilen«, »über Wildwasser abfahren« usw.). Darum empfiehlt es sich, gegenüber denjenigen, die nicht aus Erfahrung mit dem Action-Learning-Ansatz vertraut sind, zunächst von »Praxislernen« zu sprechen und den Ausdruck »Action Learning« nicht schon zu Beginn zu gebrauchen. Wichtig ist jedenfalls im Vorfeld, daß die potentiellen Teilnehmer freiwillig »einsteigen« können und sich darauf einstellen, in eigener Verantwortung und im Zusammenwirken mit Kunden, Auftraggeber und Förderer ein bestimmtes Ergebnis zustande zu bringen. Es ist eine der Kernaufgaben des Lernberaters, *aus dem konkreten Tun heraus* im Verlauf des Action-Learning-Programms den Beteiligten zu verdeutlichen, worin genau Action Learning besteht, was es möglich macht und wo seine Grenzen liegen. Die folgende Tabelle gibt einen Überblick darüber, wann es sinnvoll ist, Action Learning einzusetzen, und wann nicht:

Action Learning ist eine geeignete Vorgehensweise	Action Learning ist als Vorgehensweise nicht geeignet
• wenn sich die Teilnehmer aus freien Stücken melden können und daran interessiert sind, sich die Kompetenz für eine umfassendere Verantwortung zu erwerben;	• bei Verplichtung zur Teilnahme und wenn Teilnehmer keine Bereitschaft mitbringen, Verantwortung auf sich zu nehmen;
• wenn die Aufgaben, die es zu erfüllen gilt, erhebliche Risiken und Unklarheiten beinhalten;	• für die Bearbeitung rein fachlich-technischer Themen und Probleme (»puzzles«);
• wenn sich das höhere Management ausdrücklich und aktiv dafür einsetzt, die Kultur einer »lernenden Organisation« zu entwickeln;	• wenn das höhere Management eine reine Machtkultur oder sehr bürokratische Kultur instandhält, in der das Lernen einen sehr niedrigen Stellenwert hat (»Ich werde mir doch keine Blöße geben!«);
• wenn ergebnisorientiertes Arbeiten erwünscht ist, organisatorische, inhaltliche und personelle Verknüpfung angestrebt wird sowie das unternehmerische Element bei Mitarbeitern und Leitenden angeregt werden soll.	• wenn bereits Lösungen und Standardlösungswege für die Erfüllung der Aufgabe vorhanden sind.

Initiativen als Ausgangspunkt

Wo im Unternehmen Initiativen von Einzelpersonen und/oder Gruppen entstehen, die bestimmte Verbesserungen und Erneuerungen, bislang unübliche Veränderungen oder Geschäftsergebnisse zustande bringen wollen, kann Action Learning ansetzen. Das Management beobachtet, ob und wo solche Initiativen sichtbar werden, und geht auf die initiativen Mitarbeiter zu. Solche Initiativen können aber auch erst mit internen Ausschreibungen und Programmen »hervorgelockt« werden. In beiden Fällen ist der Grundgedanke: Wir alle im Unternehmen stehen im Strom der sich unablässig vollziehenden Veränderungen. Soweit sie uns bewußt werden, beziehen wir sie auf unsere wesentlichen Organisationsziele und sorgen für die notwendigen (»Notwendenden«) Anpassungen.

Analog zur bislang üblichen, tradierten Verfahrensweise erfolgt in einer Organisation, die mit Action Learning noch nicht vertraut ist, die Ausschreibung des Action-Learning-Programms und die Auswahl der Teilnehmer durch eine zentrale Instanz (Führungsspitze mit Unterstützung durch eine Stabsabteilung). Dies entspricht der Grundstruktur und dem Denken der »belehrenden

Organisation«, in der man umfassendere Probleme überwiegend mit Positions- und Expertenmacht löst. Wenn eine Organisation mehr Erfahrung mit Action Learning erwirbt, gewährt sie zunehmend Raum für die Initiative von Mitarbeitern, die sagen: »Wir übernehmen Verantwortung für ein komplexes Problem. Wie die Lösung aussehen wird, weiß zunächst niemand von uns. Die Lösung finden wir, wenn wir aktiv werden, durch Tun mehr Einsicht in die Situation und in die Brauchbarkeit von Lösungen gewinnen. Wir schaffen – soviel wie möglich aus eigenen Kräften – die Bedingungen, um im Zusammenspiel mit anderen Betroffenen direkt aus unserem aktuellen Tun zu lernen.« Mit Hilfe von Action Learning verwandelt sich somit eine »belehrende Organisation« immer mehr in eine »lernende Organisation«.

Wie kommt Action Learning ins Spiel?

Eine Spitzenführungskraft oder ein Personalentwickler begegnet in Kontakten mit Kollegen aus anderen Organisationen oder im Rahmen eines Seminars dem Phänomen Action Learning. Die Spitzenführungskraft gewinnt das Interesse der Kollegen im Vorstand oder in der Geschäftsführung für ein Experiment mit Praxislernen im eigenen Kreis. Ein erfahrener externer Berater ist dabei behilflich. Der Manager, von dem die Initiative ausgeht, arbeitet eng mit einem internen Personalentwickler zusammen, um das Action Learning über den Kreis des Vorstandes oder der Geschäftsführung hinaus auszuweiten. Wesentlich ist dabei:

- Das Engagement für das Action Learning kommt hauptsächlich vom Management.
- Das Management gewinnt einen Zugang zum Action Learning durch kollegiale Kontakte mit Managementkollegen, die bereits erlebt haben, was Action Learning tatsächlich ist und was es bewirkt.
- Das Management erlebt ganz konkret, daß Action Learning sich grundsätzlich vom traditionellen (schulischen) Lernen unterscheidet.
- Führungskräfte lassen sich darauf ein, Kernprobleme miteinander zu besprechen und Alternativen zu Expertenlösungen ins Auge zu fassen, das heißt sich den eigenen Erfahrungen und deren Reflexion zuzuwenden.
- Anlaß ist das existentielle Unbehagen der Manager über ungelöste Geschäftsprobleme und/oder die Untauglichkeit des bisherigen Vorgehens.
- Die mittleren Führungskräfte erkennen aus den Darlegungen und Verhaltensweisen der »herrschenden Koalition« im Management – Revans gebraucht gerne diesen Ausdruck –: »Die meinen es ernst!«

- Personalentwickler unterstützen das Management mit Hinweisen über Organisationen und Personen mit einschlägigen Erfahrungen, mit Unterlagen, bei Vorbereitungen für Experimente.

Wie ist das Lernklima in der Organisation? Ist es geeignet für Action Learning?

Ein erfolgreiches Action-Learning-Programm setzt erstens nicht nur eine aktive Einstellung der Teilnehmer voraus, sondern auch *eine Umgebung, die das Praxislernen fördert*. Dies ist dann der Fall, wenn Leitende, Auftraggeber, Kollegen und (interne Projekt-)Kunden bereit sind mitzudenken und Zeit freimachen für Gespräche mit den Teilnehmern. Es muß möglich sein, Verabredungen darüber zu treffen, daß Fehler akzeptabel sind, wenn sie sofort intensiv analysiert und zur Quelle von Erkenntnissen werden, die dazu verhelfen, daß diese Fehler nicht noch einmal gemacht werden. Kann ein Teilnehmer, wenn er mit seinem Projekt »aufläuft« oder »strandet«, darauf vertrauen, daß Auftraggeber und Förderer bereit sind, diese Tatsache mit ihm gründlich und umfassend durchzusprechen, statt ihn direkt als Schuldigen anzusprechen? Nehmen Auftraggeber, Förderer und Kunden rasch ihre Rollen auf sich, und stellen sie sich ausdrücklich darauf ein, daß jeder aus eigener Verantwortung »Mitlerner« in der entstehenden Lerngemeinschaft wird? Die Entstehung dieser Lerngemeinschaft wird gefördert, wenn sich Beteiligte in eigenen Zusammenkünften, zum Beispiel der Förderer, mit den Bedingungen des Erfahrungslernens auseinandersetzen. Das Lernklima wird auch gefördert, wenn die Auftraggeber die strategische Bedeutung der Projekte der Teilnehmer verdeutlichen können und bereit sind, durch Erprobung zu erkunden, inwieweit die strategischen Entscheidungen sachgerecht sind. Förderlich ist es auch, wenn Personalentwicklung vom Management als Investition und nicht als Kostenfaktor aufgefaßt wird.

Und zweitens bietet eine Organisation, in der die oberste Führung mit Machtstrategien neue Strukturen durchsetzt und Personal rigoros abbaut, keine Umgebung für ein Action-Learning-Programm. Wo Mitarbeiter vor allem als Kostenfaktoren angesehen werden, die so niedrig wie möglich gehalten werden müssen, kann keine Begeisterung fürs Lernen entstehen. Die Obsession der Machterhaltung und des Machtausbaus läßt nur schwer ein positives Verhältnis zur Entfaltung der Mitarbeitertalente aufkommen: Die lernenden Mitarbeiter sind in einer solchen Struktur potentielle Rivalen, die durch Erlerntes und durch

Netzwerkbeziehungen Machtpositionen erwerben können. Da gilt es, auf der Hut zu sein! Da kann man sich dann keine Blößen geben, indem man sein Nichtwissen und seine Unsicherheiten – wie es für das Action Learning charakteristisch ist – zu erkennen gibt: schon gar nicht beim Lernen am Arbeitsplatz!

Action Learning oder ein anderes Vorgehen oder eine Kombination?

Action Learning ist eine Art des Erfahrungslernens, die direkt den Prozeß des Problemelösens mit dem Prozeß des Lernens kombiniert. Es wendet sich an Lernpartner, die in der Arbeitssituation Verantwortung für ihren Part übernehmen, und es fordert Aufmerksamkeit für den Prozeß des Lernens der Beteiligten. Es begünstigt die Entwicklung unternehmerischen Verhaltens bei Mitarbeitern und Leitenden.

Dies ist die idealtypische Beschreibung. In einer konkreten Situation gibt es immer Beteiligte, die sich erforderliches Fachwissen noch erwerben müssen – also ist, wenigstens als einer der Bestandteile des Action-Learning-Programms, *Schulung* nötig: Das Lernen kann hier also nicht *nur* im Lösen der Probleme stattfinden.

Es kann sein, daß die Teamentwicklung der Lerngruppen nicht recht in Gang kommt bzw. stagniert oder daß Teilnehmer sehr dabei zögern, sich auf Neues einzulassen und ihre »Komfortzone« zugunsten der »Stretchzone« zu verlassen. Da kann ein *Outdoor-Erlebnis* den Beteiligten zu Durchbruchserlebnissen verhelfen: »Ich bin an Grenzen gekommen, von denen ich glaubte, daß ich sie nicht überschreiten kann. Doch ist es mir beim Abseilen, Klettern, Pfahl-Ersteigen usw. gelungen!« Der Lernberater tut gut daran, im rechten Moment für ein solches Erlebnis zu sorgen.

Beteiligte können feststellen, daß sie immer wieder in dieselben Abwehrmechanismen verfallen, daß sie dazu neigen, automatisch Fehler und negative Gefühle zu verhüllen, und Probleme lieber nicht direkt ansprechen. Dann hilft ein *Training mit Rollenspielen und Gesprächsanalysen*, wie es Argyris im Rahmen seiner *Action Science* entworfen hat, um von diesen lernwidrigen Verhaltensmustern (»Modell I«) loszukommen und eine lernfördernde innerliche Programmierung einzuüben (»Modell II«).[1]

Action Learning kann aber auch zu einem nachgeordneten Teil eines Innovationsprozesses gemacht werden, etwa wenn durch *Simulation* die neue Art zu arbeiten insgesamt gelernt und erfahren wird (wenn zum Beispiel ein Versicherungsunternehmen in einem Zug unternehmensweit seine gesamte Auftragsabwicklung umstellt). Die Simulation ist dann die Hauptsache, das Action Learning hilft beim Umsetzen und Instandhalten.

Die folgende Tabelle gibt einen Überblick über Vorgehensweisen, die mit dem Action Learning verwandt sind und die in bestimmten Situationen damit kombiniert werden können.

Action Learning	Für pragmatische und integrale Problemlösungen im realen Arbeitszusammenhang, lernend in Lerngemeinschaften von »Freiwilligen« an ganzheitlichen und komplexen Aufgaben, während eines längeren Zeitraums, meßbare Ergebnisse, Änderungen der Unternehmenskultur und Steigerung der persönlichen Lernfähigkeit bewirkend.
Simulation	Für eingreifende Systemveränderungen, wenn alle Mitglieder des Systems gleichzeitig und rasch eine neue Arbeitsstruktur in der Arbeitssituation kennenlernen und erproben sollen.
Supervision	Reflexion des eigenen Tuns unter Anleitung eines Supervisors, um das notwendige Rüstzeug für Fach und Funktion zu erproben und weiterzuentwickeln.
Intervision	Für diejenigen, die problematische Aspekte aus ihrer Arbeitssituation, in der sie als Person gefordert sind, in kollegialer Beratung bearbeiten wollen.
Action-Science-Trainings	Um in der Organisation innerhalb und zwischen verschiedenen Ebenen übliche Verhaltensweisen *(theory in use)*, welche die Organisationsentwicklung und den Umgang der Mitarbeiter und Führungskräfte miteinander hartnäckig erschweren, sichtbar und überwindbar zu machen.
Planspiel	Um in einer fiktiven Situation die Konsequenzen von bestimmten Entscheidungen anschaulich zu erfahren.
Outdoor-Aktionen	Um in ungewohnten Situationen, unter körperlichen Anforderungen intensiv zu erleben, wie der/die Beteiligte mit Grenzsituationen umgeht und wodurch es ihm/ihr gelingt, die Grenzen der eigenen »Komfortzone« zu überschreiten.
Erlebnisübungen	Lernen aus der Durchführung eines sehr spezifischen Auftrags (zum Beispiel Figuren nach bestimmten Bedingungen zusammensetzen, aus Bruchstücken, die unter mehreren Teilnehmern zufällig verteilt sind), wobei es darum geht, mehr Bewußtsein für einen bestimmten, problematischen Aspekt der Person oder der sozialen Dynamik zu gewinnen.
Erfahrungspädagogisches Lernen	(Berufliche) Grundfähigkeiten entwickeln durch methodisches Erschließen der eigenen Erfahrungen.

Fragen bei der Durchführung des Action-Learning-Programms

Zum Auftakt einen Orientierungsworkshop!

Es liegt auf der Hand, daß sich die Personen, die sich zur Teilnahme entschließen, eine gemeinsame Grundlage verschaffen. Dazu dient ein *Orientierungsworkshop.* Die Beteiligten lernen einige Schlüsselbegriffe des Action Learning kennen und wissen dann, worauf es vor allem ankommt. Außerdem knüpfen sie persönliche Kontakte zu all den im jeweiligen Programm involvierten Teilnehmern, Förderern, Auftraggebern und Lernberatern. Ein solcher Orientierungsworkshop erfüllt seinen Zweck am besten, wenn

- Manager in sehr persönlicher Weise in die Geschäftsprobleme einführen, die Anlaß und Gegenstand des Action-Learning-Programms sind;
- erfahrene Action-Learner zu Wort kommen (notfalls solche aus anderen Organisationen, in denen bereits mit Action Learning gearbeitet wird);
- der Workshop zunächst die eigenen Erfahrungen der Teilnehmer in den Mittelpunkt stellt und erst im weiteren Verlauf – zur Vertiefung der Reflexion über die eigenen Erfahrungen – theoretische Ausführungen über Action Learning angeboten werden;
- zur Einführung die Kunst des Fragenstellens geübt wird;
- seine Dauer zwei oder drei Tage beträgt, so daß die neuen Eindrücke überschlafen und damit intensiver verarbeitet werden können.

Eine Intensivierung erfährt der Workshop, wenn die Teilnehmer als Projektleiter an Ort und Stelle mit ihren jeweiligen Auftraggebern den Projektvertrag formulieren und wenn sich anschließend die Förderer im großen Kreis die Vertragsentwürfe präsentieren lassen und dazu kritisches Feedback geben. Dies ist vor allem dann möglich, wenn Action Learning in der Organisation bereits bekannt ist und dadurch schneller eine vertraute Atmosphäre im Kreis der Anwesenden entsteht. Es führt zu einem intensiven gemeinsamen Lernerlebnis, wenn nach Präsentation und Feedback die Projektleiter und ihre Auftraggeber jeweils zu zweit dieses Feedback der Förderer – bzw. die Projektleiter untereinander – reflektieren können.

Möglicherweise wird der Orientierungsworkshop zuerst nur mit Teilnehmern und Lernberatern durchgeführt, und zwar vor allem dann, wenn sich die Teilnehmer noch nicht im klaren sind, wer schließlich als Auftraggeber auftreten wird und wer sich bereit findet, als persönlicher Förderer für den einzelnen Teilnehmer aufzutreten.

Eine Orientierungsveranstaltung soll dem Teilnehmer einen Überblick über die globale Struktur des Programms verschaffen und ihm zeigen, welchen Nutzen es für ihn und seine Unternehmung bringen wird. In der Praxis ist es gar nicht so leicht, dies zustande zu bringen. Zuviel Information schreckt eher ab. Der Umstand, daß auf dem eingeschlagenen Weg noch vieles offen und nicht festgelegt ist, beunruhigt ängstliche Gemüter. Gelegentlich hilft es, frühere Teilnehmer über ihre Erfahrungen mit dem Action Learning berichten zu lassen. Als sehr anregend kann es sich erweisen, wenn zwei oder drei potentielle Teilnehmer, die sich bereits über das Projekt, das sie einbringen wollen, im klaren sind, im Rahmen eines »Informationsmarkts« anderen potentiellen Teilnehmern ihr Vorhaben darlegen. Sie erzählen, was sie zur Teilnahme an dem Programm bewegt, worin das Projekt besteht, was sie bisher daran getan haben und was sie im bevorstehenden Programm erreichen wollen.

Bereits im Orientierungsworkshop beschäftigen sich die Beteiligten mit den *sieben Kernfragen für Gespräche mit Lernpartnern*. Die Fragen führen an wesentliche Aspekte des Action Learning heran. Die sieben Kernfragen sind:

1. Was ist notwendig?
2. Wofür übernehme ich Verantwortung?
3. Was will ich erreichen?
4. Was tue ich?
5. Was hindert und was fördert mein Tun?
6. Wie gehe ich damit um?
7. Wie lerne ich daraus?

Soweit die Beteiligten noch nicht mit ihrem persönlichen Lernstil vertraut sind, kann ihnen im Orientierungsworkshop der Lernstiletest von David Kolb vorgelegt werden (vgl. Kolb 1974).[2] Sie erarbeiten daraus ihr spezifisches Lernstilprofil. Das liefert ihnen Aufschlüsse über eventuelle Einseitigkeiten in ihrer Art des Lernens. Daraus können sie für ihr *Lernen zu lernen* Lernziele ableiten.

Spätestens in dem Orientierungsworkshop erstellen die Beteiligten eine Planung für die gesamte Dauer des Programms. Sie legen dessen Dauer fest (das ist wichtig, um einen Spannungsbogen für ihren »Energiehaushalt« zu schaffen!), verabreden Gespächstermine, den Ort der Zusammenkünfte, Termine für Studientreffs (in denen ein Experte als Dozent oder Trainer zu einem von den Teilnehmern gewünschten Thema auftritt). Die Beteiligten tragen die Termine und Verabredungen direkt in ihre Terminkalender ein. Die Erfahrung zeigt, daß die Unterlassung einer solchen verbindlichen Planung einen unverhältnismäßigen Mehraufwand dadurch verursacht, daß später nur noch schwer gemeinsame Zeiten in den Terminkalendern gefunden werden können. Außerdem treffen sie verbindliche Vereinbarungen über die Zusammenarbeit mit den Lernberatern. Auch ein Kommunikationsplan wird erstellt: Wann und wie werden Kollegen, Mitarbeiter und Vorgesetzte der Teilnehmer informiert, wann und wie Kunden, usw.?

Wer kommt als Teilnehmer für ein Action-Learning-Programm in Frage?

Nur wer sich *freiwillig* dazu entschließt, kommt als Teilnehmer in Frage. Und: Je stärker Unternehmungsgeist und Neugierde sind, um so besser. Das haben wir aus enttäuschend verlaufenen Action-Learning-Programmen gelernt. Teilnehmer, die zu Action-Learning-Programmen »abgeordnet« worden waren, benutzten die Reflexionsgespräche mit Schicksalsgenossen vor allem, um »Frust« abzuladen und über Mißstände zu klagen und um Dritte zu beschuldigen. Das behinderte die Motivierten in ihren Initiativen, beim Untersuchen zu klärender Fragen und bei kritischem Feedback-Geben und -Nehmen.

Vom Lernberater ist also ein sorgfältiges Vorgehen beim Bestimmen der Zielgruppe des Programms und bei der Beratung von potentiellen Teilnehmern gefordert. Hilfreich dabei ist die Frage, *wer bereits ein Projekt mitbringt.* Wenn ein Teilnehmer bereits ein Projekt mitbringt, so ist dies oft ein Ausdruck seiner Initiativkraft bzw. der positiven Einschätzung seiner Fähigkeiten durch denjenigen, der ihm das Projekt anvertraut hat.

Entscheidend ist natürlich die Art und Weise, wie die *Ausschreibung* des Programms erfolgt und wie potentielle Teilnehmer angesprochen werden. Meistens können Mitarbeiter mit Unternehmungsgeist auf andere initiativfreudige Mitarbeiter im Unternehmen aufmerksam machen. Hinweise von Führungskräften sind vor allem dann wertvoll, wenn sie sich bereits selbst aktiv mit den Grundgedanken des Action Learning auseinandergesetzt haben.

Persönliche Orientierungsgespräche – *Intake-Gespräche* – mit potentiellen Teilnehmern sind sehr zu empfehlen. Sie beugen Mißverständnissen und falschen Erwartungen vor, bringen Klärung hinsichtlich dessen, was auf den Teilnehmer zukommt. Die Mitwirkung von Führungskräften an diesen Gesprächen wirkt sich positiv aus: Von allem Anfang an wird die Verbindlichkeit des

Tuns und der Teilnahme deutlich. Auch Projektziele und persönliche Lernziele werden hier bereits angesprochen.

Prüfliste zur Beurteilung von Anfragen für die Teilnahme an einem Action-Learning-Programm
1. Kennt der Interessent Grundbegriffe der Führung, Organisation und Zusammenarbeit? (Wenn nicht, ist erst der Besuch von einschlägigen Seminaren anzuraten!)
2. Nimmt der Interessent in der gleichen Periode schon an einem anderen umfangreichen Lehrgang teil? (Wenn ja, ist ein zusätzliches Action-Learning-Programm zuviel des Guten!)
3. Ist der Interessent motiviert, um in seiner Qualifizierung »einen Sprung vorwärts« zu machen?
4. Sieht sich der Interessent in der Lage, aus seinem bestehenden Arbeitspaket eine vollständige Aufgabe auszuwählen, oder bringt er ein Projekt mit, was dann im Programm als Grundlage für die kritische Reflexion seines Arbeits- und Kommunikationsverhaltens dienen kann?
5. Kann und will der Interessent innerhalb der Programmperiode von ca. 10 Monaten genügend Zeit dafür reservieren? (*Genügend Zeit* = ca. 20 Tage. *Beachte*: Ca. $^2/_3$ dieser Zeit entfallen auf ohnehin zu erledigende Arbeiten.)
6. Ist der Interessent vom Nutzen überzeugt und bereit, einen persönlichen Förderer zu suchen und regelmäßig Gespräche mit ihm zu führen?
7. Ist der Interessent vom Nutzen überzeugt und bereit, mit mindestens einem Vertreter der Kundenseite (= Auftraggeber, »Problemeigentümer«, Nutzer) regelmäßig Gespräche zu führen?
8. Ist der Interessent bereit, offen und kritisch über sein eigenes Verhalten und das Verhalten seiner Lernpartner zu sprechen?
9. Ist sich der Interessent im klaren darüber, daß er verpflichtet ist, an *allen* Gruppentreffen und vereinbarten Studientreffen teilzunehmen?

Motivation zur Teilnahme an Action-Learning-Programmen ist u. a. bei denjenigen vorhanden, die sich auf ein *360-Grad-Feedback* (ein umfassendes Feedback von Chef, Kollegen, Mitarbeitern und Kunden über Qualität und Auswirkungen seines Tuns) eingelassen haben. Sie haben klare Ansatzpunkte zur Verbesserung ihrer persönlichen Effektivität gewonnen und wollen diese tatkräftig entwickeln. Außerdem haben sie bereits im Zuge des Feedbackverfahrens in ihrem Arbeitszusammenhang Kontakte zu potentiellen Lernpartnern aufgebaut.

Welche Rollen übernehmen die Beteiligten im Action-Learning-Programm?

Alle Beteiligten sind vor die Aufgabe gestellt, *aktiv* innerhalb des Action-Learning-Programms mitzuwirken. Wenn der Auftraggeber die vereinbarten (Teil-) Leistungen nicht von Beginn an einfordert, wird die Spannung des Auftragnehmers, das heißt des Teilnehmers – und damit seine Lernmotivation – schnell nachlassen. Wenn der persönliche Förderer des Teilnehmers diesen coacht, ohne aktives Interesse dafür aufzubringen, Entwicklungsdefizite des Unternehmens aus den konkreten Beispielen des Teilnehmers zu erkennen, wird zu wenig für die Unternehmensentwicklung gelernt. Wenn die Teilnehmer einander »schonen«, statt gründliches Feedback zu geben, kommt das so wichtige »Double-Loop-Learning« nicht in Gang, mit dem inadäquate Auffassungen und Normen in Frage gestellt werden können.[3] Je aktiver und verantwortungsvoller jeder »Mitspieler« im Programm seine Rolle erfüllt, desto größer ist der Lerneffekt für den einzelnen und für die Organisation.

Im folgenden sind die Rollen spezifisch beschrieben:

- *Die Geschäftsführung* führt immer wieder den Beteiligten die Bedeutung des Action-Learning-Vorgehens vor Augen, begründet bei sich bietenden Gelegenheiten dieses Vorgehen, schafft Voraussetzungen für »Lernen in Sicherheit«.
- *Die Teilnehmer* übernehmen persönlich die Verantwortung für die Realisierung ihres Projekts. Ihr Engagement für ihr Action-Learning-Projekt läuft nicht quasi nebenher, sondern sie machen es in der Laufzeit des Programms zu einer »Hauptsache«. Sie ergreifen so viel wie möglich die Initiative, um die Auftragsverhandlungen intensiv zu führen und gut geplante Gespräche mit ihrem Auftraggeber und Förderer zustande zu bringen (vgl. die »Prüflisten für die Reflexion zw. Projektleiter und Auftaggeber/Projektleiter und Förderer« am Schluß dieses Beitrags). Sie arbeiten an der eigenen Fähigkeit zur Selbststeuerung, lassen es wenig auf das Gesteuertwerden durch andere ankommen.
- *Die Auftraggeber* treten als »Eigentümer des Problems« auf, das durch das Projekt des Teilnehmers bearbeitet werden soll. Es ist ihnen sehr daran gelegen, daß eine gute Problemlösung zustande kommt, und sie setzen sich in den Verhandlungen mit dem Teilnehmer als Projektleiter energisch dafür ein. Sie führen zu diesem Zweck regelmäßig Gespräche, in denen die Be-

darfslage gründlich geklärt wird, insbesondere im Hinblick auf unvorhergesehene Änderungen. Sie geben dem Teilnehmer kritisches Feedback über seine Art der Problembehandlung. Die Auftraggeberrolle ist des öfteren identisch mit der des Kunden.

- *Die Förderer* sind meistens langgediente, hochrangige Führungskräfte, die in der Belegschaft angesehen sind. Sie tragen Verantwortung dafür, daß Organisations- und Personalentwicklung im Unternehmen vorangetrieben werden. Die Förderung eines Action-Learning-Teilnehmers sehen sie als eine Möglichkeit dazu. Sie haben kein direktes Interesse am Projekt und können somit relativ unbefangen dem Teilnehmer helfen, sich und sein Projekt mit dem Unternehmen zu verbinden. Die Förderer coachen ihren Teilnehmer vor allem hinsichtlich der Art und Weise, wie er sich mit seiner Projektarbeit im politischen Kräftefeld des Unternehmens zurechtfinden kann. Im Sinne der Coachrolle vermeiden sie Belehrungen und helfen dem Teilnehmer, auf der Grundlage der Selbststeuerung aus eigenen Kräften das zu erreichen, was er sich vorgenommen hat. Die Hilfe besteht vor allem darin, den Teilnehmer zum aufmerksamem Wahrnehmen der Situation anzuregen, Wahrnehmungen zu ordnen und Interpretationen der Situation so gediegen wie möglich mit Tatsachen zu unterbauen. Sie sind ihm auch behilflich, sein Beziehungsnetzwerk zu erweitern.
- *Die Vorgesetzten* der Teilnehmer übernehmen manchmal die Rolle des Auftraggebers oder die des Förderers. Tun sie es nicht, dann gewinnt der Teilnehmer einen zusätzlichen Lernpartner! Auf jeden Fall sind sie aber ein wichtiger Gesprächspartner des Teilnehmers, um die Erfahrungen aus der Projektarbeit für die »angestammte« Arbeitssituation zu erschließen. Sie tauschen regelmäßig mit dem Teilnehmer Informationen aus und geben ihm gezielt Feedback.
- *Die Rolle des Lernberaters* ist in vielen Programmen aufgeteilt zwischen einem externen und einem internen Berater. *Interne Berater* organisieren und koordinieren den Einsatz der verschiedenen Rollenträger und überwachen den Fortschritt des Gesamtprogramms. Sie bereiten mit ihrer Begeisterung und Engagement intern den Boden für das Gelingen des Programms. Sie benützen dazu ihr Organisationstalent. Der *externe Berater* hat vor allem die Aufgabe, beim Management Verständnis für die besonderen Möglichkeiten und die notwendigen Bedingungen des Action Learning zu gewinnen, und soll das Lernen in den Lerngruppen entfalten helfen. Er liefert auch das methodische Know-how zur Durchführung der spezifischen Action-Learn-

ing-Aktivitäten. Er ist dafür verantwortlich, daß die Beteiligten die Qualität ihrer Reflexionen erhöhen können.

Skizze der Rollenverteilung im Action Learning	
Teilnehmer	Rik Jansen (der Name ist fingiert) ist Accountmanager aus dem EDV-Bereich eines Brauereiunternehmens. Er übernimmt als Projektleiter den Auftrag, ein Informationssystem einzurichten, das die primären Betriebsprozesse für den inländischen Markt der Brauerei unterstützt. Es geht insbesondere um die Optimalisierung und Steuerung der Auftragsabwicklung, der Transportprozesse, der Lagerhaltung und der Verrechnung.
Auftraggeber	Rik Jansen handelt den Auftrag mit der Lenkungsgruppe *Informatisierung DCS* (Distribution & Customer Sevices) aus. Diese Gruppe setzt sich zusammen aus dem Finanzdirektor, dem Unit-Manager, dem Servicemanager, dem EDV-Leiter und dem Leiter der Integralen Planung. Mit dem Vorsitzenden der Gruppe bespricht Rik Jansen periodisch den Verlauf und die (Zwischen-)Ergebnisse des Projekts.
Förderer	Rik Jansen hat den Corporate IT-Manager als Förderer gewinnen können. Aufgrund kritischer Stellungnahmen des Förderers wurde die Auftragsformulierung in entscheidenden Punkten verändert. Vom Förderer erhält Rik Jansen nützliche Tips für die Lösung kniffliger Probleme im Projektmanagement. Vor allem aber kann er mit ihm die Ausrichtung des neuen Informationssystems auf die weltweite IT-Politik des Unternehmens diskutieren. Damit geht für Jansen ein langgehegter Wunsch in Erüllung. Er und sein Förderer haben vereinbart, ihre Konsultationen nach Ablauf des Action-Learning-Programms noch für ein Jahr fortzusetzen. Beide erleben diese Gespräche als sehr anregend.
Chef	Im regelmäßig stattfindenden Mitarbeitergespräch verwertet Rik Jansen Einsichten und Hinweise aus dem Action-Learning-Programm. Er bespricht mit seinem Vorgesetzten in den verschiedenen Stadien des Action-Learning-Programms die Projektplanung und Konsequenzen aus der Projektarbeit für die Aufgabenerfüllung im Alltagsgeschäft.
Andere Teilnehmer	Neben Rik Jansen nehmen an dem Action-Learning-Programm noch ein weiterer Accountmanager aus dem EDV-Bereich teil, ein Abteilungsleiter aus der Prozeßtechnik, der Leiter einer Produktionsabteilung, der Servicemanager für die Unterstützung ausländischer Partnerbetriebe, der Leiter einer inländischen Vertriebsstelle und der Unit Controller im Exportbereich. Mit ihnen bespricht Rik Jansen in den dreiwöchentlich stattfindenden Action-Learning-Treffen, die sie zum Großteil selbst planen, u. a. seine persönlichen Lernfragen. Diese betreffen ein zielstrebigeres Auftreten, ein kommerzielleres Denken und das Vorgehen zur Erschließung eines neuen Arbeitsgebiets.
Lernberater	a) Die interne Lernberaterin hat Rik Jansen bei seiner Entscheidung, ob und wie er in dem Action-Learning-Programm mitmacht, beraten und hat ihm und dem Auftraggeber bei den Vorbereitungen für die Teilnahme am Action-Learning-Programm geholfen. Sie sorgt für die Kommunikation über die geplanten Veranstaltungen und für die Orientierung des Förderers über seine Rolle. Sie dient als Gesprächspartnerin, wenn Rik Jansen oder einer seiner Lernpartner eine Frage zum Vorgehen im Action-Learning-Programm haben. b) Der externe Berater hat mit dem Manager, der den Auftrag für das Action Learning gegeben hat, sowie der internen Lernberaterin die Grundzüge des Programms entworfen. Er leitet die Startzusammenkunft und moderiert einen Teil der Action-Learning-Treffen der Teilnehmer. Wenn es direkt von Nutzen ist, gibt er methodische Hinweise und veranstaltet Übungen zu Schlüsselfähigkeiten.

Beim Starten eines Programms sollen diese Rollen bei den Beteiligten so klar wie möglich definiert und zugeteilt sein. Das erfordert intensive Gespräche des Lernberaters mit den jeweiligen Rollenträgern. Grundlegend sind dabei seine individuellen Einführungsgespräche mit den Teilnehmern. Noch vor dem Workshop am Beginn des Programms sollten die Teilnehmer Orientierungsgespräche mit ihrem Auftraggeber und – soweit dies bereits möglich ist – ihrem Förderer führen. Das Erläutern der Rollen und das Beraten im Hinblick auf die Auswahl und die Eingrenzung des Projekts bzw. der Aufgabe des Teilnehmers sind unbedingt notwendig, damit die Teilnehmer und ihre Lernpartner gut starten können. Hier hängt viel von der Fähigkeit des Lernberaters ab, bei den Beteiligten Begeisterung und Interesse zu wecken.

Was soll mit dem Action-Learning-Programm erreicht werden?

Im allgemeinen geht es um die folgenden Ziele:

1. *Erfolgreiche Realisierung einer geschäftspolitischen Maßnahme.* »Es ist relativ leicht, eine strategische Entscheidung zu formulieren, es ist aber ein schwieriges Unterfangen, sie zu realisieren«, konstatiert Igor Ansoff (vgl. Ansoff 1988, S. 165). Gerade im Umsetzen von komplexen Vorhaben, wo in der Praxis noch vieles geklärt werden muß, bewährt sich Action Learning als ein zweckmäßiges Vorgehen. Es erhöht die Erfolgsquote beim Ausführen von Projekten.

2. *Entwicklung persönlicher Fähigkeiten.* Die Teilnehmer und ihre Lernpartner sind interessiert an strukturierten Gelegenheiten zum Reflektieren ihrer Erfahrungen, sie wollen mehr aus ihren Erfahrungen machen und sich im Tun die erforderliche Einsicht und Übung erwerben.

3. *Verstärkung der Lernkultur in den betroffenen Unternehmensbereichen.* Die Beteiligten sind sich bewußt, daß sie die Fähigkeit zum Lernen im Arbeitszusammenhang ausbauen müssen, um auch in Zukunft die nötigen Neuerungen und Verbesserungen rechtzeitig zustande zu bringen. Sie haben erkannt, daß es ihnen nur dann gelingt, ihre Lerngewohnheiten zu verbessern und zu erweitern, wenn sie sich das bisherige Vorgehen bewußtmachen und mit neuen Formen des Lernens experimentieren.

An der Konkretisierung dieser allgemeinen Ziele muß von Anfang an gearbeitet werden. Was soll genau mit der geschäftspolitischen Maßnahme bzw. mit den Projekten erreicht werden? Inwieweit ist es eine inspirierende Herausforderung, daran zu arbeiten? Welche seiner Fähigkeiten genau will der einzelne entwickeln? Was muß er wissen, können und als Haltung an den Tag legen, um die gewünschten Projektergebnisse zustande zu bringen? Welche Normen und Auffassungen, welche die Zusammenarbeit prägen, sollen verstärkt werden?

Situationsdiagnosen, 360-Grad-Feedback, Benchmarking usw. liefern die Mittel fürs Spezifizieren der Ziele. Die Ziele sollen Anhaltspunkte bieten für die Beurteilung der Fortschritte, die sachlich und persönlich in der Projektarbeit gemacht werden. Die Reflexion in den Lerngruppen und in den bilateralen Gesprächen der Teilnehmer mit ihren Lernpartnern (dem Förderer, dem Auftraggeber, eventuellen Kunden) muß sich jedenfalls darauf richten. Nullmessung und regelmäßige Fortschrittsmessungen sind wesentlich für die Lernmotivation. Das Feedback soll so zielorientiert wie möglich sein.

Was sind wesentliche Elemente des Programms?

Zentraler Ausgangspunkt für das Action Learning ist immer *die Aktion*: das, was der Betreffende erreichen will und was er tatsächlich tut, sowie die Auswirkungen davon. Die Form der Aktion kann verschieden sein: Einarbeitung in eine neue Funktion, Durchführung einer schwierigen Aufgabe usw. An *konkreten Projekten* kann deshalb besonders intensiv gelernt werden, weil die Projektmethodik *verbindlich* wesentliche Fragen (siehe zum Beispiel die untenstehende »Prüfliste Projektauftrag«) auf die Tagesordnung bringt, denen sich der Lernende stellen muß. Ein *bloßes Studienprojekt*, das eine Implementierung in der Realität und Praxis eines Unternehmens nicht miteinschließt, entspricht dagegen *nicht* den Kriterien des *Action* Learning: es gibt hier keine *Aktion* im o. g. Sinne.

Die Entscheidung für ein Projekt ist für den Teilnehmer immer konfrontierend: Inwieweit ist er bereit, sich in seinen Stärken und Schwächen offen zu zeigen? Inwieweit hat er den Mut, ein Projekt anzugehen, das tatsächlich eine Herausforderung darstellt? Oder macht er lieber etwas ihm Vertrautes, mit dem er glänzen kann, auch wenn er und die Organisation nur wenig daraus lernen können? Die Wahl des Projekts darf nicht übereilt geschehen; denn der Teilnehmer muß Zeit dazu haben, sich auf etwas vorzubereiten, was nicht im »Mainstream« liegt. Zudem soll sich die Wahl des Projekts von Beginn an entwickeln können: vom ersten Kontakt mit Action Learning bzw. von dem Zeitpunkt an, zu dem sich eine Person zum Weg des Action Learning entschließt.

Der Auftraggeber und der Lernberater spielen dabei als Gesprächspartner des Teilnehmers eine wesentliche Rolle.

Ein Projekt zu haben und einen Auftraggeber zu haben, der darauf brennt, eine Lösung für sein Problem zu bekommen: dies ist in jedem Fall *grundlegend für die Teilnahme* an einem Action-Learning-Programm. Je deutlicher das Projekt dabei im Rahmen der strategischen Aufgabenstellung der Organisation liegt, desto stärker sind die Beteiligten zum Lernen motiviert. Macht der Auftraggeber sein Interesse an der Lösung des Problems nachdrücklich deutlich? Kommt er in den regelmäßigen Gesprächen mit dem Projektleiter immer wieder darauf zurück? Dringt er auf die Einhaltung der Termine? Engagiert sich der Teilnehmer (Projektleiter) als Person lebhaft für das Projekt? Nur wenn diese Fragen mit »Ja« beantwortet werden, gibt es eine derartige Spannung, daß die Beteiligten intensiv lernen wollen.

Prüfliste Projektauftrag

1. Fragestellung

- Worin besteht das Problem? (In einem Satz!)
- Wie ist das Problem entstanden? (Geschichte)
- Warum ist es ein Problem? (Aus welchen Vorstellungen und Auffassungen heraus wird es als Problem empfunden?)
- Wie dringlich ist es? (Inwiefern besteht Zeitdruck? Wodurch kommt der Zeitdruck zustande?)
- Wie wichtig ist das Problem? (Was sind die Folgen, wenn es nicht bearbeitet wird?)
- Wessen Problem ist es? (Wer ist wesentlich an der Lösung des Problems interessiert und übernimmt die Verantwortung für die Problembehandlung?)
- Was für Ziele hat der »Problemeigentümer«?

2. Ergebnis

- Was ist fertig, wenn das Projekt fertig ist?
- Welche Maßstäbe werden zur Beurteilung der Qualität des Ergebnisses angewendet?
- Was sind die wichtigsten Rahmenbedingungen für das Erreichen des Ergebnisses?
- Welche Zwischenergebnisse sind notwendig auf dem Weg zum Endergebnis?

3. Soziales Umfeld

- Wer sind »Aktoren«, d. h. Einzelpersonen und Gruppen, die für das Projekt relevant sind? (Genau beim Namen nennen!)
- Welche Bedeutung, Nähe und Haltung haben diese Aktoren in bezug auf das Projekt?
- Welche Beiträge können sie liefern?
- Welche Interessen haben sie? Welche kommen dem Projekt entgegen, welche werden durch das Projekt bedroht? Wer steht dem Projekt neutral gegenüber?
- Wie sind die Aktoren untereinander verbunden?
- Wer muß auf jeden Fall beteiligt werden?
- Wann im Projektablauf muß dies geschehen?
- Auf welche Weise?

4. Begrenzung

- Was gehört nicht zum Projekt? (Inhaltlich, in der Durchführung)
- Was wird nicht getan?
- Was kann und will der Projektleiter im Rahmen seiner Möglichkeiten nicht?
- In welchen Rahmen muß das Projekt passen?

5. Aktivitäten

- In welchen Phasen wird das Projekt durchgeführt?
- Was sind die Hauptaktivitäten per Phase?
- Wie hängen diese Aktivitäten zusammen?
- Wo liegen die Entscheidungsmomente?

6. Zeit

- Was sind die Durchlaufzeiten? (Balkendiagramm)
- Wieviel Spielraum ist vorhanden?
- Wie sieht der kritische Pfad aus?
- Wie sieht das Zeitbudget der Beteiligten aus?
- Wann sind bestimmte Materialien erforderlich?
- An welchen Zeitpunkten müssen bestimmte Personen und Gruppen aktiv sein?
- Wie lange dauern die einzelnen Phasen?
- Wann finden Kontrollen und Zwischenauswertungen statt?

7. Geld

- Wie hoch sind die zu erwartenden Kosten und Erträge? (In der Durchführung)
- Wieviel Investitionsmittel sind erforderlich?
- Innerhalb welcher Zeit können sie zurückverdient werden?
- Wie wird dies alles überwacht?

8. Qualität

- Welche inhaltlichen Anforderungen werden gestellt?
- Welche Anforderungen werden an den Verlauf des Projekts gestellt?
- Wie werden diese Anforderungen geklärt und festgestellt?
- Wie wird überprüft, ob und inwieweit den Anforderungen entsprochen wird?
- Was geschieht mit den Prüfergebnissen?

9. Information und Dokumentation

- Welche Information ist für die Projektrealisierung erforderlich?
- Wer gibt an wen welche Information?
- Auf welche Weise geschieht dies?
- Was tut der Informationsempfänger mit der Information?
- Wie werden die Informationsprozesse überwacht?
- Wie wird dokumentiert? Wer ist zuständig für das Archiv?

10. Organisation

- Wie sieht die Projektorganisation aus? (Projektgruppe, Arbeitsgruppen, Lenkungsgruppe, Unterstützung)
- Wer ist der Auftraggeber? Eventuell: Wer ist der delegierte Auftraggeber? Wer ist der Geldgeber?
- Wer sind die Kunden? Die Benutzer?
- Wer ist der Projektleiter?
- Wie sind die Aufgaben, die Verantwortlichkeiten, die Rechte und Pflichten der Genannten umschrieben?
- Wie wird überwacht und korrigiert?
- Wie sind die Änderungs- und Annahmeprozeduren geregelt?

Quelle: G. P. Groote, P. Slikker, C. J. Hugenholtz-Sasse (1995): Projecten leiden. Het Spectrum/Marka, Utrecht, S. 278 ff.

Wenn der Teilnehmer zur Vorbereitung seines Projekts die nachstehende Kontextanalyse durchführt,

- kommt es zu einer realistischen Einschätzung der *Realisierbarkeit* des Projekts,
- gewinnt er konkrete Ansatzpunkte, um *vorsorglich* die Realisierungschancen zu erhöhen.

Der Förderer ist in dieser Sache sein wichtigster Gesprächs- und Lernpartner.

Kontextanalyse

Sachlicher Kontext für das Projekt:

(Welche Projekte und sonstigen Aufgaben werden gleichzeitig durchgeführt und haben Einfluß auf dieses Projekt?)

____

____

____

Zeitlicher Kontext für das Projekt:

(Was passierte vor diesem Projekt und hat einen Einfluß auf das Projekt? Was wird nach dem Projektabschluß geschehen, auf das man schon im Projekt Rücksicht nehmen sollte?)

Phase vor dem Start des Projekts:

- ....
- ....
- ....

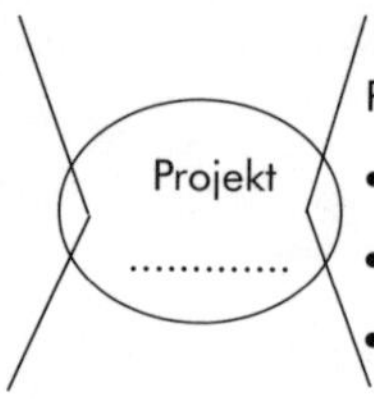

Phase nach dem Ende des Projekts:

- ....
- ....
- ....

Sozialer Kontext für das Projekt:

(Welche Personen oder Personengruppen haben Einfluß auf das Projekt? Wie intensiv können einzelne Personen den Erfolg des Projekts beeinflussen?
Wichtig ist es, den Zeitpunkt, für den diese Kontextanalyse gemacht wird, zu bestimmen.)

Aktoren	**Haltung** +, –, ∅	**Bedeutung** 5 ... sehr groß 1 ... sehr gering	**Nähe** 5 ... sehr groß 1 ... sehr gering

Wie wird reflektiert?

Im Verlaufe des Tuns wird in regelmäßigen Abständen *reflektiert*, sei es mit den anderen Teilnehmern in der Lerngruppe oder in bilateralen Gesprächen mit dem Auftraggeber, mit dem persönlichen Förderer, einem ausgewählten Kunden. Das Action-Learning-Programm schafft Raum für das Reflektieren, das in unserem täglichen Arbeitsgeschehen immer wieder zu kurz kommt, und trägt dazu bei, daß die Beteiligten die Qualität ihres Reflektierens steigern. Reflektiert wird, was in der abgelaufenen Periode getan worden ist und was in der kommenden Periode zu tun ist. Dies geschieht vor allem im systematischen Rückblick und Vorausblick des einzelnen, vorzugsweise mit Hilfe eines Logbuchs oder Journals, in den Zusammenkünften der Lerngruppe der Projektleiter und in den Zweiergesprächen des Teilnehmers mit seinem Auftraggeber und seinem Förderer.[4]

In allen Gesprächen, welche die Beteiligten mit ihren Lernpartnern führen, werden sie immer wieder merken, daß beim Reflektieren die *Besinnung auf die »innerliche Programmierung«*, auf die stillschweigenden und oft unbewußten Annahmen und Auffassungen, die das Tun steuern, schwerfällt. Argyris weist darauf hin, daß wir alle unglaublich geübt darin sind, diese Steuerungsfaktoren zu vertuschen und in unserem Bewußtsein nicht zuzulassen, vor allem aus der Angst heraus, etwas Falsches zu machen, uns eine Blöße zu geben, mit dem anderen in Konflikt zu geraten, unsere Auffassungen ändern zu müssen. Wahrscheinlich fällt den Beteiligten das Reflektieren des eigenen Lernens am schwersten. Sie haben im allgemeinen wenig Übung darin, und der Hang, Antworten auf Fragen beim Experten abzuholen, ist groß. Überhaupt werden sie leicht in die Versuchung geraten, dem Lernen in verschiedenen Formen auszuweichen. Eine ganze Reihe von Rationalisierungen ist ihnen dabei behilflich:[5]

1. *»Ich hab viel zuviel zu tun!«* Dieses Argument verstärkt den Aktionismus und das reaktive Verhalten. Die Grundauffassung ist: »Tun ist gut. Reflexion ist Zeitverschwendung«. Eher nimmt man sich Zeit für Seminarbesuche als für Reflexion mit anderen über das eigene Tun und Planen. Letzteres jagt Angst ein. Lieber sich von außen steuern lassen!

2. *»Warum soll ich kritisch untersuchen, wie ich eine bestimmte Situation betrachte?«* Ich stemme mich gegen den Blick auf mich selbst, aus einem Abstand heraus. Lieber bleibe ich bei meinen Vorurteilen! Es ist so ungewohnt, mit anderen ganz offen über meine Sichtweisen zu sprechen.

Eine Methode des Reflektierens

- Eine Vorgehensweise, die wertvolle Lernergebnisse aus der Erfahrung mit (Pilot-)Projekten, kritischen Vorfällen, Aktivitäten, aktuellen Maßnahmen und Übungen erschließt.
- Für Einzelpersonen, Lernduos und Gruppen, die systematisch aus ihren Aktionen und bestimmten Ereignissen lernen wollen.
- Unter Verwendung von Tagesaufzeichnungen (»Journal«), Protokollen, Notizen und Logbüchern.

Die Vorgehensweise orientiert sich an folgender Phasierung der Reflexion:

Erkunden (»wandering«)
Erfassen (»capturing«)
Mitteilen (»sharing«)

Erkunden: unstrukturiertes Denken und Notieren, informelles Besprechen; die Reflektierenden untersuchen Probleme, erörtern Gefühle, gehen ein auf spontan auftauchende Einfälle.
Erfassen: Herausarbeiten von Schlußfolgerungen und Erkenntnissen, Feststellen von Konsequenzen des Handelns, Ordnen der Lernergebnisse.
Mitteilen: anderen Bericht erstatten, kurz und bündig für Interessierte zusammenfassen.

Die Vorgehensweise gliedert sich in drei Abschnitte zu jeweils gleichen Zeiteinheiten:

Erster Schritt: **Individuelle Reflexion (Erkunden)**
Zweiter Schritt: **Reflexion im Lernduo (Erfassen und Mitteilen)**
Dritter Schritt: **Gruppenreflexion (Mitteilen).**

Erster Schritt: INDIVIDUELL
- Eindrücke und Einsichten auflisten.
  - So viel wie möglich notieren!
  - Nicht beurteilen und selektieren!
  - Alle Aufzeichnungen verwenden!

Zweiter Schritt: ZU ZWEIT
- Abwechselnd die herausragenden Eindrücke und Einsichten formulieren.
- Neue Einfälle sofort im Logbuch festhalten!

Dritter Schritt: IN DER GESAMTGRUPPE
- Jeder berichtet über seine Lernergebnisse.
  - Was habe ich inhaltlich gelernt?
  - Was will ich anwenden?
  - Was habe ich über mich selber gelernt?

Spielregeln
1. Sich für Aspekte interessieren, die anderen Beteiligten mehr liegen als einem selbst.
2. Für diejenigen, die früher mit ihrer Reflexion fertig sind als andere Beteiligte: im Raum bleiben, nicht sprechen, in Ruhe über das Erarbeitete nachdenken.
3. Jeder entscheidet selbst, was er/sie in der Gesamtgruppe berichtet.
4. Die Berichterstattung in der Gesamtgruppe auf ca. 30 Sekunden beschränken.
5. Auf Vertraulichkeit und Respekt achten.

3. *»Sagen Sie mir, was ich machen soll!«* Meinen eigenen Eingebungen, Gefühlen und Intuitionen, meinem »Hausverstand« vertraue ich nicht so recht. Ich mache mich von anderen abhängig aus einem Mangel an Selbstvertrauen und Selbstannahme.

4. *»Warum denn so kompliziert?«* Das Betrachten von menschlichen Interaktionen und persönlichen Seelenzuständen ergibt viel zu komplizierte Bilder. Das Bedürfnis nach einem »Schnell-Rezept« überwiegt. Lieber das, als immer noch mehr Fragen!

5. *»Hab ich denn etwas falsch gemacht?«* Das kritische Feedback ruft, auch wenn es beschreibend und nicht beurteilend formuliert ist, Schuldgefühle in mir hervor. Entwicklungsbedarf zieht den kürzeren gegenüber Erhaltungsbedürfnis.

6. *»Dafür gibt es doch schon längst eine bewährte Lösung!«* Ich bin verliebt in Lösungen, die sich in der Vergangenheit als erfolgreich erwiesen haben. Wo hole ich den Mut her, um sie zugunsten eines unsicheren Neuen und anderen loszulassen?

Die Lernpartner stehen also vor interessanten Herausforderungen, wenn sie Ernst machen wollen mit ihrem Lernen aus der Reflexion ihrer Erfahrungen. Der Weg *vom »Vorgekauten« zum Selbstgefundenen im selbstgesteuerten Lernen*[6] fordert den Beteiligten viel ab. Je entschiedener dies schon in der Anfangsperiode gehandhabt wird, desto besser!

Welche Rolle spielt Aktionsforschung im Programm?

Ebenso wesentlich wie die Introspektion ist für die Reflexion das Material, welches sich aus *systematischen Untersuchungen* über die Beginnsituation (»Null-Messung«) und über die Auswirkungen von Maßnahmen der Beteiligten ergibt. Dieser Aspekt von Action Learning ist ein wesentliches Lerngebiet. Die Beteiligten erkennen zum Beispiel ihre Neigung, vorschnell – ohne gediegene Faktenerhebung und ohne gründliches Durchdenken mit anderen, die weitere Aspekte einbringen können – von einem nur wenig erkannten Problem sofort zu einer »auf der Hand liegenden« Lösung zu springen.

Die eigene Art des systematischen Untersuchens zu verbessern betrifft verschiedene Aspekte, etwa: direkt im Tun auf Fakten und auf Einsichten anderer achten (statt zu sehr den eigenen Vorurteilen zu folgen), Diagnoseinstrumente einsetzen (Betriebsanalysen, Kulturanalysen usw.), Journal führen (zum Beispiel in der Weise, wie es Piet Reckmann in Anlehnung an Paulo Freire in seinem Beitrag beschreibt), Umfragen bzw. eine Reihe von Interviews veranstalten, teilnehmende Beobachtung durchführen usw. Zum individuellen Untersuchen kommen die Untersuchungen, welche die Projektgruppe als Untersuchungsgruppe – eventuell in Kooperation mit einer internen Stabsabteilung – realisiert, und schließlich Untersuchungen mit externen Dritten. Das können Kollegen von einer befreundeten anderen Organisation sein, Berater oder Wissenschaftler von einem Forschungsinstitut oder einer Universität. Sowohl bei den Untersuchungen mit internen als auch bei denen mit externen Kräften kommt es immer auf die Vielfalt der eingebrachten Sichtweisen an. Diese hilft, die Relativität der eigenen Sichtweise zu erkennen, und regt dazu an, mehr Aspekte einer Situation zu sehen und vor allem kritische Fragen zu stellen.

Die *Zusammenarbeit mit Wissenschaftlern* kennt drei Formen:

1. *Traditionelle akademische Forschung*: Die Wissenschaftler behandeln die Organisation und die Aktoren als Objekt, sie bleiben im Interesse der Objektivität auf Abstand und übernehmen keine Verantwortung für die Problemlösung und die Veränderung der Organisation. Die Wissenschaftler produzieren Theorien und Erkenntnisse. Von Zusammenarbeit ist nur insofern die Rede, als die Organisation sich zur Verfügung stellt für die Untersuchungen und im Gegenzug eventuell Rechte auf Zugang zu bestimmten Daten bekommt.

2. Die Wissenschaftler leisten *unterstützende Forschung*: Die Organisation tritt als Auftraggeber auf, und die Wissenschaftler übernehmen die Aufgabe, als Dienstleistung valide Erkenntnisse zu gewinnen, die der Organisation als Feedback angeboten werden. Sie stehen ein für die Validität der Erkenntnisse; die Organisation trägt allein die Verantwortung für Problemlösung und Veränderung.

3. Organisation und Wissenschaftler verbünden sich zu einer *Aktionsforschung*. Sie übernehmen miteinander die Verantwortung für die Lösung des spezifischen Problems und für die Veränderung dieser Organisation. Sie arbeiten eng zusammen, teilweise mit verschiedenen Zielen: Die Organisation will direkt anwendbare Erkenntnisse, die der Problemlösung und der Organisationsveränderung dienen, die Forscher wollen Erkenntnisse, die auch in anderen Fällen von Bedeutung sind.

Unter diesen drei Möglichkeiten entspricht die *Aktionsforschung* am besten den Grundsätzen des Action Learning. Die Zusammenarbeit von Organisation und Forschung ist jedoch problematisch. Die Organisation zögert, sich mit Außenstehenden allzu eng zu verbinden; denn: Wie ist die Entscheidungsfindung zu regeln? Inwieweit können die Forscher überhaupt Verantwortung übernehmen? Dem Management und dem Betriebsrat stellt sich die Frage, ob bzw. in welchem Maße sie einer weiteren Kraft Macht und Einfluß auf die Organisation geben wollen.

Der Aktionsforscher hat seinerseits einen schweren Stand innerhalb der wissenschaftlichen Welt; mit seiner Methode kann er weniger gut die Wiederholbarkeit der Untersuchungsergebnisse sowie weitere strenge Bedingungen erfüllen, die als Kriterium für die Wissenschaftlichkeit von Erkenntnissen angesetzt werden. Letztlich profitieren beide, Forscher wie Organisation, von einer Zusammenarbeit: Der Forscher erhält Zugang zu besonders reichem Material: Es ist lebenserfüllt und praxisnah, weil es aus dem Einsatz von Menschen für ein Problem entsteht, für das sie ein vitales Interesse hegen, und für eine Lösung, die ihre Zukunft wesentlich bestimmt. Die Menschen, mit denen der Aktionsforscher arbeitet, sind im Rahmen eines Action-Learning-Projekts in ihrem Denken, Fühlen und Wollen mehr auf wesentliche Fragen, Ideen und Beiträge gerichtet als sonst im Alltag einer Organisation. Die Organisation wiederum erhält professionelle Hilfe, um unbewußte Prämissen des Handelns sowie unbewußte Denk- und Verhaltensmuster bewußtzumachen.

Um beiderseits Vorteil aus der Zusammenarbeit zu ziehen, ist es nötig, daß beide Parteien sorgfältig über ihre Beziehungen zueinander und die einzubringenden Leistungen verhandeln. Die Organisation muß sich darauf einstellen, daß die Aktionsforscher bestimmte Kriterien in ihrer Arbeit zu erfüllen haben, um dafür wissenschaftliche Anerkennung gewinnen zu können. Solche Kriterien[7] sind zum Beispiel:

- Verallgemeinerbarkeit der Einsichten;
- Theoriebildung;
- ausdrückliche Begründung der verwendeten Konzepte, Ermittlungsverfahren, Medien und Handlungsstrategien (zum Beispiel: aufgrund welcher Annahmen wird der Lernzyklus von David Kolb zur Gestaltung des Untersuchungsplanes herangezogen?);
- Nachvollziehbarkeit der Schlußfolgerungen aus dem Datenmaterial;
- Erkenntnisse müssen auf Aktionen, können nicht nur auf Diskussionen beruhen;
- dasselbe Phänomen soll auf verschiedene Weise, mit Hilfe verschiedener Methoden untersucht werden, um herauszufinden, ob sich daraus stimmige Erkenntnisse ergeben.

Die Aktionsforscher müssen damit rechnen, daß ein Konflikt mit der »herrschenden Koalition« (Revans) in der Organisation den Untersuchungsaktivitäten ein abruptes Ende bereiten kann und daß das Denken und Wahrnehmen der Forscher durch die Dynamik der Organisation schnell korrumpiert werden kann.

Wie sieht die Arbeit in den Lerngruppentreffen aus?

In den Lerngruppen (manchmal auch »kollegiale Konsultationen« genannt) treffen sich die Teilnehmer (= Projektleiter) regelmäßig für die Dauer mindestens eines halben Tages in Abständen, die kurz genug sind, daß die Teilnehmer das letzte Lerngruppengespräch gut im Gedächtnis haben können, die aber auch lang genug sind, daß die Teilnehmer in der Zwischenzeit durch die Projektaktivitäten neue Erfahrungen sammeln können. In der Praxis handelt es sich meist um Abstände von 2 bis 4 Wochen.

In den Lerngruppen geht es um folgende *Ziele*: um

1. neue Einsichten aus den Erfahrungen;
2. Beratung und Unterstützung;
3. die Verarbeitung von Lernstoff aus eventuellen Seminaren;
4. Übung in der Gestaltung von selbstgesteuerten Lerngruppen.

Die Teilnehmer vereinbaren bestimmte *Spielregeln*, um die Qualität ihres gemeinsamen Reflektierens miteinander zu gewährleisten. Solche Spielregeln sind zum Beispiel:

- Vertraulichkeit;
- volle Teilnahme an den Treffen;
- Pünktlichkeit;
- gleiche Zeit für jeden (über das Ganze gesehen);
- Rotieren der Gesprächsleiter- und Protokollantenrolle usw.

Die *Grundbestandteile der Tagesordnung* eines Lerngruppentreffens sind:

1. Eine kurze Eröffnungsrunde, in der jeder aktuelle, relevante Mitteilungen machen kann.
2. Die Festlegung des Programms (eventuell Anpassungen aufgrund von Informationen aus der Eröffnungsrunde).
3. Reihum gibt jeder Teilnehmer in Kürze Auskunft zu Fragen wie: Was habe ich im Sinne der Verabredungen seit dem vorhergehenden Treffen getan? Wie ist es mir damit ergangen? Weiterhin: Was ist der Entwicklungsstand in meinem Projekt? Was läuft überraschend gut? Was bereitet mir Schwierigkeiten?
4. Die vertiefende Behandlung von miteinander ausgewählten Punkten.
5. Ein Vorausblick: Was nimmt jeder sich bis zum nächsten Mal vor?
6. Die Auswertung.

Als *Auswertungsfragen* am Ende eines Lerngruppentreffens (übrigens auch zum Abschluß der Reflexion mit dem Förderer oder dem Auftraggeber) haben sich bewährt:

1. Was habe ich für mein Projekt gelernt?
2. Was habe ich über mich selbst, über diese Gruppe (über unsere Interaktion im Zweiergespräch) gelernt?
3. Welche Fragen stehen für mich offen?
4. Wo können wir unser gemeinsames Lernen verbessern?
5. Welche Lernergebnisse meiner Kollegen in der Lerngruppe haben mich besonders beeindruckt?

Wie kann ich die Qualität meines Fragens überprüfen?

Von Beginn bis Ende der gemeinsamen Reflexion spielt das *Fragenstellen* und das *Feedbackgeben* die Hauptrolle. Eine Hilfe zu produktiven Gestaltung des Fragens geben die folgenden Gesichtspunkte nach Piet Reckmann (1997, 135 ff.):

1. Inwieweit führt die Frage zu relevanten Informationen, das heißt zu Einsichten in die Situation, die ich ändern möchte, oder zur Klärung des Problems, das ich lösen will?
2. Inwieweit ist die Frage offen, das heißt legt sie mich nicht fest auf Vorurteile (wie es zum Beispiel suggestive Fragen tun)?
3. Inwieweit lädt die Frage ein zu Vergleichen? (Wie war es in früheren Perioden? Wie sieht es diesbezüglich in anderen Organisationen aus? Wo tritt dieses Phänomen *nicht* auf?)
4. Inwieweit lenkt die Frage die Aufmerksamkeit auf Beziehungen? (Zum Beispiel zwischen einer Organisation und ihren Mitarbeitern oder zu ihrer Umgebung, das Verhältnis von Angebot und Nachfrage, von Gemeindepolitik und Bedürfnissen der Bürger, auf das Verhältnis von Arm und Reich, von Jung und Alt usw.)
5. Inwieweit fordert die Frage dazu heraus, Stellung zu nehmen, zu entscheiden, zu handeln?

Der Gesamtaufbau eines Programms

Woraus besteht ein Action-Learning-Programm?

Das Action-Learning-Programm ist im wesentlichen eine Komposition aus den nachstehend aufgeführten Lernaktivitäten. Die Art und Weise, wie sie in der Zeit angeordnet werden, bestimmen die Beteiligten mit Unterstützung des Lernberaters.

<table>
<tr><th colspan="4">Spektrum von Action-Learning-Aktivitäten</th></tr>
<tr><td colspan="4">Individuelles Lernen</td></tr>
<tr><td colspan="4">• Vorbereiten und Nachbereiten
• Beobachtendes Tun
• Führen eines »Logbuches« oder Journals
• Rückschau und Besinnung, usw.</td></tr>
<tr><td colspan="4">Lernen mit dem Auftraggeber</td></tr>
<tr><td colspan="4">• Periodische Zweiergespräche
• Arbeitskonferenzen usw.</td></tr>
<tr><td colspan="4">Lernen mit dem Förderer</td></tr>
<tr><td colspan="4">• Coachingsgespräche (»Helikopter«, d. h. Überblick gewinnen, Verhältnis zum ursprünglichen Unternehmensimpuls)
• Vor- und Nachbesprechen von politischen Unterstützungsmaßnahmen
• Entwerfen von Veränderungs-Initiativen usw.</td></tr>
<tr><td colspan="4">Lernen mit anderen »Stakeholders«</td></tr>
<tr><td colspan="4">• mit Lieferanten, dem eigenen Vorgesetzten, Konkurrenten usw.</td></tr>
<tr><td colspan="4">Lernen in Gruppen</td></tr>
<tr><td>• in funktionellen Teams</td><td colspan="2">• in Task-Forces</td><td>• in gemischten Lerngruppen</td></tr>
<tr><td colspan="2">• mit Mitgliedern aus derselben Organisation</td><td colspan="2">• mit Mitgliedern aus verschiedenen Organisationen</td></tr>
<tr><td colspan="4">Bei Bedarf zu ergänzen durch</td></tr>
<tr><td colspan="4">Lernen von Experten</td></tr>
<tr><td colspan="2">• Vorprogrammiert</td><td colspan="2">• Nach Bedarf der Teilnehmer, wie es sich im Laufe des AL-Geschehens ergibt</td></tr>
<tr><td>• Seminar</td><td>• EDV-Lernprogramm, Texte</td><td>• Training</td><td>• Vortrag</td></tr>
</table>

Wenn bei den Teilnehmern und ihren Lernpartnern das *Bedürfnis nach programmiertem Wissen* entsteht, das sie durch einen Experten vermittelt bekommen wollen, kann dies ergänzend in das Action-Learning-Programm aufgenommen werden. Es sollte jedoch zielgerichtet und so knapp wie möglich gehalten werden.

Oft wird zu Anfang des Programms ein *Training in der Methodik der Projektarbeit* erforderlich sein, entweder um ein Grundwissen zu vermitteln oder um vorhandenes Wissen der Teilnehmer und ihrer Auftraggeber aufzufrischen und zu ergänzen. Ein solches Training fördert auch das Entstehen und Pflegen einer gemeinsamen Sprache und die damit verbundene Klarheit und Eindeutigkeit.

Grundsätzlich enthält ein Action-Learning-Programm die folgenden Abschnitte:

1. Vorbereitung
2. Diagnose
3. Planung
4. Durchführung
5. Präsentation der Ergebnisse
6. »Nach-Forschungen«

1. Die Vorbereitung

Klärung des Handlungsbedarfs, Auftrag durch einen Träger für das gesamte Programm (Wer übernimmt die Verantwortung für das Ganze?), Formulierung der Programmziele, Einladung zur Teilnahme, Orientierungsgespräche mit potentiellen Teilnehmern, Rollenverteilung und Rollenklärung, eventuell Durchführung eines Orientierungsseminars und gemeinsame Programmerstellung mit den Teilnehmern gehören zur Vorbereitung eines Action-Learning-Programms.

2. Diagnose

Beschreibung des IST-Zustandes, Situationsanalysen, Null-Messung werden mit den jeweils als geeignet erscheinenden Methoden durchgeführt. Wichtig ist, daß die Lernpartner vielfältig voneinander lernen, und zwar sowohl in bezug auf Methodenkenntnis als auch auf Netzwerkbeziehungen. Bei der Auswahl der Diagnosemethode ist es Aufgabe der Beteiligten, auch auf die der Methodik zugrundeliegenden Auffassungen und Normen einzugehen und zu untersuchen, inwieweit diese kongruent sind mit den Zielen, die ihnen vor Augen stehen.

Als Methoden sehr bewährt haben sich beispielsweise die Lewinsche *Kräftefeldanalyse*, die *Methode des Aktionsprogramms* nach Hasper (Hasper u. Glasl 1988, 92 ff.) und die der *dynamischen Urteilsbildung* nach A. Bos.[8] Sie fördern den Blick aufs Ganze sowie zyklische Betrachtungsweisen statt rein linearen Analysewegen.

Die *Kräftefeldanalyse* bewährt sich im Anlauf zu Veränderungen, da sie den

Beteiligten die Augen öffnet für das Spiel von Kräften, die den gegenwärtigen Zustand aufrechterhalten, wo sich beharrende und vorantreibende Kräfte im Gleichgewicht halten. Sie ermöglicht im zweiten Schritt konkrete strategische Wahlentscheidungen: Sollen die Aktoren vorantreibende Kräfte verstärken oder beharrende Kräfte abschwächen, um zu einer Veränderung der Situation im gewünschten Sinne zu kommen?

Die *Methode des Aktionsprogramms* nach Hasper ist eine Methode, die durch ihren Aufbau zum kunden- und marktorientierten Denken erzieht. Sie setzt voraus, daß für die zu planende Aktivität die Zielgruppe klar bestimmt ist. Erst dann können die weiteren methodischen Schritte unternommen werden. Diese Schritte betreffen zur einen Hälfte die Seite der Nachfrage (Trends, welche die Zielgruppe beeinflussen, Segmentierung der Zielgruppe, konkurrierende Angebote für die Zielgruppe etc.) und zur anderen die Angebotsseite (was ist der Kern unseres Angebotes, wie gut ist unser Angebot im einzelnen ausgestaltet, welche Verbesserungen sind angezeigt, was kosten die Verbesserungen, was werden sie voraussichtlich erbringen? etc.).

Das Orientierungsbild der *Dynamischen Urteilsbildung* bietet eine Gelegenheit, mit einem nicht-linearen Vorgehen Ursachen von Problemen zu ermitteln und Aktionen unter Berücksichtigung des Wechselverhältnisses zwischen Zielen und Mitteln zu planen.

3. Planung

Action Learning ist eine Form des Entdeckungslernens, und vieles ist unbekannt und offen, wenn begonnen wird. Das könnte zu der Meinung verleiten, planmäßiges Vorgehen sei nicht so wichtig. In Wirklichkeit ist ein planmäßiges Vorgehen aber wesentlich. Ohne eine gediegene Planung stranden die Treffen der Lerngruppen und die Lerngespräche mit dem Auftraggeber und Förderer sehr schnell. Ohne genaue Planung geht auch viel Feedback verloren, das sich aus den Diskrepanzen zwischen ursprünglicher Einschätzung und tatsächlichem Geschehen ergibt.

Revans hat angeregt, in die Planung auch ein Testmoment zum richtigen Zeitpunkt einzubauen (vgl. Revans 1998). Ein solcher Test der bisherigen Überlegungen und Aktivitäten kann darin bestehen, daß eine Delegation von Beteiligten aus dem Action-Learning-Programm einen Arbeitsbesuch bei einem Gremium oder einer Organisation in einem anderen Land abstattet, wo man hervorragende Erfolge auf dem betreffenden Gebiet erzielt hat. Heutzutage kann dies unter dem Titel »internationales *Benchmarking*« laufen.

Die Kräftefeldanalyse

1. Problem aufschreiben

- Uns stört, daß . . .

2. Ziel definieren

- Wie können wir erreichen, daß . . .

3. Einflußkräfte und Bedingungen auflisten

Was fördert Zielerreichung	Was hemmt Zielerreichung
1.	1. ....
2.	2. ....
3.	3. ....

4. Einflußkräfte gewichten und analysieren

Der am meisten fördernde Faktor ist:	Der am meisten hemmende Faktor ist:

5. Vorschläge zur Veränderung:

Um die fördernden Faktoren zu verstärken oder zu unterstützen:	Um die hemmenden Faktoren zu beseitigen und abzuschwächen:

6. Aktionsplan erstellen

Maßnahmen	Termine	Zuständig (wer mit wem)

4. Durchführung

Im Action-Learning-Programm ist viel Raum zur tatsächlichen Durchführung erforderlich. Gerade im Tun erleben die Beteiligten, wie weit ihre Fähigkeiten reichen und welche Kräfte in der Situation wirken, mit der sie sich auseinandersetzen. Bloße Vorstudien und Analysen am Schreibtisch genügen nicht. Im Rahmen des Action-Learning-Programms sollten daher Projekte vollauf realisiert werden können, oder es sollte wenigstens ein Teilprojekt zu einem nachweisbaren Ergebnis führen. Übrigens: Auch ein Scheitern des Projekts ermöglicht wertvolles Lernen. Es kann leicht sein, daß die Organisation sogar mehr daraus lernt als aus einem gelungenen Projekt.

5. Präsentation der Ergebnisse

Gegen Ende des Programms gilt es, einen Höhepunkt zu inszenieren, der eine konstruktive Spannung bei den Beteiligten hervorruft und sie dazu anstachelt, durchzuhalten und das Vorhaben zu einem Abschluß zu bringen. In vielerlei Formen werden zu diesem Zweck Präsentationen veranstaltet, die bereits lange im voraus öffentlich angekündigt sind. Die Projektleiter präsentieren dann vor einem größeren Publikum die Projektergebnisse so eindrucksvoll wie möglich und teilen auch Entdeckungen und Einsichten mit, die sie in der Bearbeitung des Projektes gewonnen haben und die sie mit anderen teilen wollen. Die Projektleiter (= Action-Learning-Teilnehmer) laden auf jeden Fall ihre Auftraggeber und ihre Förderer ein sowie alle diejenigen, die am Projekt mitgearbeitet haben und vom Projekt betroffen sind. Wahlweise werden sie auch noch andere Interessenten darauf aufmerksam machen. Die Art und Weise, wie ein Teilnehmer eine solche Präsentation vorbereitet und ausführt, und was er an Reaktionen auslöst und wie er damit umgeht, sind natürlich wertvoller Lernstoff.

Im Zuge der Präsentation können auch Förderer und Auftraggeber mitteilen, welche Erkenntnisse sie in Ausübung ihrer Rolle gewonnen haben.

6. »Nach-Forschungen«

Im Zuge eines Action-Learning-Programms gehen die Beteiligten durch Höhen und Tiefen. Zum Teil haben sie diese bereits im Verlauf des Programms reflektieren können, zum Teil werden Erkenntnisse darüber erst in den Monaten und Jahren danach entstehen. Die beteiligten Manager, Projektleiter und Lernberater sollten deshalb in der Zeit nach dem Projekt Gelegenheiten wahrnehmen, wo sie mit Beteiligten von Action-Learning-Programmen in anderen Organisationen Erfahrungen austauschen können. Revans nennt eine ganze Reihe von Themen für einen solchen Erfahrungsaustausch (vgl. Revans 1998):

- Die Wahl der Probleme, die zum Gegenstand des Action Learning gemacht werden.

- Die Rolle und die Verantwortung der Kunden in einem Action-Learning-Programm.
- Die Art und Weise, wie sich der Teilnehmerkreis bildet.
- Die Art und Weise, wie eine Organisation im Rahmen eines Konsortiums auftritt, das mehrere Organisationen gebildet haben, um Action-Learning-Programme durchzuführen.
- Die Überwachung der Projekte.
- Die Entwicklung der Lernberater.
- Die Rolle der Personalentwicklung.
- Das Zustandekommen der Verbindung zwischen Teilnehmern und ihren Projekten.
- Die kontinuierliche Unterstützung der Teilnehmer.
- Die Rolle des Managements in den Projekten.
- Das Anbieten von geeignetem technischem Wissen.
- Fragen von Aufwand und Ertrag.
- Das Konzept der Organisation als lernendes System.

Eine organisationsübersteigende Form der »Nachbereitung« von Action-Learning-Programmen

In den Niederlanden wurde 1994 zum Zweck des Erfahrungsaustausches zwischen Managern aus verschiedenen Organisationen sowie Lernberatern die *Action Learning Association* (Vereniging Lerend Ondernemen) ins Leben gerufen. Sie organisiert regelmäßig Forumveranstaltungen, wo Akteure aus Action-Learning-Programmen berichten und über ihre Erfahrungen mit den Anwesenden einen Dialog führen. Außerdem ergreifen Mitglieder des Vereins die Initiative, um bei »Werkstattkonferenzen zu gesellschaftspolitischen Fragen« Akteure aus dem Feld zu einem aktionsorientierten Lerntreffen zusammenzubringen. Das geschah zu Themen wie »Hausarzt und Gesundheitszentren machen einen müden Eindruck – was ist los?«. Diese Werkstattkonferenzen sollen einen Beitrag zur Klärung eines dringlichen Gesellschaftsproblems liefern und Interessierte anregen, Action Learning bei einer Problemlösung zu verwenden. Der Verein fördert die Zusammenarbeit zwischen Action-Learning-Praktikern und Wissenschaftlern von verschiedenen Universitäten und hat es sich zur Aufgabe gemacht, vereinsinterne wie auch öffentliche und internationale Konferenzen zu organisieren, in denen das Thema »Action Learning« behandelt wird.

Anmerkungen

1 Siehe hierzu den Beitrag von Ernst Drukker in diesem Buch.
2 Vgl. auch Abb. 7 in O. Donnenberg, »Action Learning taucht auf«, in diesem Buch.
3 »Double-Loop- (Zwei-Scheifen-) Lernen« bedeutet die kritische Analyse und Änderung der grundlegenden Programmierung unseres Handelns, im Unterschied zum Single-Loop-Lernen, das sich auf die Analyse und die Änderung des Handelns beschränkt. Vgl. Argyris u. Schön (1999).
4 Daudelin und Hall haben eine Form des Reflektierens erarbeitet, die als Beispiel dienen kann. Vgl. Daudelin u. Hall (1997).
5 Diese für das Lernen hinderlichen Rationalisierungen sind aufgelistet in Taylor u. a. (1997), 16 ff.
6 Dies ist eine für das Action Learning sehr zutreffende Formulierung aus einem Artikel von Göpf Hasenfratz (1998): »Vom Konsum eines Führungstrainings zur Produktion der eigenen Führungsentwicklung«.
7 Diese Kriterien sind einer sehr lesenswerten Abhandlung von Colin Eden und Chris Huxham (1995) mit dem Titel »Action Research for the Study of Organizations« entnommen.
8 Beschreibungen dieser Methode in deutscher, holländischer und englischer Sprache sind zu beziehen bei der Stiftung Dialoog, Rhododendronstraat 11, NL–2651 TB Berkel en Rodenrijs.

Literatur

Ansoff, H. Igor (1988), *The New Corporate Strategy*, New York: John Wiley.

Argyris, Chris; Schön, Donald A. (1999), *Die Lernende Organisation. Grundlagen, Methode, Praxis,* Stuttgart: Klett-Cotta.

Daudelin, Marlyn W. ; Hall, D. T. (1997), »Using Reflection to Leverage Learning«, *Training & Development*, H. 12.

Eden, Colin; Huxham, Chris (1995), »Action Research for the Study of Organizations«, in: Clegg, S. R.; Hardy, C. ; Nord, W. R. (Hrsg.), *Handbook of Organization Studies*, London: Sage Publications.

Hasenfratz, Göpf (1998), »Vom Konsum eines Führungstrainings zur Produktion der eigenen Führungsentwicklung«, *MCNotiz,* H. 3, Bulletin des Management Center Vorarlberg, Dornbirn.

Hasper, Willem J. J.; Glasl, Friedrich (1988), *Von kooperativer Marktstrategie zur Unternehmensentwicklung*, Bern und Stuttgart: Paul Haupt Verlag und Verlag Freies Geistesleben.

Kolb, D. A. (1974), »Learning and Problem Solving«, in: Kolb, D. A.; Rubin, I.; McIntyre, J., *Organizational Psychology: An Experimental Approach*, Englewood Cliffs, NJ: Prentice-Hall.

Pearce, David (1997), »Getting Started: An Action Manual«, in: Pedler, Mike (Hrsg.), *Action Learning in Practice*, 3. Aufl., Aldershot: Gower, 355–371.

Pedler, Mike (1996), *Action Learning for Managers*, London: Lemos & Crane.

Reckmann, Piet (1997), *Perspectief uit noodzaak*, Odijk: Stichting Mondiaal.

Revans, Reginald W. (1998; 1. Aufl. 1978), *ABC of Action Learning. Empowering Managers to Act and Learn from Action*, London: Lemos & Crane.

Taylor, James; Marais, Dirk; Kaplan, Allan (1997), *Action Learning for Development. Use Your Experience to Improve Your Effectiveness*, Cape Town: Juta & Company Ltd.

Weinstein, Krystina (1998), *Action Learning. A Practical Guide*, Aldershot: Gower.

Prüfliste für die Reflexion zwischen Projektleiter und Auftraggeber

Rolle des Auftraggebers

Auftraggeber ist eine Führungskraft, die in ihrem Bereich durch das Projekt eine bestimmte Problemlösung herbeiführen will. Der Auftraggeber braucht nicht Kunde zu sein – Kunde ist, in wessen vitalem Interesse das Projekt ist.

Der Auftraggeber erteilt den formellen Projektauftrag und kontrolliert den Erfolg des Projekts. Er soll hierarchisch so niedrig wie möglich, aber doch so hoch angesiedelt sein, daß er tatsächlich in der Lage ist, den Projekterfolg zu sichern.

Die Rolle des Auftraggebers verändert sich im Projektverlauf:

- In der *Startphase* initiiert er, trifft Entscheidungen und stellt Ressourcen bereit.
- In der *Durchführungsphase* steht er für Richtungsentscheidungen zur Verfügung, setzt Prioritäten, fordert Zwischenergebnisse ein und gibt bei Schwierigkeiten Unterstützung.
- In der *Abschlußphase* sorgt er für einen sauberen Projektabschluß, die Umsetzung der Ergebnisse und die Auswertung der gewonnenen Erfahrungen.
- Der Projekterfolg ist wesentlich von der Beziehung zwischen Auftraggeber und Projektleiter abhängig!

Gesprächsziele

- Klärung der Bedarfssituation: Was soll durch das Projekt bewegt werden?
- Klärung des Projektkontextes: Warum jetzt und hier, wer ist von den Konsequenzen betroffen?
- Klare Formulierung des Projektauftrags (Ziele, Ergebnis, Ressourcen, Zeit, Meilensteine).
- Mitwirkung des Auftraggebers bei notwendigen Entscheidungen zugesichert?
- Besprechung, wie notwendige Anpassungen im Projektverlauf vorgenommen, vereinbart werden.
- Unterstützung in Problemfällen.

Fragestellungen

- Worum geht es dem Auftraggeber bei diesem Projekt?
- Wie paßt dieses Projekt in die Strategie und Zielsetzungen der Abteilung/des Bereichs der Organisation?
- Was ist das Endergebnis des Projekts?
- Wie verändert sich das Ziel im Laufe des Projekts?
- Welche Ressourcen werden bereitgestellt, zu welchen Bedingungen?
- Vereinbarungen zu den Aspekten Zeit, Geld, Organisation, Information und Qualität.
- Rollenklärung; wer tut was und was nicht? Besondere Erwartungen an den Projektleiter/Auftraggeber.

Empfehlungen

- Etwa monatliches Informationsgespräch.
- Intensiver zu Beginn und in der Umsetzungsphase.
- Ungestörte Atmosphäre.
- Wenn Auftraggeber nicht Kunde ist, Kundenvertreter beiziehen.
- Projektleiter erstellt Kurzprotokolle von den Gesprächen.

Prüfliste für die Reflexion zwischen Projektleiter und Förderer

Rolle des Förderers

Im Rahmen eines Action-Learning-Programms übernimmt der Förderer eine der Schlüsselrollen. Er ist Mitglied der oberen Führung und setzt sich dafür ein, daß die Talente des Projektleiters in größtmöglichem Ausmaß zur Entfaltung kommen. Der Förderer kennt die Entwicklung des Hauses, die Unternehmensziele und -strategien und setzt sich dafür ein, daß der Projektleiter sich aktiv und konstruktiv damit auseinandersetzt, sie in seiner Projektarbeit berücksichtigt und diese in die Gesamtheit des Geschehens im Unternehmen einfügt.

Der Förderer nimmt seine Verantwortung für Personalentwicklung wahr, wenn er oder sie dem Projektleiter als Coach dient und dessen Lernen aus und in der Arbeit anregt und unterstützt.

Unterläuft dem Projektleiter ein Fehler in seiner Projektarbeit, hilft der Förderer ihm, so rasch wie möglich daraus zu lernen, und beeinflußt dementsprechend auch dessen Umgebung. Der Förderer benützt seine Kontakte mit dem Projektleiter, um die Lernkultur im Unternehmen so zu beeinflussen, daß Beteiligte ihr Nichtwissen und ihre persönlichen und sachlichen Fragen zum Projektgeschehen offen aussprechen können.

Der Förderer bildet zusammen mit dem Auftraggeber für den Projektleiter ein Sicherheitsnetz. Projekte bringen definitionsgemäß Veränderungen und Neuerungen mit sich und rufen dadurch Spannungen mit den bestehenden Verhältnissen hervor. Da die Rolle der Projektleiter nur befristet ist und außerhalb der gängigen Karrierewege liegt, kommt er leicht in ungeschützte Situationen.

Den Gesprächen mit dem Projektleiter entnimmt der Förderer Wahrnehmungen und Signale über Schwächen in Organisation und Geschäftspolitik. Dies kann eventuell für ihn Anlaß sein, um auf diesen Gebieten nötige Verbesserungen zu initiieren.

Ziele des Gesprächs zwischen Förderer und Projektleiter

1. Klärungen von Arbeitszielen und persönlichen Lernzielen des Projektleiters
2. Hinweise zur Verankerung des Projektleiters im Unternehmen.
3. Verstärkung einer Kultur des Lernens im Unternehmen.
4. Erkenntnisse über Veränderungsbedarf in Unternehmen und Geschäftspolitik.

Fragestellungen für dieses Gespräch

1. Was motiviert den Projektleiter zur Teilnahme am Führungskräfte-Entwicklungsprogramm und zur Leitung des gegenständlichen Projektes?
2. Was braucht der Projektleiter dafür?
3. Inwieweit sind die nötigen Voraussetzungen für die Projektarbeit geschaffen: Zeitbudget, Auftragsformulierung, Klärung der Verantwortung, Ausstattung mit Befugnissen, Informations- und Entscheidungswege usw.?
4. Inwieweit ist der Projektleiter mit dem Leitbild, den Zielen und Strategien des Unternehmens vertraut?
5. Mit welchen Maßstäben soll die persönliche Entwicklung des Projektleiters beurteilt werden?
6. Welchen Anforderungen sollen Führungskräfte in unserem Hause entsprechen?
7. Wodurch kann der Projektleiter sein soziales Netzwerk innerhalb und außerhalb des Unternehmens zielstrebig erweitern?
8. Wie könnte die Laufbahn des Projektleiters in Zukunft aussehen?
9. Wie sieht der Kontext des Projekts aus, im Unternehmensganzen und darüber hinaus?
10. Im Hinblick auf Erfahrungen des Projektleiters: Welche Veränderungen in Organisation und Geschäftspolitik sind erforderlich?
11. Was werde ich als Förderer daran tun?
12. Was lerne ich als Förderer aus diesen Gesprächen, was lernt der Projektleiter daraus?
13. Wie sieht die Protokollierung, Planung und Auswertung unserer Gespräche aus?
14. Was muß der Teilnehmer lernen, damit er konstruktiv im politischen Geschehen der Organisation mitwirken kann?

Empfehlungen für die Gestaltung der Gespräche

- Vorzugsweise einmal monatlich.
- Mindestens eine Stunde.
- An einem Ort und unter Bedingungen, wo das Gespräch ungestört verlaufen kann.
- Vereinbarungen treffen, was im folgenden Gespräch behandelt werden soll.
- Besprechen, wie bestimmte Erkenntnisse des Projektleiters und des Förderers in die Tat umgesetzt und bestimmte Verhaltensweisen geübt werden können.
- Projektleiter erstellt kurze Protokolle über die Gespräche, die Ausgangspunkt sind für das folgende Gespräch.

Marcel A. J. W. van der Ham

Action Learning als zentrales Element unseres Business-School-Programms

Einleitung

Dieser Aufsatz beschreibt die Erfahrungen, die in den letzten fünf Jahren bei der Anwendung der Action-Learning-Methode im Studienfach *Master of Business Administration* (MBA) an der *Business School Nederland* gemacht wurden. Der Autor kommt zu dem Ergebnis, daß Action Learning als Methode für Ausbildungsformen dieser Art besonders geeignet ist, daß allerdings eine Reihe Voraussetzungen gegeben sein müssen, um das Programm optimal umsetzen zu können. Durch die Auswertung der praktischen Erfahrungen ist der Aufsatz insbesondere auch für Ausbildungsinstitute von Interesse, die bereits mit Action Learning arbeiten oder diese Methode einführen wollen. Der Aufsatz richtet sich ebenfalls an Manager und an Führungskräfte des oberen Managements, die an einer (Weiter-)Bildung ihrer Managementabteilung oder an eigener Fortbildung interessiert sind.

Geschichte der Business School Nederland

Die *Business School Nederland*, eine Fachhochschule im Herzen der Niederlande, wurde 1988 eingerichtet. Bis 1991 wurden hier Programme für das mittlere Management mit einer Kursdauer von ungefähr 18 Tagen angeboten. 1991 beschloß man, aufbauend auf diese Managementkurse, ein komplettes niederländischsprachiges Kursprogramm für den Studienabschluß »Master of Business Administration« anzubieten. Angesichts der immer rascher aufeinanderfolgenden Veränderungen in den Organisationsstrukturen und der immer komplexer und umfangreicher werdenden Aufgaben der Manager erwies sich eine nur kurze Fortbildung in diesem Bereich als zunehmend unbefriedigend. Eine Zusammenarbeit mit einem englischsprachigen MBA-Institut wurde angestrebt. Hierdurch sollte einerseits der Abschluß aufgewertet werden, konnten andererseits aber auch die Erfahrungen eines Instituts genutzt werden, das bereits länger derartige MBA-Programme anbot. Nach Gesprächen mit u. a. *Henley* (GB), der *Manchester Business School*, der Universität von Liverpool und den *International Management Centres* (IMC) beschloß man 1992, mit IMC zusammenzuarbeiten, da IMC in bezug auf ihren Ansatz und ihre Lernmethode des Action Learning der praxisorientierten Ausbildung der *Business School Nederland* am ähnlichsten war.

Die *Business School Nederland* behielt als akademischer Partner von IMC hinreichend eigenen Handlungsspielraum, konnte jedoch gleichzeitig von der enormen Erfahrung profitieren, die IMC im Laufe der Jahre gesammelt hatte.

Warum IMC?

Wie gesagt, bestand IMC bereits viel länger als die *Business School Nederland*. Präsident von IMC in den Jahren 1983–1985 war Reginald Revans, der geistige Vater des Action Learning. In den 80er Jahren wurde IMC aus Unzufriedenheit mit der damaligen Praxis der Aus- und Weiterbildung von Managern gegründet. Die englischen Fachhochschulen, die zu diesem Zeitpunkt für den Großteil der Aus- und Weiterbildung für Manager verantwortlich waren, entfernten sich immer weiter von der betrieblichen Praxis. Die Vermittlung von theoretischen Konzepten wurde zusehends wichtiger und ging immer mehr zu Lasten der praktischen Anwendung dieses Wissens. Für eine Reihe führender Professoren an den großen englischen Universitäten und Fachhochschulen war dies der Anlaß, sich aus der immer stärker theoretisch ausgerichteten Managerausbildung zurückzuziehen. Sie verließen die traditionellen Institute und begannen 1982, im IMC-Verband Action-Learning-Programme für Managementteams zu entwickeln, die mit den Titeln »Bachelor of Business Administration« (BBA), »Master of Business Administration« (MBA) und »Doctor of Business Administration« (DBA) abgeschlossen werden konnten. Daß die traditionellen akademischen Institutionen diese Entwicklung mit Verachtung straften, konnte lernbegierige Manager nicht verunsichern. In nur wenigen Jahren entwickelte sich IMC zu einer weitvernetzten Organisation mit Niederlassungen und akademischen Partnerinstituten in über 20 Ländern, von Asien bis England und von Südafrika bis Finnland. IMC wurde zum weltweiten Marktführer für innerbetriebliche MBA-Programme.

Die Stärken von IMC liegen in der Methode des Action Learning sowie in der Philosophie »Global denken, aber immer lokal handeln«. Genau diese beiden Aspekte machten für die *Business School Nederland* eine Zusammenarbeit mit IMC attraktiv. Action Learning schloß nahtlos an die Zielsetzung der *Business School Nederland* (und des Autors) an, eine MBA-Ausbildung für erfahrene Manager so praxisorientiert wie nur möglich zu gestalten. Auch entsprach der Studienaufbau bei der *Business School Nederland* fast bis ins Detail dem von IMC. Darüber hinaus erwies sich das Motto »Immer lokal handeln« keineswegs als leerer Spruch. Die *Business School Nederland* erhielt die Möglichkeit, innerhalb vorgegebener Grenzen eigene Studieninhalte und eigenes niederländischsprachiges Material zu entwickeln. Unsere eigenen Dozenten und Tutoren, die sogenannten *set adviser*, übernahmen den Unterricht. Einige Punkte wurden in einer eigenen »Route« zum MBA-Programm festgelegt und von der IMC-Kommission unter dem Namen »Route 8« genehmigt. Die Angestellten der *Business School Nederland* wie auch die Gastdozenten erhielten eine Schulung von IMC-Dozenten auf einem mehrtägigen Action-Learning-Kurs. Die Zusammenarbeit begann.

Die Business School Nederland *fünf Jahre später*

In den vergangenen fünf Jahren hat sich im Hinblick auf die MBA-Ausbildung in den Niederlanden einiges verändert. Die wenigen MBA-Ausbildungsinstitute von damals stehen heute in Konkurrenz mit etwa 35 anderen Schulen. Eine Reihe von Universitäten, viele Fachhochschulen und einige private Wirtschaftsschulen bieten nun in den Niederlanden einen MBA-Studiengang an. Der Titel hat sich etabliert und wird in Stellenanzeigen immer häufiger als erforderliche Qualifikation genannt. Glücklicherweise wird der gesamte MBA-Markt in den letzten Jahren immer überschaubarer; offizielle Studienhandbücher geben Übersichten, Internet-Sites listen MBA-Directories auf, es gibt MBA-Börsen, und die zukünftigen Studenten werden immer kritischer.

Ich persönlich habe den Eindruck, daß das Angebot eher zu groß ist. Bei vielen Fachhochschulen kommt nur mit Mühe einmal jährlich ein MBA-Seminar mit 15 Teilnehmern zustande. Hierdurch wird es praktisch unmöglich, auch nur kostendeckend zu arbeiten, und die nötige Erfahrung als MBA-Institut gewinnt man bei einer derartig geringen Teilnehmerzahl nur sehr langsam. Einige MBA-Anbieter haben aus diesem Grund ihr Kursangebot zurückgefahren oder bieten solche Programme einmal jährlich in Kooperation mit anderen Instituten an.

Die *Business School Nederland* hat sich in dieser unruhigen Zeit eine gute Marktposition erobert und gehört inzwischen zu den größten Anbietern (ist sogar möglicherweise der größte Anbieter) von MBA-Programmen in den Niederlanden. Mehr als 100 Personen haben bisher ihr Studium erfolgreich abgeschlossen, und jedes Jahr bringt einen Neuzuwachs von 35 bis 50 Personen. 1997 nahmen 84 Studierende das MBA-Studium auf. Der Schlüssel zum Erfolg sind zweifelsohne die Methode des Action Learning, das günstige Preis-Leistungs-Verhältnis sowie die niederländische Unterrichtssprache. Ganz besonders wichtig ist jedoch, daß wir von unseren Erfahrungen profitieren und, ganz im Sinne des Action Learning, diese Erfahrungen zur Verbesserung der *Business School Nederland* einbringen. Hierauf werde ich im folgenden noch eingehen.

Erfahrungen der Business School Nederland mit Action Learning

Die Teilnehmer

Unsere Teilnehmer sind Führungskräfte mit akademischer oder Fachhochschulbildung oder arbeiten zumindest auf einer Ebene, die von Führungskräften mit der genannten Ausbildung eingenommen wird. Es handelt sich durchweg um Führungskräfte, die aus einer spezialistischen Führungsposition (Verkaufsleiter, Personalleiter etc.) herauswachsen und die sich für höheres allgemeines Management qualifizieren wollen. Die Teilnehmer sind zwischen 27 und 50 Jahre alt, teils auch älter; der Großteil der Studierenden ist Mitte dreißig.

Sie kommen aus ganz verschiedenen Organisationen, aus dem Dienstleistungsbereich, aus Produktionsbetrieben, der Prozeßindustrie sowie aus Non-Profit-Organisationen wie etwa *Ärzte ohne Grenzen*, UNICEF, dann aus der öffentlichen Verwaltung, Krankenhäusern, psychiatrischen Kliniken. Den Anteil der Vertreter des Non-Profit-Bereichs beschränken wir bewußt auf 30 %; denn die Dynamik und die Entwicklungsimpulse sind im Betriebsleben deutlich stärker, und dem wollen wir in unserem Studium genügend Raum schaffen. Ca. 15 % der Studierenden sind Frauen.

Teilnehmer entscheiden sich für unsere Business School, weil die Unterrichtssprache Holländisch und nicht Englisch ist (sie wollen meist auch in Zukunft in den Niederlanden arbeiten), weil sie durch die Action-Learning-

Methode angezogen werden und weil sie die Flexibilität des Studienprogramms schätzen. (Sie können zwischen verschiedenen Varianten von Studienteilen wählen, eine Studienperiode hinausschieben usw.)

Die Studenten bestimmen den Lehrplan

Vereinfacht dargestellt, bestimmt bei einem traditionellen MBA-Studium der Dozent die Studieninhalte, den Lehrstoff und auch das Maß der Interaktion mit der Gruppe. Ein Action-Learning-Programm geht dagegen von den konkreten Problemen in den Unternehmen der Teilnehmer aus. Nur so kann diese Lernphilosophie zu ihrem Recht kommen. Die Studenten bestimmen selbst, was sie lernen wollen. Die Dozenten können aufgrund ihrer Erfahrung und Kenntnis zum Erreichen des Lernziels beitragen.

Aus organisatorischen Gründen ist es allerdings kaum möglich, die Studenten ganz selbständig über den Lehrplan entscheiden zu lassen. Die Schule muß hier einen Rahmen vorgeben. Je weiter die Studenten in der Ausbildung fortschreiten, je flexibler wird dieser Rahmen, und je mehr Einfluß haben die Studenten auf den Lehrplan. Im folgenden soll dieser Rahmen der *Business School Nederland* kurz skizziert werden.

AL-Projekt »Strategisches Management« (1)

Holland Genetics

Das Unternehmen des Teilnehmers verkauft ein ungewöhnliches Produkt: Sperma von Zuchtstieren. Das Unternehmen hat einen weltweiten Marktanteil von ungefähr 12%. 1989 begann man mit dem Export. In nur wenigen Jahren stieg der Exportumsatz von etwas unter fünf Millionen auf jährlich 25 Millionen Gulden an.

Problemskizze

Leider stagniert das Wachstum im Exportbereich seit zwei Jahren. Neben Kursschwankungen sind auch tiermedizinische Probleme wie BSE und Schweinepest für diese Stagnation verantwortlich. Die Zielsetzung, innerhalb von fünf Jahren 20% des weltweiten Marktanteils zu erobern, konnte somit nicht realisiert werden. Wichtig ist es, die Schuld nicht nur externen Faktoren zuzuweisen, sondern auch die internen Strukturen zu prüfen: Wo hat das Unternehmen selbst Schwächen, in welche Länder bzw. auf welchen Absatzmärkten verläuft der Export gut, wo schlecht, und wo liegen die Ursachen hierfür?

Der Rahmen

Die *Business School Nederland* hat sich für ein breitgefächertes MBA-Studium entschieden. Auf die erste Phase einer allgemeinen Management-Ausbildung folgt das eigentliche MBA-Studium, das wiederum aus zwei Phasen (der zweiten und dritten Phase) besteht.

Der Lehrstoff der ersten Phase setzt sich aus einer Vielzahl von Managementfertigkeiten und Einführungen in unterschiedliche Fachgebiete zusammen: Marketing, Strategie, Kultur, Qualität, Personalmanagement, Informationsmanagement, Finanzmanagement, Organisationsstrukturen, rechtliche Aspekte usw.

Die zweite Phase besteht aus sechs sogenannten »Kernkursen«: Personalmanagement, Marketing Management, Betriebsmanagement, Finanzmanagement, Informationsmanagement und strategisches Management.

In der dritten Phase wird eine Organisationsanalyse erstellt und vor allem auch an der Abschlußarbeit gearbeitet.

Auf den ersten Blick mag dieses Programm recht traditionell anmuten. Hierin unterscheidet sich die *Business School Nederland* nicht oder nur unwesentlich von anderen Fachhochschulen.

Der Unterschied

Der Unterschied liegt in der Lernmethode. Alles ist darauf ausgerichtet, den Studenten optimal von seiner spezifischen Umgebung profitieren zu lassen: ohne den Alltagsärger, in einer Gruppe von Managern und unter fachmännischer Anleitung eines erfahrenen Spezialisten. Die Teilnehmer profitieren und lernen optimal, weil eine distanzierte Sichtweise auf den eigenen Betrieb ermöglicht wird, weil Feedback von Menschen aus vergleichbaren Organisationen kommt und weil sie unter der Leitung eines Fachmanns stehen.

Die Philosophie des Action Learning geht davon aus, daß die Grundlage jeglichen *Lernens* die FRAGE ist. Wo keine Lernbereitschaft ist, wo also keine Fragen gestellt werden, wird der Lernprozeß nicht optimal verlaufen. Woher die FRAGE kommt, ist nicht so wichtig. Eine FRAGE ergibt sich aufgrund von: Neugier, Beispielen und Konzepten aus Aufsätzen und Büchern, Vergleichen, eigenen Erfahrungen, Erfahrungen anderer usw.

Entscheidend ist nur, daß es diese FRAGE gibt. Die FRAGE spielt eine entsprechend bedeutende Rolle im Konzept des Action Learning und im Lehrplan der *Business School Nederland.* Im folgenden soll die Bedeutung der Fragen in den verschiedenen Programmpunkten der MBA-Ausbildung der Business School Nederland kurz erläutert werden.

Das Allgemeine Management-Programm

Die erste Ausbildungsphase muß als eine Art Orientierungsstufe betrachtet werden. Hier wird bereits ein Teil der Themen angeschnitten, kommt ein Teil der Lernmethode zum Einsatz. Beim Abschluß der ersten Phase haben die Studenten einen guten Überblick über den Rest des Programms gewonnen.

In der ersten Phase können die Studenten die inhaltlichen Schwerpunkte ansatzweise mitbestimmen, indem dem Dozenten im Vorfeld Fragen zugesandt werden. Vor allem praxisbezogene Probleme sollen hier zur Sprache kommen. Auf diese Weise wird der Dozent dazu angehalten, den Zusammenhang zwischen Theorie und Praxis deutlich herauszustellen. Dies ist ein noch recht oberflächlicher Vorgriff auf die Vorgehensweise in der zweiten Phase.

Die Studenten müssen auch Aufträge ausführen. Diese Aufträge sind für die Empfehlungen der *Business School Nederland* im Anschluß an das Allgemeine Management-Programm von Bedeutung.

Für den Auftrag im Marketingbereich benötigen die Studenten Informationen aus ihren Unternehmen. Sollte dieser Auftrag nicht problemlos verlaufen, stellt sich die Frage, ob eine weitere Teilnahme sinnvoll ist. In der zweiten Phase müssen die Studenten nämlich für jeden der Kernkurse in (und außerhalb) der eigenen Organisation Informationen zusammentragen. Für einen weiteren Auftrag muß eine Organisationsanalyse angefertigt werden. Auch für diesen Auftrag sind die Studenten auf die Hilfe des Unternehmens angewiesen.

Die FRAGE spielt demnach auf zwei Ebenen eine Rolle: Sie zielt einerseits auf den Dozenten (im Sinne einer praxisorientierten Lehre) ab, andererseits ist sie Mittel zur Informationsgewinnung hinsichtlich der eigenen Organisation.

Die Kernkurse

Sechs Kernkurse bilden in der zweiten Phase den Schwerpunkt des Lehrplans. Für jeden Kernkurs erhält der Student einige Lehrbücher, aktuelle Aufsätze und einen Studienführer. Der Studienführer informiert die Studenten sehr detailliert über den Lehrstoff. Man könnte hieraus schließen, daß es sich um reine Instruktion handelt, doch dies ist keineswegs der Fall. Zu jedem der zu lesenden Texte stellt die *Business School Nederland* einige Fragen. Diese Fragen sind keine Wissensfragen, kein »Abhören« im traditionellen verschulten Sinn, sondern sie motivieren die Studenten, das theoretische Wissen anzuwenden.

Zum Beispiel: »*In der Theorie wird die Konkurrenzanalyse ausführlich behandelt. Ist eine solche Analyse auch für Ihre Organisation sinnvoll? Führen Sie so genau wie möglich aus, aus welchen Gründen dies bei Ihnen (nicht) der Fall ist. Benutzen Sie hierfür z. B. das Modell auf S. X.*«

Die Antworten auf solche Fragen werden in kleinen Arbeitsgruppen mit etwa vier Teilnehmern, den sogenannten *subsets*, besprochen. In diesen Arbeitsgruppen wird die Unterrichtsstunde (etwa 16 Teilnehmer) vorbereitet. Der Studienführer bietet darüber hinaus noch weitere Fragen für die Arbeitsgruppen. Dabei handelt es sich immer um Diskussionsfragen wie z. B.:

»*Diskutieren Sie den Aufsatz von Storm im Hinblick auf die folgende Fragen:*

- *Inwieweit ist das von Storm empfohlene Machtmarketing, das auf dem Renommee eines Unternehmens, auf Tausch und Beziehungen basiert, für Ihr eigenes Unternehmen von Interesse?*
- *Sind Sie der Meinung, daß Storms Ansatz das Verhalten der Konsumenten/Abnehmer ausreichend berücksichtigt? Beruht dieser Ansatz möglicherweise zu sehr auf der eigenen Organisation?*
- *Wie beurteilen Sie den Stellenwert eines Firmenrenommees?*«

Anschließend werden die Arbeitsgruppen dazu angehalten, aufgrund der bisherigen Studienaktivitäten neue Fragen zu formulieren. Auch hier liegt der Schwerpunkt auf den Erfahrungen der eigenen Arbeitspraxis und dem Vergleich mit der interpretierten Theorie.

Diese Fragen werden dem Dozenten zugeschickt. Sie bilden dann wiederum den Ausgangspunkt für die Unterrichtsvorbereitung. Die Dozenten gestalten den Unterricht demnach nicht nur nach den Gesichtspunkten, die sie selbst wichtig finden, sondern auch und vor allem anhand der Punkte, die für die Teilnehmer relevant sind.

AL-Projekt »Strategisches Management« (2)

1. *Die Beschreibung der heutigen Situation ergibt, daß das Unternehmen in 54 Ländern über fünf verschiedene Absatzkanäle agiert: Vertreter, Einzelhandel, Kooperation, eigene Niederlassungen und Direktexport. Und der Nationalökonom Pareto behält wieder einmal recht: 80% des Umsatzes werden in weniger als 20% der Länder erzielt!*
2. *Die Literatur zeigt, daß der Schwerpunkt des Unternehmens früher im Inlandsgeschäft lag; zur Zeit operiert die Organisation »international«, befindet sich aber in der Übergangsphase zum »multinationalen« Unternehmen.*
3. *Die Feldforschung bestand aus externen und internen Interviews. Für die externe Perspektive wurde mit den für die Internationalisierungsstrategien verantwortlichen Managern aus drei anderen Unternehmen gesprochen. Im eigenen Betrieb wurden fünf Abteilungsleiter, der leitende Direktor und der Vorstandsvorsitzende befragt. Diese Gespräche wurden einzeln geführt, um den Kenntnisstand, die individuellen Sichtweisen und Überlegungen herausarbeiten zu können.*
4. *Die Analyse der heutigen Situation unter Einbeziehung der Sekundärliteratur und der Feldforschung, insbesondere auch die Berücksichtigung der Folgerungen aus den unterschiedlichen Teilbereichen, bildet den nächsten Schritt.*
5. *Lösungen und Entscheidungen sind bei einem strategischen Projekt ein schwieriger Bestandteil. Jedenfalls betreffen die Entscheidungen keine komplett ausgearbeiteten Lösungen oder lediglich die Summe von Plus- und Minuspunkten. Es geht um eine Entscheidung innerhalb des vorgegebenen Rahmens und auf Basis eines möglichst vollständigen Bildes (Kenntnis der Fakten), aber vor allem mit Weitblick.*

Bei den Treffen steht nicht der Dozent im Mittelpunkt. Auch hier spielt die FRAGE wieder eine zentrale Rolle. Der Dozent hat den Auftrag, das in der Gruppe vorhandene Wissen zu nutzen. Dies bedeutet auch, daß er den Teilnehmern ständig Fragen stellen muß: um die Situation zu verdeutlichen, um seine Ausführungen mit Erfahrungen zu ergänzen oder auch, um Diskussionen zu provozieren – immer aber, um den Lernprozeß so optimal wie möglich zu gestalten.

Action-Learning-Projekte

Am Abschluß eines jeden Kernkurses steht ein Action-Learning-Projekt. Dieses Projekt muß ein akutes, existierendes Problem innerhalb der Organisation lösen. Erneut ist die FRAGE von zentraler Bedeutung. Sie beginnt bereits mit dem Erkennen eines durchführbaren Projekts. Was genau ist das Problem? Wie gehe ich es an? Welche Texte muß ich lesen? Wie gehen die anderen Teilnehmer vor? Welche Methoden kann ich nutzen?

Die Action-Learning-Projekte ersetzen die klassischen Prüfungen. Während der gesamten Ausbildung wird eine einzige Frage nie gestellt: die verschulte Wissensfrage, z. B.: »Nennen Sie drei Umweltfaktoren«.

ALP-Projekt »Strategisches Management« (3)

Ergebnisse
Die genauen strategischen Entscheidungen stehen im Bericht, sind jedoch vertraulich. Das wichtigste Ergebnis dieses Action-Learning-Projekts ist, daß eine breite, rationale Fundierung zur Strategieformung stattgefunden hat. Alle betroffenen Manager und Vorstandsmitglieder sind hiermit vollständig über die Interessen der (anderen) Abteilungen informiert worden. Auch wurden die Ausgangspunkte klar umrissen: Wo genau stehen wir zur Zeit, und wohin wollen wir? Auf dieser Grundlage wurde ersichtlich, daß »Internationalisierungsstrategie« mehr bedeutet als die Wahl von Absatzkanälen für den Export. Schweinepest und BSE haben gezeigt, daß das Unternehmen im Inlandsmarkt verwundbar ist. Produktentwicklung wie auch Produktion sollten in naher Zukunft internationalisiert werden. Die Entscheidungen, welche Länder hierbei eine Rolle spielen, wann und in welchem Umfang dies geschieht, werden in enger Zusammenarbeit mit der Exportabteilung getroffen. Für den Export sind 50 Länder mehr als genug; hier soll eine Fokusstrategie für eine begrenzte Anzahl an »Schlüsselländern« ausgearbeitet werden. Die Implementierung ist inzwischen in vollem Gang.

In der dritten Phase ist die eigene Organisation der wichtigste Faktor. Hier gilt es, ein strategisches Problem zu untersuchen und zu lösen und eine detaillierte Organisationsanalyse vorzunehmen. Die Organisation selbst wird in dieser Zeit ständig mit Fragen konfrontiert. Diese bewirken übrigens mehr als nur eine Lernerfahrung des Teilnehmers: Auch innerhalb der Organisation sollte zum Abschluß des MBA-Studiums deutlich geworden sein, daß Veränderungen und Verbesserungen stattgefunden haben. Dies ist schließlich das eigentliche Lernziel: Lernen, um zu verbessern.

Erfahrungen

Studenten

Obgleich viele Studenten sich anfangs erst an die Arbeitsmethode gewöhnen müssen, sind die meisten mit Action Learning sehr zufrieden. Dies belegen u. a. die Evaluierungen der *Business School Nederland* zum Abschluß eines jeden Kernkurses. In dieser Evaluierung werden die Teilnehmer um ihr Urteil über den Unterricht (Gesamtgruppe und Arbeitsgruppe), den Dozenten, die eigene Partizipation und das Unterrichtsmaterial gebeten. Die Action-Learning-Projekte erhalten insbesondere in der »Evaluierung der Management-Lernerfahrungen« (diesen Fragebogen müssen alle Studenten zum Abschluß des Studiums beantworten) sehr positive Beurteilungen.

Natürlich gibt es auch negative Aussagen. Insbesondere das Akzeptieren und Implementieren der von den Studenten erarbeiteten Lösungen kann sich als problematisch erweisen, ungeachtet der Mühe, die es gekostet hat, eine tragbare Lösung zu finden und einen Implementierungsplan zu erstellen. Die *Business School Nederland* verlangt bereits zu Beginn des Studiums von den Organisationen die Unterzeichnung einer Bestätigung, daß die Studenten bei ihren Action-Learning-Projekten auf die volle Unterstützung des Unternehmens zählen können. Die Studenten werden auf diesen möglichen Fallstrick ausführlich hingewiesen, sowohl seitens des Dozenten als auch des *set adviser*. Die *Business School Nederland* bemüht sich weiter um Problemminimalisierung und muß doch eingestehen, daß dieser Punkt niemals zur Zufriedenheit aller gelöst werden wird.

Ein anderes Problem des Action-Learning-Projekts betrifft das Verfassen der schriftlichen Arbeit. Die Texte, die die Studenten im Arbeitsalltag schreiben, gehen in der Regel nicht über einige Seiten hinaus. Zudem ist es für viele Teilnehmer lange her, daß sie mit Hilfe der richtigen Methoden und Techniken recherchiert haben. Für solche Studenten wird ein kurzer zweitägiger Kurs organisiert, in dem sowohl die Präsentation eines Berichts, seine Struktur als auch die Methodologie auf der Tagesordnung stehen.

Auch der Umfang der Berichte ist ein immer wiederkehrendes Problem. Im Prinzip sollten 30 Seiten nicht überschritten werden, häufig umfassen die Berichte allerdings 60 Seiten oder mehr.

Set adviser

Die *Business School Nederland* verfügt über mehrere fest angestellte Tutoren, sogenannte *set adviser*, die die Studenten begleiten. Bei dieser Begleitung steht das

Formulieren von Fragen im Mittelpunkt. Die FRAGE nimmt eine ganz zentrale Position im Action Learning ein: vor allem, weil sie sich immer auf den Zusammenhang zwischen Theorie und Praxis beziehen muß. Aus den bisherigen Ausführungen sollte auch deutlich geworden sein, daß die Qualität der Fragen für die Qualität und die Effektivität der Unterrichtsstunden ausschlaggebend ist. Aus diesem Grund werden die Studenten auf die Qualität ihrer Fragen hingewiesen. Gegebenenfalls werden Beispielfragen vorformuliert. Zur Zeit findet ein Versuch statt, bei dem der *set adviser* bei den Treffen der Arbeitsgruppen anwesend ist.

Die Besonderheit der *set adviser* ist, daß sie nicht nur auf Verfahrensebene eingeschaltet werden – sie vermitteln zwischen den Studenten, den Dozenten und der *Business School Nederland* –, sondern auch auf inhaltlicher Ebene fungieren. So muß der *set adviser* z. B. erst das Thema der Diplomarbeit genehmigen, bevor der Student dies mit dem internen Prüfer besprechen kann.

Die Abgrenzung zu den Kompetenzen des Dozenten war bis heute nie ein Problem. Die Dozenten erfahren die Tätigkeit der *set adviser* als sinnvolle Unterstützung.

Der Dozent

Auch der Dozent spielt eine wichtige Rolle. Er muß nicht nur über sehr viel Praxiserfahrung verfügen, sondern auch mit den theoretischen Konzepten bestens vertraut sein. Darüber hinaus ist von entscheidender Bedeutung, daß der Dozent bei den Treffen einen Austauschprozeß anregen kann.

Das Lernen lernen (1)

Wenn die Studenten ihr MBA-Studium bei der Business School Nederland aufnehmen, wird zunächst ein halber Arbeitstag damit verbracht, das Lernen zu lernen. Mit Hilfe eines Fragebogens von Honey & Mumford (basierend auf Kolb)[1] wird die vom einzelnen bevorzugte Lernmethode ermittelt. Im Anschluß werden andere mögliche Lernmethoden besprochen.

Honey & Mumford unterscheiden, grob gesagt, vier grundsätzliche Lernmethoden: die aktivistische, die reflektierende, die theoretisierende und die pragmatische. Diese Reihenfolge wurde nicht zufällig gewählt, sondern entspricht, vereinfacht gesagt, dem tatsächlichen menschlichen Lernvorgang: Eine Handlung bewirkt zunächst einen Reiz (man drückt aus Versehen auf die rechte Maustaste am Computer, und es erscheint eine Menüleiste), daraufhin reflektiert man seine Handlung (was genau habe ich getan? in welchem Programm befinde ich mich? usw.). Anschließend konstruiert man eine Theorie (auf das Anklicken der rechten Maustaste erscheint eine Menüleiste). Schließlich wird diese Theorie pragmatisch getestet (diese Funktion gibt es nicht nur in Word, sondern auch in Excel).

In manchen Fällen ist hier eine zusätzliche Betreuung notwendig. Dozenten, die bei der *Business School Nederland* angenommen werden, werden zunächst ausgiebig über Action Learning informiert wie auch über die Konsequenzen, die diese Methode auf die Gruppenveranstaltungen hat. Alle Veranstaltungen werden direkt im Anschluß evaluiert. Diese Bewertungen werden wiederum mit den Dozenten besprochen. Wenn nötig, kann der Dozent entsprechende Veränderungen vornehmen. Kurzfristige Änderungen sind schon deshalb notwendig, weil der Dozent die Studenten nur dreimal sieht.

Darüber hinaus spielt der Dozent gegebenenfalls noch eine Rolle in der Beurteilung der Action-Learning-Projekte. Die meisten Dozenten übernehmen die Beurteilung selbst. Manche überlassen sie Dritten. Die Beurteilung erfolgt nach einem straffen Schema, das die *Business School Nederland* entwickelt hat. Wenn der Dozent die Arbeit nicht selbst beurteilt, werden demjenigen, der dies tut, alle während der Veranstaltungen benutzten (und/oder erarbeiteten) Unterlagen zur Verfügung gestellt.

Für beide Systeme (der Dozent beurteilt selbst – ein Außenstehender übernimmt diese Aufgabe) lassen sich Argumente anführen. Der Dozent kennt seine Studenten besser und weiß genau, was in den Arbeitsgruppen besprochen wurde. Wenn aber ein Außenstehender die Arbeit beurteilt, ist das Moment der Objektivität stärker gewährleistet.

Wie bereits erwähnt, kann der Umfang der Arbeit ein Problem sein. Auch müssen manche Studenten längere Zeit auf das Ergebnis warten, weil viele Dozenten neben ihrer Lehrtätigkeit eine gutgehende Beratertätigkeit ausüben. Würden alle Arbeiten grundsätzlich von Außenstehenden beurteilt, wäre dieses Problem gelöst.

Natürlich ist nicht nur der Umfang der Arbeiten von Bedeutung, sondern auch und vor allem das Ergebnis des Projekts. 1992 waren diese Ergebnisse, ungeachtet der klaren Anweisungen, sehr uneinheitlich. Um verhindern zu können, daß die Studenten einen falschen Weg einschlagen, wurde 1994 beschlossen, daß vor dem eigentlichen Projekt ein Entwurf eingereicht werden muß. Ohne die Genehmigung des Dozenten dürfen die Studenten nicht mit dem Projekt beginnen. Diese Maßnahme hat die Qualität der Projekte erheblich verbessert.

Zum Schluß

In den Niederlanden werden bereits sehr viele MBA-Studiengänge angeboten. Die Anbieter haben alle eine eigene Auffassung über die notwendigen Studieninhalte. Manche konzentrieren sich auf die Vermittlung von theoretischen Konzepten. Andere sind überwiegend praxisorientiert, und wieder andere profilieren sich mit internationalen MBAs.

Zwischen den Anbietern gibt es große Unterschiede, die bereits deutlich werden, wenn man die Erfahrung der diversen Institute im Hinblick auf den MBA-Studiengang miteinander vergleicht. Die unterschiedlichen inhaltlichen Schwerpunkte der Studiengänge sind nicht ganz so offensichtlich, das Themenspektrum gleicht sich sehr. Der größte Unterschied liegt in der Didaktik. Diese hat allerdings einen enormen Einfluß sowohl auf das Studium selbst als auch auf die Studienergebnisse.

Die *Business School Nederland* hat ein in den Niederlanden einzigartiges Konzept entwickelt. Basierend auf dem Fachwissen und der Erfahrung von IMC wurde die Philosophie des Action Learning – wie sie durch Reg Revans entwickelt wurde – umgeschmolzen in eine Methode, die exakt an die Praxis in den niederländischen Unternehmen anschließt.

Das Lernen lernen (2)

Für die Studenten ist es wichtig zu wissen, daß alle Lernmethoden ihre Vorteile haben und keine einzige optimal ist. In verschiedenen Situationen erweisen sich unterschiedliche Lernmethoden als besonders geeignet. Darüber hinaus ist es sinnvoll zu wissen, welche Lernmethode am besten zur jeweiligen Person paßt. So kann z. B. ein reiner »Aktivist« sehr viel Zeit gewinnen, indem er nur wenig Literatur hinzuzieht und sich mehr auf Daten aus der Feldforschung verläßt. Dem Aktivisten liegen Interviews nun einmal mehr als das stille Lesen von Büchern und Aufsätzen. Schließlich ist das Wissen um die bevorzugte Lernmethode auch wichtig für die Zusammenstellung der Arbeitsgruppen. Wenn die Gruppen aus möglichst unterschiedlichen Teilnehmern zusammengesetzt sind, können innerhalb dieser kleinen Gruppe die individuellen Lernkapazitäten optimal ausgeschöpft werden.

Der große Erfolg der Methode in den Niederlanden läßt sich zweifelsohne auf die Kombination von Theorie und Praxis im Ausbildungsprogramm zurückführen. Von Anfang an werden die Studenten angeregt, die theoretischen Konstrukte in ihrem eigenen beruflichen Umfeld zu erkennen und kritisch zu kommentieren. Dies geschieht auf mehreren Ebenen: individuell, in den Arbeitsgruppen, in den Gruppenveranstaltungen, in den Unternehmen und bei den Action-Learning-Projekten.

Aus den Projekten, in denen die Theorie direkt zur Anwendung kommt, zieht der Student direkten Nutzen. Mindestens genauso wichtig ist, daß auch die Organisation einen direkten Nutzen aus ihrer Investition zieht. Schließlich werden insgesamt sieben aktuelle Probleme gelöst, für die unter anderen Umständen wahrscheinlich (teure) Unternehmensberater hinzugezogen worden wären.

Anmerkung

1 Vgl. Honey, Peter; Mumford, Alan (1986), *Using Your Learning Styles*, Berkshire.

Literatur

Honey, Peter; Mumford, Alan (1986, 3. Aufl. 1992), *The Manual of Learning Styles*, Berkshire.

Kolb, D. A. (1974), »Learning and Problem Solving«, in: Kolb, D. A.; Rubin, I.; McIntyre, J., *Organizational Psychology: An Experimental Approach*, Englewood Cliffs, NJ: Prentice-Hall.

Otmar Donnenberg

Netzwerk-Lernen in einem österreichischen Krankenhaus*

Dieser Beitrag beschreibt die Bemühung, ein Krankenhaus als lernende Organisation zu aktivieren. Die Vorgehensweise beruht auf den von Reginald Revans entwickelten Prinzipien des Action Learning. »Action Learning« heißt, aus den Erfahrungen des Alltagslebens zu lernen, und zwar in speziell dafür gebildeten Lerngemeinschaften. In dem hier beschriebenen Weiterbildungsprogramm für die Führungskräfte eines österreichischen Krankenhauses wurde einem Netzwerk-orientierten Denken und den Anwendungsmöglichkeiten des Netzwerk-Lernens besondere Aufmerksamkeit gewidmet. Das Netzwerk-Lernen entspricht dem gegenwärtigen Interesse an der Informations- und Kommunikationsvernetzung (»connectivity«).

Das Krankenhaus

Vor einigen Jahren sind Mißstände im Management des örtlichen Allgemeinen Krankenhauses öffentlich bekannt geworden. Das Krankenhaus untersteht der städtischen Verwaltung; Stadtpolitiker sowie leitende Beamte sind für das, was dort geschieht, verantwortlich. Sie ergriffen harte Maßnahmen, interne und externe Kontrollverfahren wurden rigoros angewendet, und ein neues Top-Management wurde eingesetzt.

Das Krankenhaus hat 1000 Betten und beschäftigt über 2000 Mitarbeiter. Davon sind 120 mit Führungsaufgaben im Personalbereich betraut. Schulen für Krankenpflege und paramedizinische Berufe sind Teil des organisatorischen

* Erstveröffentlichung in englischer Sprache unter dem Titel »Network Learning in an Austrian Hospital« in: Pedler, Mike (Hrsg.) (1997), Action Learning in Practice. Third Edition, Aldershot: Gower, 185–194. Abdruck mit freundlicher Genehmigung von Gower Publishing Ltd.

Komplexes, dem eine finanzielle Neuregelung mit erheblichen Auswirkungen auf seine Politik und Arbeitsstruktur bevorstand. Der Umstand, daß das Krankenhaus nur eine von vielen Abteilungen der städtischen Verwaltung ist, schränkt den Handlungsspielraum der Krankenhausleitung beträchtlich ein – kein geringes Problem in einer Zeit, in der die Konkurrenz zwischen Krankenhäusern wächst und zahlreiche Veränderungen im Umfeld des Krankenhauses eine Stärkung der Identität notwendig machen.

Notwendigkeiten und Zielsetzungen

Eine unter allen Angestellten durchgeführte Meinungserhebung ergab:

- gravierende Kommunikationsstörungen zwischen Verwaltung, Ärzten und Pflegepersonal;
- »vergessene Gruppen« im Bereich des therapeutischen und medizinisch-technischen Personals;
- große Anonymität und Isolation, wenig Identifikation mit der Gesamtorganisation;
- Angriffe und Schuldzuweisungen als vorherrschende Form der Konfliktlösung;
- eine zu starke Zentralisierung und ein Mangel an Transparenz; scheinbar endlose Entscheidungsprozesse, Frustration über eine als ausufernd empfundene Bürokratie;
- Unzufriedenheit und Respektlosigkeit unter den Ärzten sowie ein geringes Maß an Disziplin bei einigen am Management beteiligten Ärzten;
- Beschwerden über die städtische Verwaltung, die als mit den Besonderheiten der Krankenhaus-Organisation nicht genügend vertraut erlebt wurde, Unklarheiten über Rechte und Pflichten;
- auffallend wenig Möglichkeiten für die ausführenden Mitarbeiter, an Schulungen und Seminaren teilzunehmen;
- unzureichende Unterstützung von Vorgesetzten, sehr wenig oder gar kein Feedback in bezug auf Aktionen und Initiativen;

  aber auch:

- eine Menge Vitalität und zahlreiche Verbesserungsvorschläge;
- eine Reihe von Kommentaren bezog sich auf die Beziehung zu den Patienten, z. B. auf Defizite in der Patientenfreundlichkeit, auf die Sorge über wachsende Ansprüche seitens der Patienten und auf die ständig steigende Komplexität von Behandlungen.

Das neue Top-Management formulierte eine Reihe von Zielen, die als Ausgangsbasis für die weitere personelle und organisatorische Entwicklung dienen sollten:

- Verständnis für die Patientensituation;
- Arbeitszufriedenheit und dauerhafte Identifikation des Personals;
- effektives Kostenmanagement;
- laufende medizinische Innovationen;
- umfassende Kommunikation.

Außerdem legte die Unternehmensspitze fest, daß ein Entwicklungsprogramm für Führungskräfte durchgeführt werden sollte, und stellte Kriterien dafür auf, wie das Programm aussehen und welche Ergebnisse es bringen sollte. Das Lernen der Führungskräfte sollte

- arbeitsbezogen sein;
- die Kooperation zwischen verschiedenen Berufsgruppen und die interdisziplinäre Zusammenarbeit fördern;
- jetzt und in Zukunft zu den notwendigen organisatorischen Veränderungen beitragen und
- zum Qualitätsmanagement anregen.

Mitglieder der Krankenhausleitung besuchten Managementlehrgänge und knüpften internationale Kontakte für den Austausch von Erfahrungen. Ihr Engagement für die notwendigen Lernprozesse innerhalb der Organisation war groß. Da die Krankenhausleitung mit gutem Beispiel voranging, verbreitete sie unter den Angestellten eine Stimmung, die unter dem Motto stand: »Wir wollen ein hohes Lern- und Leistungsniveau zugunsten des Ganzen«.

Das Design des Führungskräfte-Entwicklungsprogramms

Das beschriebene Führungskräfte-Entwicklungsprogramm wurde aus mehreren Angeboten von externen Beratungsbüros ausgewählt. Der Krankenhausleitung sagte das gegenständliche Programm offenbar aus mehreren Gründen zu: weil

- es Lernen und aktuelle Arbeitsaufgaben miteinander verbindet;
- Projekte, die zu konkreten und notwendigen Veränderungen führen, Teil des »Lernfahrplans« sind;
- besonderes Gewicht auf ein berufsgruppenübergreifendes Lernen in selbstorganisierten Lerngruppen und Lern-Partnerschaften gelegt wird;

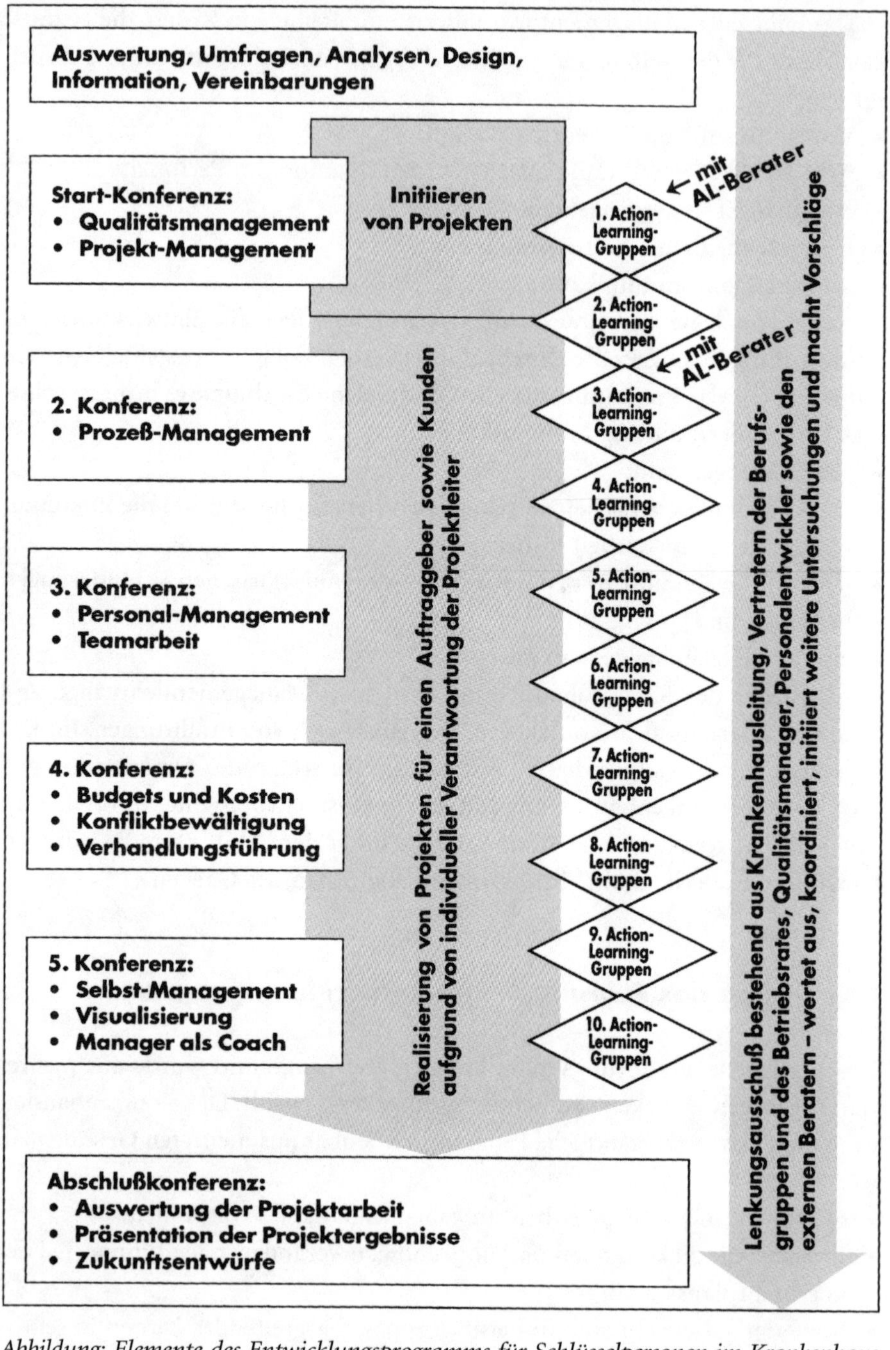

Abbildung: Elemente des Entwicklungsprogramms für Schlüsselpersonen im Krankenhaus

- es die Einführung des »Total-Quality-Management« aufs engste mit Führungskräfeentwicklung verknüpft.

Das Führungskräfte-Entwicklungsprogramm setzt sich aus den folgenden Elementen zusammen (siehe vorige Abbildung):

1. *Das Projekt:* Die Projekte der Teilnehmer haben eine zentrale Bedeutung, weil sie als Vehikel und gemeinsamer Fokus für das Lernen der Teilnehmer, ihrer Projektkunden (hauptsächlich Klinikvorstände) und der persönlichen Sponsoren (hauptsächlich Mitglieder der Krankenhausleitung) dienen.

Die Programmteilnehmer wählen das Thema ihrer Projekte aus einer vom Management erstellten Liste mit strategischen Problemen oder bringen es aus eigener Initiative ein und sind persönlich für die vereinbarten Resultate verantwortlich. Nur wenn ein bestimmter Kunde die Projektergebnisse wirklich braucht, wird das Projekt akzeptiert (siehe folgende Tabelle).

Projektthemen u. a.	
• Patientenorientierte Gestaltung der Abteilung	• Umfrage über Arbeitszufriedenheit
• Patiententransport innerhalb des Krankenhauses	• Reaktivierung von älteren Patienten
• Internes Bulletin für Mitarbeiter	• Organisation der täglichen klinischen Behandlung
• Einführung für Ärzte in der Ausbildung	• Verhalten am Telefon
• Anpassung von baulichen Gegebenheiten zugunsten behinderter Personen	• Organisationshandbuch
• Patientendokumentation	• Abfallreduzierung
• Konferenz über Komplikationen	• Kommunikation zwischen Apotheke und Abteilungen
• Leitbild der Krankenpflegeschule und spezieller Abteilungen	• Organisatorische Konsequenzen des neuen finanziellen Abrechnungssystems

Tabelle: Einige Projektthemen des Führungskräfte-Entwicklungsprogramms

2. *Die Konferenzen:* Jede Gruppe von 16 bis 22 Teilnehmern nimmt an sechs Konferenzen teil, die jeweils zweieinhalb Tage dauern und über einen Zeitraum von einem Jahr verteilt sind. Die Konferenzen liefern in sehr kompakter Form Kenntnisse und Fertigkeiten, die auf die Bedürfnisse und ausdrücklichen Wünsche der Teilnehmer zugeschnitten sind. Außerdem bieten sie Gelegenheiten, daß Teilnehmer ungelöste Fragen aus den Lerngruppen im größeren Kreis zur Sprache bringen können.

3. Die Action-Learning-Gruppen: Zwischen den Konferenzen treffen sich kleine Gruppen von vier bis sechs Teilnehmern zu zehn ganztägigen Beratungsrunden. Die Gruppenmitglieder reflektieren kritisch und konfrontierend ihre Projekterfahrungen und unterstützen einander bei der Bewertung und Planung ihrer Projektaktivitäten. Die Gruppen üben sich systematisch in der Steuerung ihrer eigenen Lernprozesse.

4. Bilaterale Gespräche zwischen den Teilnehmern, ihren Projektauftraggebern und ihren persönlichen Sponsoren: Die Teilnehmer und ihre Auftraggeber (oft sind es die ärztlichen Leiter eines Fachbereiches) verhandeln über die Aufgabe und kontrollieren regelmäßig die erzielten Fortschritte. Jeder Teilnehmer ist berechtigt, einen hochrangigen Manager (meistens ein Mitglied der Krankenhausleitung) als persönlichen Sponsor auszuwählen. Der Sponsor ist – soweit er/sie sich dazu bereit erklärt – verpflichtet, den Teilnehmer zu unterstützen, indem er hilft, das Projekt im Gesamtzusammenhang des Krankenhauses zu sehen, und ihm unternehmenspolitische Unterstützung gewährt. Die beiden treffen sich ebenfalls regelmäßig. Es wird erwartet, daß immer beide Seiten aus den laufenden Erfahrungen lernen und Verbesserungen initiieren.

5. Der Lenkungsausschuß: Zum Lenkungsausschuß gehören Top-Management, Vertreter der Personalvertretung, der Berufsgruppen und der Stadtverwaltung sowie der Qualitätsmanager, der Personalentwickler und die externen Berater. Sie beurteilen den Verlauf des Mehr-Jahres-Programms. Entscheidungen werden vom Top-Management getroffen.

6. Untersuchungen und Zukunftsentwürfe: Während des Programms befassen sich einige der Projekte mit Untersuchungen zu speziellen Themen (z. B. Patientenzufriedenheit mit einer bestimmten Abteilung). In einem begrenzten Ausmaß werden Daten hinsichtlich gewisser Indikatoren (z. B. Fehlzeitenquote) erhoben, um Hinweise über Randbedingungen und Auswirkungen des Prozesses zu ermitteln. Jedesmal, wenn eine Gruppe von Teilnehmern am Ende des Lehrgangsjahres ihre Programmaktivitäten zusammenfaßt, wirft sie auch einen gemeinsamen Blick in eine gewünschte Zukunft, beschreibt optimistische und pessimistische Szenarien und entwickelt Zukunftsentwürfe.

Grundannahmen des Ansatzes

Es gibt mehrere Gründe, warum des Konzept des Netzwerk-Lernens für Aktivitäten zur Führungskräfteentwicklung nützlich erscheint. Einige dieser Gründe werden nachfolgend in Form von Thesen präsentiert, mit jeweils kurzen Erläuterungen:

1. Wenn jeder nur für sich allein lernt, widerspricht dies dem Trend zur Informations- und Kommunikationsvernetzung.

Innerhalb der sehr zersplitterten Organisation eines Krankenhauses mit den vielen Untergruppen und Fachbereichen ist es dringend erforderlich, daß man die zahlreichen Bemühungen um das Wohl des Patienten miteinander verbindet.

Programm-Design: Die Teilnehmergruppe setzt sich – möglichst zu gleichen Teilen – aus Vertretern der Krankenpflege, der Ärzteschaft, der medizinischen Technik und der Verwaltung zusammen. In den Lerngruppen erleben die Mitglieder sehr intensiv, wie bereichernd es ist, Zutritt zu den »Herrschafts«gebieten anderer Disziplinen und Einheiten zu erhalten. Von ihren Sponsoren lernen die Teilnehmer etwas über »das große Bild« (wie sie es selbst ausdrückten), das Manager brauchen, um Prioritäten zu setzen und langfristige Entscheidungen zu treffen. Die regelmäßigen Treffen zwischen dem Auftraggeber und dem Projektleiter (= dem Teilnehmer) führen dazu, daß beide Parteien die Möglichkeiten und Grenzen der anderen Seite erkennen, und wecken das Bedürfnis, miteinander in Kontakt zu bleiben, weil sich im Verlauf des Projekts viele Aspekte verändern und man immer wieder neu überdenken muß, was am Anfang festgelegt worden ist.

2. Eine grundsätzlich positive, interessierte Haltung sowie Vorkehrungen für ein »soziales Sicherheitsnetz« sind wesentliche Voraussetzungen für die Förderung der unternehmerischen Fähigkeiten der Lernenden.

Ohne Sicherheit, Wärme und Anerkennung fällt es dem Lernenden schwer, sich neuen und ungewohnten Verhaltensweisen zu öffnen. Der Hang zur defensiven Grundeinstellung nimmt dann überhand und steht echtem Lernen im Weg. Projekt-Manager müssen sich per definitionem mit vielen Risiken herumschlagen, weil sie außerhalb der üblichen Verfahrensweisen operieren und Neuerungen unternehmen, die bei anderen Leuten leicht Wut und Ablehnung erregen, weil sie sich in ihren Interessen bedroht fühlen.

Programm-Design: Die Kultur der Lerngruppen regt die Teilnehmer dazu an, die Komfortzone, d. h. das, was ihnen vertraut und gewohnt ist, zu verlassen und sich kritischem Feedback und ungewöhnlichen Fragen zu stellen. Die persönlichen Sponsoren und die Auftraggeber der Teilnehmer sorgen für die Verringerung des besonderen, der Lenkungsausschuß für die des allgemeinen Risikos.

3. Die persönliche Artikulation von Bedürfnissen durch die Auftraggeber und Kunden und die aktive Schaffung von sozialem Spielraum durch die Sponsoren ermutigen den Lernenden, Verantwortung zu übernehmen.

Die Diskrepanz zwischen der gegenwärtig erlebten Situation und der anvisierten Verbesserung erzeugt eine Spannung. Menschen mit positiven Energien, die die Bedürfnisse der Auftraggeber und Kunden im persönlichen Kontakt wahrnehmen und einen sozialen Raum für ihr Engagement erkennen, sind in der Lage, diese Spannung als eine intensive Lernmöglichkeit zu nutzen.

Programm-Design: Das Programm legitimiert die Teilnehmer, vielfältige Initiativen zu ergreifen, und bietet Anerkennung für konstruktives Handeln: Die Teilnehmer bekommen Gelegenheit zum Lernen, können sowohl intern als auch extern Präsentationen machen, ihr persönliches Netzwerk erweitern, bekannt werden, usw.

4. Organisationsstrukturen stellen sicher, daß der laufende Betrieb aufrechterhalten wird, Netzwerk-Beziehungen versetzen die Akteure in die Lage, ungewöhnliche und neuartige Initiativen zu ergreifen.

Organisation muß den laufenden Betrieb in verläßlicher Weise gewährleisten. Das erfordert rigorose Einhaltung von Regeln und Minimierung von Abweichungen. Dies sind jedoch Bedingungen, die Neuerungen erschweren. Netzwerke sind Systeme zwischenmenschlicher Transaktionen: Die beteiligten Personen sind auf einer Grundlage von Freiwilligkeit und Gleichstellung ohne große Förmlichkeiten miteinander verbunden und bieten einander ein breites Spektrum an Möglichkeiten, die von den Akteuren im direkten Kontakt genutzt werden können. Dadurch können Netzwerke Neuerungen fördern. Ein Unternehmen, das mit einer Anzahl von Problemen konfrontiert ist, für die es keine fertigen Lösungen gibt, kann hemmende Traditionen und Gewohnheiten abbauen und mehr Raum für ungewöhnliche Transaktionen schaffen, wenn ein Großteil der Mitarbeiter nicht nur gelernt hat, den laufenden Betrieb in organisierter Weise aufrechtzuerhalten, sondern auch weiß, wie man Netzwerke erweitert und ausbaut.

Programm-Design: Das Programm bietet den Beteiligten vielfältige Möglichkeiten für aktive Rollenverhandlungen und fördert ein offenes Eintreten und Werben für Projekte, das heißt für Veränderungen.

5. »*Quality-Management*« wird häufig im Stil und in der Struktur der Differenzierungsphase (bürokratische Form) realisiert; Quality-Management-Maßnahmen, die sich an den Prinzipien von lernenden Netzwerken ausrichten, stimmen mit dem Stil und der Struktur der Integrations- und Assoziationsphase (Form der ganzheitlichen persönlichen Interaktion) überein.

»Wer sich nicht an die Vergangenheit erinnert, ist dazu verdammt, sie zu wiederholen.« Diese Mahnung leistet Veränderungsmanagern gute Dienste: Wenn sie eine Diagnose über den Entwicklungsstand ihrer Organisation erstellen und dabei die Krise in Betracht ziehen, die der Übergang von einer Entwicklungsphase in die nächste normalerweise mit sich bringt, ist die Wahrscheinlichkeit, daß sie adäquate Interventionen und einen adäquaten Interventionsstil auswählen, wesentlich höher. Sie werden weniger versucht sein, »noch mehr vom selben« zu tun, um das Problem zu lösen. Dies ist vor allem dann von Bedeutung, wenn sich die Problematik gerade dadurch verschlimmert. Ein Qualitäts-Management, das wesentlich bestimmt ist durch die Merkmale der Differenzierungsphase, läßt sich leicht zu übermäßig bürokratischen Vorgangsweisen verleiten, wenn die Beteiligten sich ungenügend bewußt machen, wie sehr sie dem formellen Regeln verhaftet sind, wie es der Differenzierungsphase eigen ist. Mitunter nimmt dies so absurde Formen an, daß man im Qualitätsmanagement dann von einer »ISO-Idiotie« sprechen kann. Die Differenzierungsphase[1] ist das Entwicklungsstadium, in das eine Organisation eintritt, wenn sie das Pionier-Stadium erfolgreich überlebt hat. Die vorherrschenden Merkmale der Differenzierungsphase sind Standardisierung, Koordinierung, Automatisierung und Spezialisierung. Folglich werden die Maßnahmen zur Qualitätssicherung von Spezialisten haarklein festgelegt und in vielen Verfahren detailliert ausgearbeitet. Zahlreiche Organisationen sind heute mit den Mängeln der bürokratischen Organisationsweise konfrontiert. Sie bemühen sich, die systematischen Aufteilungen mit integrierenden Maßnahmen wie zum Beispiel Kundenorientierung, fachübergreifende Teams, Programm-Management usw. in flexibler Weise auszubalancieren. Rückfälle sind jedoch vorprogrammiert, wenn die Beteiligten unbewußt mit den Grundauffassungen der Differenzierungsphase verbunden bleiben.

Programm-Design: Das Führungskräfte-Entwicklungsprogramm ist wesentlich mit dem Aufbau des Qualitätsmanagements verbunden. Teilnehmer werden ermuntert, Projekte auf Qualitätsgebiet durchzuführen. Beschäftigung mit Methoden und Instrumenten des Qualitätsmanagements erfolgt, ohne daß gleich ein umfassendes System auferlegt wird, das in anderen Fällen sehr entfremdend wirkt. Die Qualitätsprojekte entstehen wesentlich aus persönlichem Engagement und persönlicher Inspiration für die Patientenbetreuung. Projektmitarbeiter und Management lernen allmählich, in einem organischen Prozeß, aus eigener Erfahrung, aus der täglichen Arbeit heraus, Qualitätsfragen zu bearbeiten. Das vernetzte Lernen im Rahmen des Führungskräfte-Entwicklungsprogramms bereitet die Teilnehmer auf die Assoziationsphase vor, in der Arbeitsprozesse in einem organisationsübersteigenden Rahmen gestaltet werden (»Kettenmanagement«, strategische Allianzen usw. zwischen Krankenhäusern, praktischen Ärzten, Hauskrankenpflege und Pflegeheimen).

Resultate des Führungskräfte-Entwicklungsprogramms

Die allgemeinen Ziele des Führungskräfte-Entwicklungsprogramms waren:

1. Die Entwicklung und Umsetzung von Lösungen, die für die Überwindung von aktuellen Problemen dringend erforderlich sind.
2. Eine Erhöhung der persönlichen Kompetenz und eine Erweiterung der Denk- und Sichtweisen, die für eine erfolgreiche Bewältigung künftiger Anforderungen notwendig sind.
3. Die Herausbildung neuer Regeln der Zusammenarbeit und neuer Verhaltensmuster, die ein produktiveres Lernklima fördern (»Kultur einer lernenden Organisation«).

Die ersten Ergebnisse des Projekts zeigen sich bei den Präsentationen, die die Teilnehmer ihren Auftraggebern und Kunden geben. Dabei sind meist auch ihre persönlichen Sponsoren sowie einige interessierte Kollegen anwesend. Ein zweiter Teilnehmer übernimmt die Rolle eines Beobachters: Wie bringt der Kunde seine Zufriedenheit mit den Resultaten des Projekts zum Ausdruck? Wie wird das Resultat vermittelt? Was ergibt die Diskussion über die Lernergebnisse, die der Teilnehmer – und die Sponsoren und Kunden – im Laufe der Projektrealisierung gesammelt haben? Auf der Abschlußkonferenz des Programms berichten dann beide Teilnehmer über die Ergebnisse der Präsentation. Schließlich werden die Resultate bestimmter Projekte und des Lernens mit einem externen Publikum auf einem Symposium diskutiert, das vom Krankenhaus veranstaltet wird.

Anzeichen für eine Zunahme der persönlichen Kompetenz und für eine Erweiterung der Perspektiven zeigten sich bereits im ersten Jahr des Programms:

- Die Selbstorganisation von Lerngruppen fand großen Anklang. Nach einem halben Jahr Praxis trafen sich die »Veteranen«-Lerngruppen mit Mitgliedern von Gruppen, die später begonnen hatten, um Erkenntnisse über die »Gestaltung von Lern-Treffs« auszutauschen.
- Das Top-Management kehrte von Treffen mit Kollegen aus anderen Krankenhäusern in Österreich und Süddeutschland zurück und berichtete, daß der Ansatz auf großes Interesse gestoßen sei. Das ermutigte die Führungskräfte zu weiteren Initiativen und zur weiteren Verbesserung der Arbeitsmoral im Krankenhaus.
- Die Medien brachten einige positive Berichte über die Entwicklungen im Krankenhaus, was ebenfalls zum Engagement für das Lernen beitrug.
- »Ich habe mir angewöhnt, Behauptungen viel mehr in Frage zu stellen«, sagte eine der teilnehmenden Krankenschwestern bei der Besprechung einer Lerngruppen-Sitzung.
- »Ich merke, daß die Teilnehmer des Programms anfangen, auf den größeren Zusammenhang zu achten, und nicht mehr so bruchstückhaft denken«, erklärte der ärztliche Leiter einer medizinischen Abteilung während eines Workshops für Auftraggeber von Projekten.
- »Unsere Diskussionen schweifen nicht mehr so oft ab; die klaren Ziele halten uns in der Spur«, bemerkte eine der teilnehmenden Oberschwestern gegenüber einem Mitglied des Lenkungsauschusses.
- »Eine Menge Probleme, die lange Zeit ungelöst blieben, werden jetzt dank der Projektroutine, die wir in diesem Programm erworben haben, erfolgreich in Angriff genommen« (Mitglieder mehrerer Gruppen).

Ungeschriebene Spielregeln und die stillschweigenden Überzeugungen, die hinter traditionellen Verhaltensweisen stecken, sind für Teilnehmer zu einem gängigen Thema geworden. Neue Regeln, die eine offene Kommunikation und eine neue »Lernstimmung« fördern, werden regelmäßig in den Lerngruppen und den Gesprächen mit Sponsoren und Kunden geübt. Die Teilnehmer beschreiben die Fortschritte auf diesem Gebiet so:

- »Ich habe jetzt das Gefühl, viel mehr Spielraum zu haben – ich hätte nicht gedacht, daß wir durch dieses Programm so viel Handlungsfreiheit gewinnen würden« (Leiter der Einkaufsabteilung).
- »Die entstehenden Netzwerkbeziehungen in den Gruppen und zwischen einzelnen Gruppenmitgliedern, die sich gegenseitig beraten, tragen viel zur Vermeidung von Konflikten bei« (ärztlicher Leiter einer medizinischen Abteilung).

- »Unsere Gruppe von ärztlichen Klinikvorständen betrachtet es als eine ihrer Hauptaufgaben, als eine Art »Clearinghouse« zu wirken und zu konstruktiven Gesprächen und zu einer stärkeren Patientenorientierung anzuregen. Diese Bemühungen sollten darauf aufbauen, daß wir in unseren eigenen Abteilungen das Bewußtsein für unsere Mission und unsere Ziele und für die Team-Entwicklung fördern.« (Leiter einer medizinischer Abteilung – nicht alle seine Kollegen waren von diesem Statement begeistert).
- »Das Eigentümer-Prinzip (Eigentümer des Treffens, eines Tagesordnungspunktes, einer Aufgabe) hilft uns, unklare und diffuse Vereinbarungen, die im Bereich der organisatorischen Angelegenheiten üblich waren, zu überwinden« (junger Arzt).
- »Ich freue mich auf unsere kollegialen Beratungssitzungen, in denen wir uns gegenseitig Nachhilfe geben: Es eröffnet mir jedesmal einen kleinen Einblick in neue Welten – in die Welt anderer Abteilungen und in die Arbeitssituationen von Kollegen aus anderen Berufen« (ein Verwaltungsbeamter).
- »Ich bin froh, daß ich jetzt so schnell fundierte Informationen bekomme – die Netzwerk-Beziehungen, die ich durch meine eigene Gruppe und durch andere Gruppen bekommen habe, sind eine enorme Hilfe« (Krankenhaus-Techniker).

Netzwerk-Lernen

Die verschiedenen Settings, die das Programm für ein interaktives Lernen bietet, bewirken ein konkret faßbares institutionelles Lernen. Die Teilnehmer erfahren, daß die »lernende Organisation« nicht nur ein abstrakter Begriff, sondern eine lebendige Realität ist, deren gezielte Herbeiführung sie geübt haben. In mehreren Situationen kam in den Gruppen die Frage auf, wie man Patienten und gewisse externe Interessenvertreter in dieses Lernnetzwerk miteinbeziehen könnte und welche Voraussetzungen dafür erfüllt sein müßten.

Anmerkung

1 Die allgemein-typischen Entwicklungsphasen von Organisationen, Pionierphase, Differenzierungsphase, Integrationsphase und Assoziationsphase, beschreibt Friedrich Glasl ausführlich in seinem Buch *Dynamische Unterenehmensentwicklung*. Jede Phase mündet in eine Krise. Die Krise fordert die Organisation heraus, Überlebtes loszulassen und Neues zu entwickeln. Der erfolgreiche Übergang zur nächsten Phase kommt im Sinne der Darstellung Glasls durch eine Neuprogrammierung der grundlegenden Auffassungen zustande.

Literatur

Glasl, Friedrich (1993), *Dynamische Unterenehmensentwicklung*. Wie Pionierbetriebe und Bürokratien zu Schlanken Unternehmen werden, Bern, Stuttgart und Wien: Haupt Verlag und Verlag Freies Geistesleben.

Teil 3:
Dem Action Learning verwandte Formen des Praxislernens

Ernst L. Drukker

Action Science: Die Wissenschaft vom adäquaten Handeln

Ein Training zur Überwindung tiefverwurzelter Lernblockaden

Organisationen stehen unter dem Druck, effizienter und effektiver produzieren zu müssen. Die Konkurrenz des Marktes, steigende Aktienkurse, weniger Subventionen und mehr Output – die Anforderungen werden immer höher. Organisationen verlangen von ihren Mitarbeitern nicht nur ein höheres Produktionsvolumen, sondern auch Zuwachs an Qualität.

Ihre Manager wissen seit Jahren, was dies bedeutet: effektivere Lernprozesse, selbständigeres Auftreten, mehr Engagement. Ständig mehr Mittel werden diesem Zweck zur Verfügung gestellt. Und doch, ungeachtet der intensiven Suche nach neuen Techniken, bleiben wir unzufrieden. Das Streben nach höherer Leistungsfähigkeit und Effizienz scheint grenzenlos zu sein. Und wie steht es mit dem Beitrag, den das Lernen hier leisten kann: »lernen zu lernen«, »lernende Organisationen«, »Wissensmanagement« – was heißt das eigentlich?

Der vorliegende Beitrag beruht auf einer Sichtweise, die »Aktionswissenschaft«, »Action Science«, genannt werden kann.[1] Chris Argyris formuliert als Hauptziel einer solchen Wissenschaft die Erzeugung von Einsichten darüber, wie Einzelpersonen und soziale Systeme ihre Absichten entwerfen und verwirklichen.[2] Argyris und seine Forschungskollegen haben in der Entwicklung der *Action Science* der Rolle und Funktionsweise von Widerständen große Aufmerksamkeit geschenkt. Ihre Forschungsergebnisse und die von ihnen entwikkelten Interventionsmethoden können all denjenigen gute Dienste leisten, die aus ihrer Erfahrung so viel wie möglich lernen wollen.

In diesem Aufsatz beschäftige ich mich aufgrund meiner Erfahrungen mit einer Trainingsmethode, die vor allem die Steigerung des Lernvermögens individueller Mitglieder einer Organisation zum Ziel hat. Der Kontext der Organisation spielt hierbei selbstverständlich eine wichtige Rolle, aber dies soll nicht das Thema des vorliegenden Aufsatzes sein. Den interessierten Leser möchte ich auf Argyris' Buch *Overcoming Organizational Defenses* verweisen. Das im folgenden geschilderte Training muß, wenn es gelingen soll, von den Teilnehmern auf die tägliche Organisationspraxis übertragen werden. Eine Beschreibung dieser Umsetzung bietet Argyris in *Wissen in Aktion*, wo sich eine ausführlich beschriebene Fallstudie samt Gesprächen und Interventionen findet.

Im folgenden beschreibe ich den Verlauf eines Trainings nach dem Modell der *Action Science*, wie ich sie von Robert Putnam in mehreren Seminaren im norwegischen Oslo und im niederländischen Amsterdam gelernt habe. Putnam ist ein Schüler von Argyris, einem praxisorientierten Wissenschaftler, der diese Lernmethode entwickelt hat. Sein langjähriges wissenschaftliches Interesse galt der Interaktion zwischen Organisation und Individuum: zunächst den Auswirkungen, die Organisationen auf ihre Mitarbeiter haben, später den Möglichkeiten von Organisationsveränderungen, insbesondere der Veränderung des Verhaltens der oberen Managementebene. In den letzten Jahren arbeitete er – gemeinsam mit Donald A. Schön – an einer Theorie darüber, wie Organisationen und Individuen lernen. Dabei bilden menschliche Argumentationsmuster – und nicht nur das Verhalten – die Grundlage für sowohl die Diagnose als auch das Handeln (Argyris u. Schön 1999). Ich habe zwar mehrmals mit Argyris über das Training gesprochen, ihn aber als Lehrer nicht erlebt. Wohl habe ich ihn beim Entwickeln und Ausarbeiten seiner Ideen beobachtet: ein Prozeß, der ununterbrochen und in jeder Situation fortgeführt wird; sogar im Auto probiert er seine Ideen in Gesprächen, Versuchen und kleinen Rollenspielen aus.

Ich werde mich in dieser Darstellung bemühen, so dicht wie möglich an der Trainingspraxis zu bleiben. Die stärker theoretisch ausgerichteten Bemerkungen im Verlauf der Beschreibung entsprechen den theoretischen Einschüben des Trainings. Es findet sich daher nicht viel, was nicht tatsächlich während der Veranstaltung auch zur Sprache kam. Eine Einteilung in verschiedene Abschnitte werde ich nicht so genau vornehmen; der Eindruck der Redundanz, der hierdurch möglicherweise entsteht, stimmt meines Erachtens mit dem Ablauf des Trainings überein. Auch die Beispiele sind den diversen Seminaren entlehnt und wurden lediglich in manchen Fällen aus Gründen der Anonymität leicht verändert.

Warum Action Science: woher der Name?

Wissenschaft besteht darin, Annahmen zu formulieren und zu überprüfen. Die Annahmen – Hypothesen – betreffen in der Regel kausale Zusammenhänge, und ihre Überprüfung beinhaltet den ausdrücklichen Versuch, diese Zusammenhänge aufzuzeigen. Die Schwierigkeit liegt darin, die Annahmen zu erkennen, damit sie überprüft werden können.

In dem gegenständlichen Training wird bewußt mit dieser Definition von Wissenschaft gearbeitet. Die Annahmen, denen wir dort begegnen, haben ihren Ursprung in den Grundprinzipien der Organisation sowie in den allgemeineren Grundsätzen, die wir während unserer Erziehung internalisiert haben und die unser Verhalten wesentlich prägen.

Unsere Tätigkeiten in Organisationen bringen es mit sich, daß wir uns nach vorgeschriebenen Regeln verhalten müssen. Wenn wir einer Organisation beitreten, müssen wir uns diese Regeln aneignen. Anfangs sind sie noch ungewohnt, wir müssen sie erlernen. Mit der Zeit werden sie vertraut, selbstverständlich, und wir vergessen, daß wir nach diesen Regeln handeln. Wir tun dies automatisch, stillschweigend. Wir werden erst dann wieder an die Regeln erinnert, wenn etwas auf eine neue Weise geschehen soll. Sobald Regeln verändert werden, scheinen komplizierte Situationen zu entstehen. Unser Verhalten läßt sich nicht so einfach ändern. Es ist, als wären wir mit unsichtbaren Fäden an unsere alten Regeln geknüpft. Wir leiden unter unserem Unvermögen; unser Verhalten verliert seine Selbstverständlichkeit.

Und damit wird unser Verhalten zum Problem, das untersucht wird. Unser Verhalten wird »Aktion«, wir werden »Agierende«, die in »Systemen« erscheinen. Unser Verhalten wird zum Untersuchungsobjekt, wird Thema der Wissenschaft. Damit verändert sich das Verhalten selbst leider noch nicht. Und doch muß dies möglich sein; wir streben nach intentionaler, das heißt zielgerichteter, Verhaltensänderung. Systematische Evaluierung bedingt eine Rückkopplung mit den Zielsetzungen und eine Korrektur der Abweichungen.

Dies ist keinesfalls die gängige Art und Weise, wie Veränderungen vonstatten gehen. In der Regel sind Veränderungen bedingt durch Versuch und Irrtum. Wir wissen nicht genau, in welche Richtung, zu welchem Zweck, wir tun einfach etwas. So gelangen wir üblicherweise durch Versuch und Irrtum zur Korrektur, ohne daß wir jedoch aus den Irrtümern systematisch lernen.

Der Anspruch an die Veränderbarkeit unseres Verhaltens ist hoch: auf Anweisung, zielorientiert, bewußt, Fehlverhalten korrigierend, kontrolliert, vorhersagbar, wissenschaftlich fundiert. Die dazugehörige Aktionstechnologie kommt seit den 50er Jahren aus den Vereinigten Staaten: Training der sozialen Fähigkeiten, bewußte Gestaltung der sozialen Beziehungen, Berücksichtigen der Gruppendynamik, Förderung der Führungsqualitäten, Klärung und Erweiterung der Befugnisse *(empowerment)*.

Wissenschaftliche Fundierung

Allmählich entstand ein Trainings-Repertoire auf beiden Seiten des Atlantik.

Pionierarbeit hat in den 40er Jahren Kurt Lewin mit seiner *Action Research* geleistet: die Untersuchung von Veränderungsprozessen, die er mit Begriffen wie *unfreezing, moving, freezing* (Auftauen, Verändern, Einfrieren) kennzeichnet.

Nach Lewins Auffassung besteht ein enger Zusammenhang zwischen Theorie und Praxis; nichts ist praktischer als eine gute Theorie. Die Auffassung, auf die ich mich hier beziehe – vgl. Argyris, Putnam u. Smith 1985, Argyris u. Schön 1999 –, geht noch einen Schritt weiter: Verhaltensänderung ist das Ergebnis einer Reflexion des eigenen Verhaltens *online*, das heißt während der Aktion. Eine Theorie wird direkt und mit dem Ziel einer verbesserten Ergebnisorientiertheit auf das eigene Verhalten angewandt. Dabei kommen die gängigen Methoden der empirischen Wissenschaft zum Einsatz. Die Vorgehensweise in bezug auf eine zu verändernde Handlung folgt den Regeln des wissenschaftlichen Spiels. Die Teilnehmer sammeln Daten, interpretieren diese anhand von Konzepten und versuchen, Annahmen in bezug auf kausale Zusammenhänge zu überprüfen. Daher der Name »Action Science«.

Wie jede Methodologie muß auch sie gelernt werden, bevor sie angewandt werden kann. Dies geschieht in dem Training, wie im folgenden dargestellt werden soll – ansatzweise zumindest, da eine Wiedergabe in der Literatur nicht mehr sein kann als ein Bericht über die Untersuchung und nicht die Untersuchung selbst.

Im vorliegenden Aufsatz möchte ich die Grundzüge dieser spezifischen Art der Aktionstechnologie, der Methodologie des Trainings, aufzeigen. Ich folge hierbei den Ausführungen von Chris Argyris und Donald Schön, wie sie in Büchern und Aufsätzen nachzulesen sind. Auf der Grundlage ihrer Befunde haben sie ein Trainingsprogramm entworfen, das effektiver als andere zur

Verhaltensänderung von Fachleuten und Managern beitragen soll. Der vorliegende Aufsatz bietet eine zusammenfassende Beschreibung einiger dieser Trainings.

Das Training

Die Beschreibung basiert auf den praktischen Erfahrungen, die ich selbst seit 1990 mit dieser Trainingsmethode gemacht habe. Zuvor hatte ich etwa 25 Jahre lang Erfahrungen mit Ausbildungen aller Art gesammelt, vom klassischen Sensitivity-Training über diverse Formen der persönlichen Entwicklung bis hin zu allerlei Arten des Trainings von spezifischen sozialen Fähigkeiten.

In dieser Zeit wurde ich häufig von der Frage nach der Wirksamkeit gequält: Was genau lernen die Teilnehmer während eines solchen Trainings? Werden die angestrebten Ziele tatsächlich erreicht, und welche Zielsetzungen werden überhaupt angestrebt? Ist die Begeisterung der Teilnehmer ein Beweis für den Erfolg eines Trainings, oder dient sie lediglich der Beruhigung meiner eigenen Zweifel?

Die Untersuchung der Veränderung: Programme

Argyris untersuchte in den letzten 25 Jahren, teilweise gemeinsam mit Schön, die Möglichkeiten von Verhaltensänderungen insbesondere von Managern in Organisationen. In diesem Zeitraum verlagerte sich sein Interesse allmählich vom Verhalten selbst zu den Argumentationsmodellen und den *mentalen Programmen*, die dem individuellen Verhalten zugrunde liegen. Die Untersuchung der internen Logik, die das Verhalten der Teilnehmer bestimmt, bildet die Grundlage eines Trainings. Die Ausbildungsmethode zielt darauf ab, diese mentalen Programme explizit zu verbalisieren.

Während eines Seminars nach dieser Methode, das Bob Putnam in Amsterdam abhielt, veranschaulichte er den Begriff »mentales Programm«, indem er die Teilnehmer um eine Beschreibung bat, wie sie mit dem Fahrrad eine Kurve fahren. Die Beschreibung erwies sich als schwieriger als das Fahren selbst; aus dem Vorführen konnte eine Art Bewegungsprogramm abgeleitet werden. Entscheidend war der Automatismus: Niederländer sind in aller Regel routinierte Fahrradfahrer, die über den Bewegungsablauf nicht mehr nachdenken und ihn daher auch nicht mehr in Worte fassen: tacit knowledge – *das stillschweigende Wissen, welches automatisches Verhalten koordiniert und nur mit Mühe verbalisiert werden kann.*

Die Interaktionen der Teilnehmer während eines Trainings bilden einen sozialen Kontext. In diesem Kontext werden die Ergebnisse der diversen mentalen Programme untersucht. Die mentalen Programme kommen während des Kurses als Annahmen zum Ausdruck, die aus den Verhaltensselbstdarstellungen der Teilnehmer abgeleitet werden können. Die Teilnehmer selbst liefern ihre Darstellungen vorab, als Hausaufgabe. Die Programme bestimmen Argumentationsmuster, die ihrerseits Handlungen auslösen. Diese Handlungen werden mit den gewünschten Ergebnissen verglichen. Die Argumente werden meistens als Kausalzusammenhänge präsentiert, zum Beispiel: wenn man Menschen unter Druck setzt, wehren sie sich. Sinn des Kurses ist es, derartige Annahmen über kausale Zusammenhänge unmittelbar zu überprüfen, indem sie im Rollenspiel in Handlung umgesetzt werden.

Der Dozent sorgt während des Trainings immer wieder für Theorieeinschübe. Auch hier gilt, daß es sich um Annahmen handelt, die in diesem Moment nicht bewiesen sind. Soweit die Theorie Verhalten beschreibt, trägt der Referent die Verantwortung für die Beschreibung. In diesem Fall hat die Theorie – so Argyris – den Status einer *espoused theory*, einer These, die man vertritt: man sagt, was man handelnd zu realisieren hat. Ob sich dies auch in der Praxis bestätigt, bleibt abzuwarten.

Ein einfaches Beispiel zur Erläuterung: Ich rufe aufgebracht, daß ich überhaupt nicht gereizt bin. Erst wenn wir das tatsächlich gezeigte Verhalten betrachten, können wir auf die Theorie schließen, die zur Anwendung kommt: die *theory in use*, die tatsächlich handlungsleitende Theorie. Beide sind Formen der Aktionstheorie.

Natürlich können *espoused theory* und *theory in use* übereinstimmen: jemand sagt, was er oder sie zu tun glaubt, und das tatsächliche Verhalten stimmt mit dieser Aussage überein. *Walk your talk.* Zum Beispiel: jemand behauptet, ein guter Zuhörer zu sein, und in einem Gespräch mit dieser Person bestätigt sich diese Einschätzung. Das ist jedoch keinesfalls selbstverständlich. Möglich wäre auch, daß diese Person weniger zuhört als damit beschäftigt ist, die eigene Meinung ins rechte Licht zu rücken. In diesem Fall differiert die *theory in use* von der *espoused theory*. Im Abschnitt »Beweisführung« werde ich noch einige Beispiele anführen, die den Unterschied zwischen beiden Formen der Aktionstheorie herausstellen sollen.

Postulate und der Beginn des Trainings

Die Differenz zwischen der vertretenen – *espoused* – Theorie und der Theorie, die tatsächlich zur Anwendung kommt – *in use* –, bestimmt den gesamten Kurs. Niemand braucht der Aussage eines anderen zu glauben. Ziel ist es, die Annahmen und Unterstellungen mit Hilfe kleiner Experimente zu testen; die Testergebnisse bilden das »Beweismaterial«, aufgrund dessen die Teilnehmer ihre eigenen Schlüsse ziehen können. Behauptungen von Dozent und Teilnehmern haben den Status einer *espoused theory*: Sie sind nicht mehr als Hypothesen, die der Untersuchung des eigenen Verhaltens dienlich sein können. Ob sie stimmen, muß sich im Laufe des Trainings erst herausstellen.

Das folgende theoretische Postulat macht deutlich, daß der Unterschied zwischen der *espoused theory* und der *theory in use* nicht immer klar zu erkennen ist: *Menschen sind sich ihrer tatsächlich handlungsleitenden Theorie in der Regel nicht bewußt.*

Es ist daher durchaus möglich, der Meinung eines anderen über die Gründe des Handelns zuzustimmen in der festen Überzeugung, man handele genauso. Unserer Theorie zufolge wissen wir jedoch nicht, ob dies in der Tat der Fall ist, schlimmer noch: wir wissen nicht, daß wir dies nicht wissen. Meist gehen wir unbesehen davon aus, daß die eigenen Annahmen richtig sind, ohne hierüber kritisch zu reflektieren. Manchmal sind wir uns nicht bewußt, daß wir mit Annahmen arbeiten, sondern halten wir unsere Meinung schlichtweg für wahr. Wenn wir zum Beispiel eine »Politik der offenen Türen« betreiben, sollen die Menschen auf uns zukommen. Tun sie dies dennoch nicht, liegt das an den anderen, nicht an uns.

Diese Aussagen können die Teilnehmer noch akzeptieren, es klingt ja auch recht plausibel.

Die obengenannten Faktoren führen zu einer unglücklichen Anfangskonstellation des Trainings. Argyris hat hierfür eine geniale Lösung gefunden: die Auswertungsübung zu einem Beurteilungsgespräch.

1980 habe ich erlebt, wie er diese Übung vor 350 Zuhörern mit großem Erfolg anwandte. In diversen Publikationen hat er die Übung, den sogenannten »X-Y-Fall«, beschrieben (u. a. in Argyris 1992, 12 ff.). Die Aufgabe bildet die Standarderöffnung der Fortbildung. Sie ist ein ideales Instrument, um etwas über die sozialen Fähigkeiten der Teilnehmer in Erfahrung zu bringen. Sie hat mich noch nie im Stich gelassen. Sogar wenn einige Teilnehmer diese Übung bereits kennen, behält sie ihre diagnostische Funktion.

Sinn der Aufgabe ist es, den Unterschied zwischen *espoused theory* und *theory in use* aufzuzeigen, indem die Teilnehmer auf ein Gespräch reagieren müssen, das ihnen in einer kurzen Beschreibung vermittelt wird. Es ist die einzige Übung mit doppeltem Boden: die Teilnehmer kommentieren das ungeschickte Beurteilungsgespräch eines Managers mit einem Mitarbeiter. In ihrer eigenen Bewertung des Managerverhaltens unterlaufen den Teilnehmern fast immer genau diejenigen Fehler, die sie dem Manager vorwerfen. So kritisieren sie zum Beispiel, daß der Manager auf die zu beurteilende Person nicht hört, wodurch letztere glaubt, sich verteidigen zu müssen. Nach einiger Diskussion begreifen die Teilnehmer, daß ihre Kritik die gleiche Wirkung auf den Manager hätte, würden sie diese Kritik ihm gegenüber äußern. Hierdurch werden die Teilnehmer selbst in die Defensive gedrängt und reagieren auf die gleiche Weise wie der Manager in dem beschriebenen Gespräch. So gehen sie zum Beispiel davon aus, daß sie in einem tatsächlichen Gespräch mit dem Manager ihre Kritik anders formulieren würden. Hier handelt es sich jedoch um *espoused theory*. Sie kann in einem Rollenspiel in *theory in use* umgesetzt werden. Kaum einem Teilnehmer gelingt es, das Gespräch so zu führen, daß keine der beiden Parteien in die Defensive geht. Ernüchternd ist die anschließende Feststellung, wie viele verschiedene Bewertungsmomente die Besprechung des Rollenspiels implizit beeinflussen:

- seitens der Teilnehmer gegenüber dem Manager,
- der Teilnehmer untereinander,
- seitens der Teilnehmer gegenüber dem Dozenten,
- seitens des Dozenten gegenüber den Teilnehmern,
- jedes Teilnehmers sich selbst gegenüber,
- des Dozenten sich selbst gegenüber,

wobei man berücksichtigen muß, daß das gegenseitige Vertrauen am Anfang des Trainings nicht sehr ausgeprägt ist. Die Teilnehmer reagieren hierauf mehr oder weniger defensiv, was wiederum die Gelegenheit bietet, zu fragen, inwieweit Fehler zulässig sind.

Am Ende der Übung steht die interessante Tatsache, daß die Teilnehmer präzise formulieren können, warum ein bestimmtes Verhalten eine Abwehrreaktion hervorruft: sie kennen ihre *espoused theory*. Merkwürdig ist hingegen, daß sie trotzdem abwehrend reagieren. Dies führt uns zur zentralen Frage der Fortbildung: *Warum machen Menschen Fehler, wenn sie wissen, daß sie diese Fehler machen werden?*

»Eingeübte Inkompetenz« *(skilled incompetence)* nennt Argyris dieses Verhalten. Die Antwort findet sich in der Tatsache, daß man sich seiner eigenen »steuernden« Programme nicht bewußt ist. Die Teilnehmer werden hiermit zum ersten Mal konfrontiert. Die Übung erfordert einen Dozenten, der die Theorie sehr gut beherrscht und diese auch direkt am Verhalten der Teilnehmer demonstrieren kann, ohne selbst in die Defensive gedrängt zu werden. Die Teilnehmer fühlen sich ertappt und wollen sich hierfür revanchieren. Der *espoused theory* zufolge darf man durchaus defensiv sein. Um auch dies zu erkennen – als handlungsleitende Theorie –, reicht der Beginn des Trainings jedoch in der Regel nicht aus.

Die Annahmen

Programme prägen unser Handeln

Ausgangspunkt ist das Lernen der Teilnehmer. Argyris folgt hier der Systemtheorie. Im mentalen Modell bedingen Programme unser Handeln. Diese Programme bestehen aus unseren Normen und Werten und meistens aus unseren persönlichen grundlegenden Überzeugungen darüber, was wir an unserem Verhalten und in unserem Leben für wünschenswert halten. Nach Argyris sind uns diese Programme in der Regel nicht bewußt. Sie sind nicht auf der Bewußtseinsebene lokalisiert, weil sie automatisch ablaufen, als Reaktion auf Signale aus unserer Umwelt. Mittels dieser Programme entwerfen wir Verhalten. Die Programme arbeiten sehr schnell: der Bruchteil einer Sekunde bestimmt unser Verhalten. Die Ergebnisse unseres Handelns liefern uns Informationen über den Erfolg unserer Programme.

Ein Beispiel für das automatische Funktionieren eines Programms: Als Festland-Europäer lernte ich in England schnell, die linke Fahrbahn zu benutzen – bis ich auf einer leeren Straße ein entgegenkommendes Fahrzeug auf der falschen Seite zu entdecken glaubte: mein gut eingeübtes Festlandprogramm hatte unbemerkt wieder das Steuer übernommen.

Ansetzen bei Fehlern

Von besonderem Interesse sind die Fehler. Sie bilden die Grundlage des Materials, das im Training zur Sprache kommt. Wir benutzen unsere Programme, um Verhalten zu entwerfen, das ein vorab gewünschtes Ergebnis liefern soll. Wird dieses Ergebnis erzielt, dann war unser Verhalten adäquat, und das Programm hat sich bewährt. Wird das erwartete Ergebnis nicht erzielt, ist ein

Fehler aufgetreten. Die erste Frage, die wir uns stellen, ist dann, ob wir zwar das richtige Programm benutzt, aber unser Verhalten nicht richtig abgestimmt haben. Dies wird sich zeigen, wenn wir innerhalb des gleichen Programms unser Verhalten variieren.

Wir wollen zum Beispiel jemanden davon überzeugen, daß seine Leistung unzureichend ist und verbessert werden muß. Dieses Vorhaben – ihn zu überzeugen – gelingt, wenn der andere uns zustimmt und dann tatsächlich beabsichtigt, seine Leistung zu steigern. Treiben wir diese Person jedoch in die Defensive, dann wird sie uns vielleicht zustimmen, aber das Gespräch führt nicht zum gewünschten Ergebnis: das heißt, wir erhalten zwar Zustimmung, aber die Leistungssteigerung unterbleibt. In diesem Beispiel ist dann zu fragen, ob wir womöglich das richtige Programm benutzt, aber unser Verhalten nicht der Situation und insbesondere nicht dem anderen angepaßt haben.

Dies wird deutlich, wenn wir innerhalb desselben Programms unser Verhalten ändern. In unserem Beispiel: Wir wollen jemanden von unserer Meinung überzeugen, der andere läßt sich nicht überzeugen, und wir verdoppeln unsere Anstrengungen. Gelingt es uns, den anderen zu überzeugen, sind wir zufrieden. Gelingt es uns nicht, stellt sich die Frage, ob wir eine adäquate Handlung »entworfen« haben, das heißt, ob wir das richtige Programm eingeschaltet haben. Ein Problem, das diese Argumentation komplizierter macht, ist die Tatsache, daß unser Gesprächspartner uns in der Regel nicht offen und verläßlich mitteilen wird, wenn er oder sie nicht überzeugt ist.

Die Frage, die hierauf Antwort geben könnte, aber unüblich ist und daher selten gestellt wird, lautet: »Habe ich dem Gesprächspartner genug Raum gelassen, anderer Meinung zu sein?« Diese Frage kostet die Teilnehmer erhebliche Mühe. Obgleich sie gut zuhören wollen und dem Gesprächspartner die Möglichkeit einer Reaktion geben wollen, geht ihnen diese Frage meist zu weit. Ich habe diese Frage vorgegeben, ohne daß es den Teilnehmern gelang, sie anzuwenden, weil sie ihren eigenen grundlegenden und stillschweigenden Programmen widersprach, daß man nämlich die Kontrolle behalten und den Gesprächsverlauf lieber selbst bestimmen will.

Rätselhafte Nichtanpassung

Hier werden wir mit dem zentralen »Rätsel« des Trainings konfrontiert. Wir wissen nämlich sehr genau, daß wir niemanden wirklich überzeugen können, indem wir den Druck verstärken; der andere wird uns vielleicht zustimmen, um dem Gespräch ein Ende zu setzen, um nicht unhöflich zu wirken oder um kein Spielverderber zu sein. Echte Veränderungen aber bewirken wir auf diese Weise nicht. Das Rätsel besteht nun darin, daß wir uns dessen in der Theorie bewußt sind, ohne jedoch unser Verhalten anzupassen. Schlimmer noch: unser Verhalten orientiert sich an ebenjenem Programm, von dem wir genau wissen, daß es nicht erfolgreich sein kann. Wir entwerfen unsere Fehler selbst, und wenn wir merken, daß wir hiermit nicht die gewünschten Ergebnisse erzielen, verstärken wir unser Fehlverhalten und verschlimmern die Situation.

So stellt sich – nach Argyris – die Frage, warum wir unser Verhalten so schlecht anpassen, wenn wir doch wissen, daß es nicht funktioniert, ja sogar den Wunsch haben, das Programm zu ändern. Die Antwort lautet, daß wir uns unserer Programme nicht bewußt sind und ebensowenig der Tatsache, daß wir uns dieser Programme nicht bewußt sind. Nicht *wir kontrollieren* das Programm, *das Programm kontrolliert uns.*

Damit sind wir also zu einem Kernpunkt des Trainings gekommen, nämlich zu der Frage, ob unser Programm fehlerhaft ist oder ob der Fehler bei einem unwilligen Gesprächspartner liegt, der nicht begreifen will oder kann, der sich querstellt oder allgemein nicht auf einer Linie liegt mit unseren … ja, mit was eigentlich? Womit befassen wir uns eigentlich in den Rollenspielen und in den Besprechungen der Rollenspiele? Stellen wir Fragen, geben wir Aufträge, hören wir gut zu, oder versuchen wir lediglich, unseren Standpunkt durchzudrücken?

Die *espoused theory* der Teilnehmer liefert schnell eine Antwort: es handele sich um böse Absicht, irrationales Verhalten, Rechthaberei und fehlende Bereitschaft zuzuhören. Unser unwilliges Gegenüber fühlt sich in die Enge getrieben und reagiert defensiv, es übt Gegendruck aus, argumentiert, nimmt den Kampf auf. An die Teilnehmer geht die Frage, welche *theory in use* ihrer Ansicht nach in der betreffenden Gesprächssituation zur Anwendung kam. Ist sie mit der *espoused theory* des Teilnehmers identisch oder differiert sie?

Der Teilnehmer mit seiner *espoused theory* ist natürlich nicht unmittelbar davon überzeugt, daß er anders handelt, als er zu handeln glaubt. Eine Antwort bietet erst die Überprüfung der Theorie: Mit Hilfe eines Rollenspiels wird ausprobiert, ob der Gesprächspartner überzeugt werden kann. Gelingt dies, bestätigt es die Identität von *theory in use* und *espoused theory*; gelingt es nicht, muß weitergefragt werden. Die Rückkopplung vollzieht sich jedesmal über die Ergebnisse. Jeder darf sagen, was er will – das bleibt *espoused theory*. Die Überprüfung der These in der Praxis – im Rollenspiel oder im evaluierenden Gespräch selbst – gibt den Ausschlag.

Fehler haben nach Argyris eine Doppelfunktion: Einerseits sind sie Ursache für defensives Verhalten. Solches Verhalten gestehen wir uns lieber nicht ein. Geben wir zu, daß uns etwas in die Defensive treibt, gestehen wir bereits einen Fehler ein, und gerade das wollen wir nicht. Auf diese Weise beeinträchtigen wir unser Lernvermögen erheblich.

Andererseits, so Argyris, benötigen wir Fehler, um überprüfen zu können, ob wir das richtige mentale Programm benutzen. Solange wir keine Fehler machen, funktioniert das Programm adäquat, und wir brauchen nichts zu verändern. Wir werden nicht zur Reflexion gezwungen, und wir lernen nichts. Aus diesem Grund sind Fehler ein notwendiger Bestandteil der Fortbildung.

Dies klingt ungemein simpel und auch sehr einleuchtend. Jetzt stellt sich die Frage, aus welchem Grund der Umgang mit den Fehlern dann doch so überaus schwierig zu sein scheint. Wir stehen erneut vor einem signifikanten Rätsel: Wir sind darin geübt, unsere Fehler zu vertuschen, gleichzeitig produzieren wir diese Fehler weiterhin. Wiederum ist es der Automatismus unserer Programme, der dieses Verhalten erklären kann. Der Automatismus ist mächtig genug, um uns daran zu hindern, unsere eigene Abwehrreaktion zu untersuchen.

Defensivprogramme

Die Besprechung des sogenannten »X-Y-Falls« führt zu der Frage, aus welchen Gründen sich Personen defensiv verhalten und wie es kommt, daß die Teilnehmer sich dessen kaum bewußt sind. Gleich am Anfang des Trainings wird das allgemeine Modell der Aktionstheorie auf einen konkreten Aktionstypus, nämlich das defensive Verhalten, angewandt. Gemäß unserer Theorie merken wir nicht, daß wir uns defensiv verhalten, weil wir darüber ganz einfach nicht nachdenken. Der Automatismus hat uns im Griff, bevor wir es wissen.

Der Fall beschäftigt sich mit Verhalten, das beurteilt wird. Das gleiche gilt implizit für die Reaktionen der Teilnehmer. Für die Anfangsphase des Trainings darf angenommen werden, daß sich die Teilnehmer vermutlich unsicher fühlen und daß sie nicht ohne weiteres bereit sind, Fehler zuzugeben. Hiermit schließt sich jedoch der Teufelskreis, in dem Verhalten Abwehrreaktionen hervorruft: Die defensive Reaktion führt dazu, daß das Verhalten, das kritisiert wurde, gerade verstärkt wird. Die Erfolgsaussichten – auf einen erfolgreichen Gesprächsverlauf, auf Verhaltensänderung seitens der kritisierten Person – nehmen dementsprechend ab. Es ist für die Teilnehmer nicht immer einfach, dies zu akzeptieren. Weitere Versuche, durch das eigene Verhalten keine Abwehrreaktion zu provozieren, mißlingen ebenfalls. Wiederholte Rollenspiele machen das bestimmende Handlungsmuster sichtbar. Versuche, dieses Schema zu durchbrechen, führen eigentlich nie zum gewünschten Ergebnis. Die Teilnehmer erkennen allmählich den Unterschied zwischen ihrer *espoused theory* und der *theory in use.*

Vertuschen

Wir haben nicht nur gelernt, daß es besser ist, keine Fehler zu machen. Wir wissen auch, daß wir dafür sorgen müssen, daß die Fehler nicht entdeckt werden. Der englische Begriff für diesen Vorgang lautet »covering up« – zudecken. Unser Programm scheint für das Vertuschen von gemachten Fehlern besonders gut geeignet zu sein. Dies ist allerdings noch nicht genug: ein verdeckter Fehler ist immer noch sichtbar. Also machen wir den Vorgang des Verdeckens selbst unsichtbar, so daß die verdeckten Fehler keine Spuren mehr hinterlassen.

Zum Beispiel: Häufig teilen wir einer anderen Person etwas nicht mit, damit diese keinen Gesichtsverlust erleidet. Wir beschützen den anderen vor sich selbst, ohne daß darum gebeten wurde. Der andere merkt hiervon nichts, ja, er darf hiervon nichts merken. Man stelle sich vor, wir würden zu dieser Person sagen: »Das will ich dir nicht sagen, weil du damit nicht umgehen kannst und dein Gesicht verlörest« – dann wäre das Übel bereits geschehen. Meistens sind wir uns derartiger Manöver gar nicht bewußt. Wir wollen schließlich auch selbst unser Gesicht wahren.

All dies geschieht aus der Überzeugung heraus, daß man sich bei einem Fehler nicht ertappen lassen darf, ebensowenig wie man andere auf ihre Fehler aufmerksam machen und sie damit in Verlegenheit bringen darf. Dieses nahezu hermetisch geschlossene System steht in krassem Kontrast zu der Überzeugung, daß Fehler dazugehören und daß wir aus unseren Fehlern lernen sollen. Als *espoused theory* ist letzteres eine häufig vertretene Meinung. Während der Fallbesprechung werden beide Überzeugungen – daß Fehler uns in die Defensive drängen und daß wir aus Fehlern lernen können – am Verhalten der Teilnehmer überprüft.

Nach der Demonstration der verschiedenen Formen der Aktionstheorie und der defensiven Reaktionen seitens der Teilnehmer wird deutlicher, daß das eigene Verhalten im Mittelpunkt steht. Das Training arbeitet nicht mit einem rein verhaltensorientierten Ansatz, sondern es zielt darauf ab, die *implizit gehandhabte Theorie* zu erkennen. Diese implizite Theorie kann dann die von uns erzielten Ergebnisse erklären.

Um die implizite Theorie explizit formulieren zu können, benötigen wir zweierlei: Zunächst brauchen wir die Reaktion der anderen Teilnehmer, die ihre Meinung äußern. Der betroffene Teilnehmer muß diesen Kommentaren nicht ohne weiteres glauben, denn schließlich handelt es sich hier zunächst lediglich um Behauptungen, die geäußert wurden. Gemeinsam mit der Erfahrung des Rollenspiels bieten uns diese Kommentare aber einen experimentellen Prüfstein: Können die Bemerkungen der anderen Teilnehmer erklären, warum das Rollenspiel zu den tatsächlich erzielten Ergebnisse geführt hat? Diese zweite Information liefert eine weniger leicht von der Hand zu weisende Rückmeldung. Abstreiten ist natürlich immer möglich. Eigentlich ist vor allem entscheidend, ob der Teilnehmer sich die – hinter den Erwartungen zurückbleibenden – Ergebnisse erlauben kann. In diesem Fall besteht kein Zwang zur Verbesserung. Das Training basiert auf der Annahme, daß ein solcher Zwang in irgendeiner Form vorliegen muß. Es wird nicht grundsätzlich davon ausgegangen, daß Menschen Veränderungen begrüßen. Die Methode beruht eher auf der Annahme, daß Veränderungen nur dann zustande kommen, wenn sie unumgänglich sind.

Virtuosität

Im folgenden stellt sich die Frage, woher unsere Virtuosität in der Anwendung der Programme stammt. Von daher erklärt sich dann ein Teil des aufgestauten Ärgers und der Frustration.

Je deutlicher nämlich wird, daß es hier nicht um die ineffektiven und auch unangenehmen Kommunikationsgewohnheiten nur der anderen geht, sondern um unsere eigenen, desto hartnäckiger wird der Widerstand. Manager können zuweilen die Beherrschung verlieren und versuchen, eine weitere Diskussion zu verbieten, indem sie einschüchternd auftreten. Ein solches Verhalten belegt, daß ein Verzicht auf all diese defensiven Reaktionen nicht leichtfällt und durchaus Mut erfordert. Die handlungsleitende Theorie wird in Streßsituationen oft leichter erkennbar.

Ein Theorieteil, der diesen Mechanismus verdeutlicht, hilft, die Gemüter zu beruhigen. Von Kind auf haben wir gelernt, Fehler zu verbergen, weil Fehler bestraft werden. Dies haben wir gründlich gelernt – so gründlich, daß wir uns nicht mehr mit einem »Wir dürfen unsere Fehler nicht zugeben« rechtfertigen, sondern, wie gesagt, den Fehler bereits verdecken, bevor wir noch darüber nachgedacht haben. Und wir verdecken nicht ja nur die Fehler, auch der Vorgang des Verbergens selbst wird vertuscht. In dieser Hinsicht sind wir äußerst

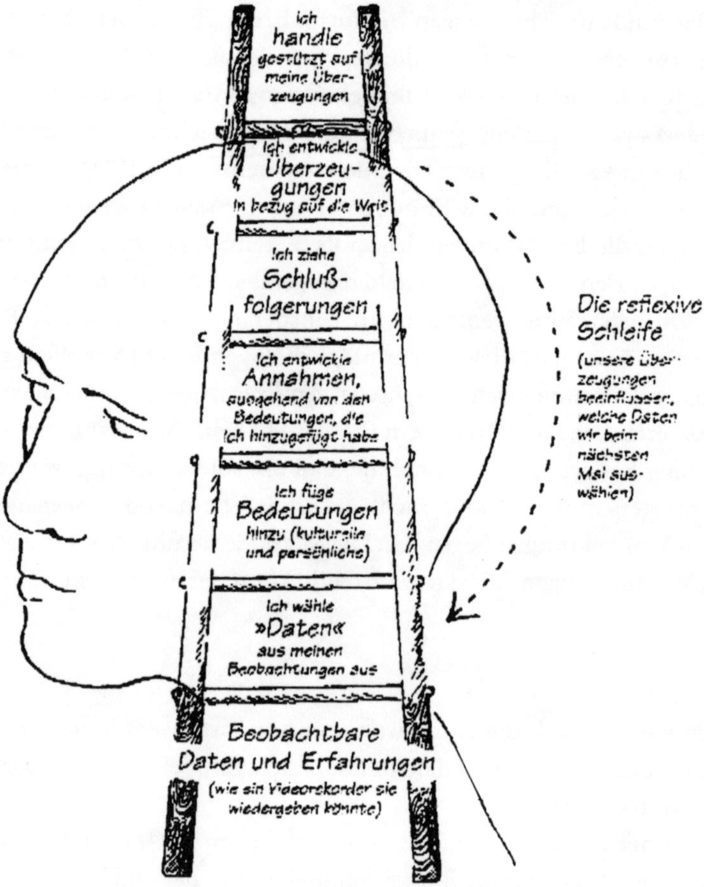

Abb. 1: »Leiter der Schlußfolgerungen«; Quelle: Senge u. a., S. 280.

geschickt, haben Erfahrung seit frühester Kindheit. In nahezu allen Arbeitssituationen hat sich diese Fähigkeit bereits bewährt und wird daher zur Gewohnheit.

Ein zweiter Mechanismus, der schnell defensives Verhalten provoziert, resultiert aus der Art und Weise, wie wir in unserem Denken zu Schlußfolgerungen kommen. Wir deuten eine Situation in immer abstrakter werdenden Begriffen. Zum Beispiel: Wenn jemand einige Male zu spät zu einem Meeting erscheint, folgern wir, daß diese Person die Zusammenkünfte nicht ernst nimmt. Eine wiederum hierauf basierende Folgerung kann dann lauten, daß der Betreffende auch an einer weiteren Mitarbeit nicht interessiert sein kann. Als weiterführende Interpretation dieses Verhaltens haben wir dann noch eine Erklärung: Zweifelsohne sind ihm andere Dinge wichtiger. Eine unzuverlässige Person also. Unsere Deutungen bauen aufeinander auf und machen zugleich eine Überprüfung unserer Unterstellungen immer schwieriger. Meist gelingt uns eine Überprüfung gar nicht mehr, obgleich die Unterstellungen sehr wohl unser Verhalten bestimmen.

Im Training wird dieser Aspekt unseres Denkens mit dem Modell der »Abstraktionsleiter« oder »Leiter der Schlußfolgerungen« veranschaulicht. Diese zeigt die Schritte, die unsere Denkvorgänge normalerweise durchlaufen: Aus Effizienzgründen neigen wir dazu, das abstrakte Ende einer Leiter erreichen zu wollen, und vergessen dabei, die Stichhaltigkeit unserer Interpretationen auf der Zwischenstufe zu überprüfen. Häufig sagt die abstrakte Deutung einer Situation mehr über den Sprecher aus als über die interpretierte Wirklichkeit. Sie macht Aussagen über die angewandte *theory in use* des Betreffenden. An sich ist dies natürlich ein häufig zum Einsatz kommender Mechanismus, den wir dringend benötigen, um die großen Mengen an Informationen, mit denen wir zu tun bekommen, verarbeiten zu können. Die Reduktion der Wirklichkeit ist notwendig, um überhaupt noch handeln zu können. Was wir dabei gelegentlich vergessen, ist, daß es sich bei unseren Reduktionen um *Vermutungen* handelt: sie beruhen auf Annahmen. Unsere Interpretation kann also fehlerhaft sein. Unser Verstand verarbeitet die Deutung jedoch so schnell und automatisch, daß unsere Folgerungen bereits vorliegen, bevor wir uns ihres spekulativen Charakters bewußt werden können. Im Training ist es häufig schwierig, die Teilnehmer dafür zu gewinnen, ihre Meinungen als eine Art Arbeitshypothese zu betrachten; wir neigen dazu, die eigene Meinung für die Wahrheit zu halten.

Soweit die »espoused theory« zum Zustandekommen eines defensiven Verhaltens. Im folgenden Abschnitt wird es um die Überprüfung ihres Wahrheitsgehalts gehen.

Die Regelhaftigkeit des Verhaltens

Ein Großteil des Verhaltens der Teilnehmer weist die Regelhaftigkeit dessen auf, was Argyris sein »Modell I« nennt, welches sich im Verhalten vieler Manager wiederfindet. Modell I ist das Programm der einseitigen Beherrschung von Situationen. Es beschäftigt sich vor allem mit Machtverhältnissen und hartnäckigen Gewohnheiten. Die zugrundeliegenden Leitwerte besagen, daß ein Manager eine Situation unter Kontrolle behalten muß, daß er gewinnen muß – Verlieren ist tabu –, daß negative Gefühle nicht zählen oder nicht erkannt werden oder überhaupt nicht vorkommen. Darüber hinaus gilt eine sehr eingeschränkte Definition von Rationalität, die vor allem nachprüfbare Elemente betrifft. Dabei definiert natürlich der Vorgesetzte, was rational ist. Alle diese Aspekte spielen eine Rolle im »X-Y-Fall« und sind damit erkennbar geworden. Nach Argyris gelangt dieses Modell in diversen Varianten sehr häufig zur Anwendung. Sinn des Trainings ist nicht, das Modell selbst zu eliminieren, sondern seine automatische Wirkung auszuschalten. Es gibt Situationen, in denen das Verhaltensprogramm zu gewünschten Ergebnissen führt. Die Aufgabe der Teilnehmer ist es jedoch, über das Modell zu verfügen, und nicht, vom Modell kontrolliert zu werden.

Der Umgang mit Kritik kann hier als Beispiel dienen. Liest man die aktuelle Managementliteratur, so ist dieser zufolge das Äußern von Kritik notwendig für das Korrigieren gemachter Fehler. Dies soll nicht heißen, daß es nicht doch meistens eine unangenehme Angelegenheit bleibt, mit Kritik konfrontiert zu werden. Wie das Eingestehen von Fehlern haben wir auch dies in der Regel nicht gelernt.

Das Risiko besteht, daß wir zwar um Kritik bitten, dann aber doch defensiv reagieren. Folglich lautet die implizite Botschaft angesichts kritischer Bemerkungen häufig: »Ich kann mit Ihren kritischen Bemerkungen nicht gut umgehen, und ich strafe Sie dafür, daß Sie kritisieren.« Sofern das Gegenüber diese implizite Mitteilung versteht, erhält man dann nach *Modell I* eine Situation, in der die Äußerung von Kritik gar nicht mehr möglich ist, denn die ist nach der handlungsleitenden Theorie nicht erwünscht – was immer die verbal geäußerte Theorie sein mag. Hier stellt sich die interessante Frage, ob eine nicht-defensive Reaktion noch möglich ist. Eine solche Reaktion könnte etwa lauten: »Ist das eine rhetorische Frage, oder wollen Sie das wirklich wissen?« Diese Reaktion impliziert eine Gleichwertigkeit der Gesprächspartner, die auch innerhalb einer hierarchischen Ordnung möglich ist. Eine andere Möglichkeit einer nicht-defensiven Reaktion liegt darin, sich einzugestehen, daß Kritik defensiv macht. In diesem Fall entscheiden wir uns für eine Haltung, in der wir verwundbar sind. Auch diese Möglichkeit muß nach Argyris geübt werden, damit man sie sich zu eigen machen kann.

Anknüpfend an die nicht-defensive Antwort formuliert Argyris dann ein *Modell II*. Dieses Modell basiert auf Werten, die der Entwicklung gültigen Wissens dienen sollen. Die Werte sind das Streben nach verläßlichen Daten, nach freien und sachlich fundierten Entscheidungen und die Entschlossenheit, die Verantwortung für das Entdecken und Korrigieren von Fehlern auf sich zu nehmen. Auf diese Weise ist es möglich, sich über eine Situation gültige Informationen zu verschaffen. Diese Informationen betreffen häufig den Situationskontext und immer auch die Erfahrungsaspekte der Gesprächspartner.

Das Liefern von unerwünschten Informationen erfordert Mut und Durchsetzungsvermögen. Zu sagen, daß etwas nicht möglich oder machbar ist, fällt nicht leicht. Der Empfänger dieser Information ist hierüber in der Regel nicht erfreut. In einer Reaktion nach Modell I führt dies oft zu Einschüchterung und Drohung, die ihrerseits wiederum Abwehrverhalten bedingen, welches nicht ausagiert wird. Die Motivation wird hierdurch natürlich nicht größer: sie gedeiht nicht unter Druck von oben. Bleibt jemand trotz Einschüchterung bei der gültigen Information, dann schließt solch eine Reaktion ein, daß sowohl Einschüchterung als auch Abwehrreaktion explizit verbalisiert werden. Man müßte dann erklären, daß man sich unter Druck gesetzt fühlt und aus diesem Grund defensiv reagiert.

Das ist keine einfache Aussage. Daher möchte ich Modell II auch das »Mutmodell« nennen. In einem Seminar reagierte einer der Teilnehmer auf eine großsprecherische Anekdote seines Vorgesetzten mit der – etwas zaghaft klingenden – Bemerkung: »Sie wollen uns damit doch nur einschüchtern?« Zur Überraschung der Anwesenden sagte der starke Mann: »Ja, ich weiß nicht, was ich sonst machen soll« – ein kleiner Dialog nach Modell II, der sehr aufschlußreich war. Eine andere gültige Information, die meist nicht übermittelt wird, betrifft den Unwillen, etwas zu tun. Es ist unüblich, aber durchaus wichtig zu sagen, daß man andere Prioritäten hat. Die Reaktion »Dann ändern Sie Ihre Prioritäten!« ist eine Einschüchterung, auf die niemand mehr kontern wird: »Das will ich nicht!« Meist lautet der unausgesprochene – automatische – Gedankengang: »Wenn Sie meinen – das können Sie haben«, und die Ergebnisse werden aus unerklärlichen Gründen enttäuschend ausfallen.

Beweisführung

Die obengenannten Beispiele überzeugen die wenigsten Teilnehmer, oft sind sie nicht deutlich genug. Die Beispielsituationen sind doch ganz normal und selbstverständlich – und läuft es denn nicht immer so? Die Teilnehmer sehen häufig nicht ein, was daran »verkehrt« sein soll. Und in der Tat bleibt die Kernfrage jedesmal die gleiche: »Sind die erzielten Ergebnisse zufriedenstellend, oder sind sie es nicht?«

Die *Beweisführung* zielt auf die Überprüfung der Theorie mittels Fallbesprechungen und Rollenspielen ab. Auch das Verhalten der Teilnehmer während der Gespräche außerhalb der Rollenspiele kann für die Beweisführung wichtig werden.

Der Unterschied zwischen der *espoused theory* und der *theory in use* wird den Teilnehmern des Trainings zuerst vorgeführt. Dies geschieht anhand des bereits mehrfach erwähnten »X-Y-Falls«, der eine nahezu archaische Kraft zu haben scheint. Die Teilnehmer erhalten ungefähr die folgende Situationsbeschreibung: »Der neu ernannte Vorgesetzte *Y* des Mitarbeiters *X* teilt diesem mit, daß dessen Leistung ungenügend ist und entsprechend gesteigert werden muß. Der Mitarbeiter *X* reagiert auf diese Mitteilung defensiv.« Soweit die Information. Die Teilnehmer werden gefragt, wie sie ein solches Gespräch bewerten. Die Kommentare werden aufgezeichnet. Sie lauten allgemein, daß die Abwehrreaktion von Herrn *X* niemanden überrascht. Sein Vorgesetzter wende eine ungeeignete Gesprächsstrategie an, usw. Die Teilnehmer haben viel Verständnis dafür, daß *X* sich verteidigt. Im Anschluß wird die Frage gestellt, wie *Y* reagieren würde, könnte er die Kommentare zu seinem Verhalten hören. Meist begreifen die Teilnehmer dann, daß sie ihrerseits *Y* in die Defensive drängen. Daraufhin werden die Teilnehmer defensiv: zu ihrer Verteidigung bringen sie vor, daß die Analyse einer Gesprächssituation natürlich etwas anderes sei als die Gesprächssituation selbst. Damit haben sie recht, und anstelle einer Diagnose ihres Verhaltens als »defensiv« erhalten sie nun die Gelegenheit, ihre *espoused theory* in die Praxis umzusetzen.

Rollenspiele

Letzteres vollzieht sich über Rollenspiele. Die Situation sieht dann wie folgt aus: »Man stelle sich vor, Herr Y kommt auf Sie zu und fragt Sie nach einem effektiveren Vorgehen in einem derartigen Gespräch.« Die Teilnehmer haben in der vorangegangenen Diskussion die ineffektiven Aspekte des Gesprächs ausdrücklich benannt. Dies geschieht häufig im Rahmen einer kausalen Theorie, die ungefähr folgendermaßen lautet: »Wenn man Menschen unter Druck setzt, reagieren sie defensiv und sind nicht sehr empfänglich für unerfreuliche Informationen.« Im nun folgenden Gespräch versuchen die Teilnehmer, Y (in der Regel, aber nicht immer, der Dozent) davon zu überzeugen, daß er sein Verhalten ändern muß. Herr Y ist anfangs nicht der Meinung, daß er das Gespräch mit X nicht richtig geführt habe, ist jedoch wohl interessiert an einer Steigerung der Effektivität. Die Frage ist nun, inwiefern es gelingt, Herrn Y in diesem Gespräch nicht in die Defensive zu drängen. Handhaben die Teilnehmer in dem Rollenspiel eine *theory in use*, die mit der *espoused theory* der Analyse übereinstimmt?

Ganz selten nur gelingt es einem Teilnehmer, ein Gespräch zu führen, in dem die Motive von Y im Mittelpunkt stehen. Herr Y weiß auch, daß man Menschen nicht unter Druck setzen sollte. In fast allen Fällen gerät das Gespräch in eine Sackgasse, und die Teilnehmer müssen feststellen, daß ihre handlungsleitende Theorie von ihrem theoretischen Wissen differiert. Hiermit ist deutlich geworden, daß das, was die Teilnehmer tun, nicht identisch ist mit dem, was sie zu tun glauben, und auch, daß sie sich dessen nicht bewußt sind. Die handlungsleitende Theorie funktioniert unbewußt, automatisch und schnell und wird nicht lediglich dadurch außer Kraft gesetzt, daß man sich ihrer Ineffizienz bewußt ist. Die Teilnehmer erkennen nun, daß sie ihr Verhalten nicht einfach verändern können, wenn sie wissen, daß es ineffektiv ist. Im Prinzip wurde hiermit die Macht des Programms demonstriert.

In der Folge wird dieses *Basis-Modell* auf das eigene Material der Teilnehmer angewandt. Die Besprechung des »X-Y-Falls« hat den Vorteil, daß sich der Dozent rasch ein gutes Bild von den Fähigkeiten der Teilnehmer machen kann. Hier kann die Bandbreite variieren vom heftigen Abstreiten bis hin zum sofortigen Eingestehen des eigenen Abwehrverhaltens.

Die Fallbesprechungen

Nach der Behandlung des »X-Y-Falls« und dem theoretischen Teil über die Aktionsmodelle bilden die Fallbeispiele das wichtigste Grundlagenmaterial für das Training. Fallbeispiele sind mißlungene Gespräche aus der Praxis der Teilnehmer.

Zwischen den Fallbeispielen werden Theorieelemente eingefügt. Die Fälle werden gemeinsam analysiert, in verschiedenen Varianten nachgespielt und in alternativen Versionen ausprobiert, immer im Bemühen um bessere Ergebnisse.

Zu Beginn einer Fallbesprechung wird der betreffende Teilnehmer bzw. die Teilnehmerin gefragt, was er oder sie mit dem mißlungenen Gespräch erreichen wollte. Dies lenkt unsere Aufmerksamkeit bereits auf den Aspekt, den der Teilnehmer selbst als den schwachen Punkt betrachtet. Darüber hinaus wird gefragt, was der Teilnehmer hieraus lernen will. Schließlich wird der Fall aus allen möglichen Perspektiven betrachtet. Zur Vorbereitung des Trainings gehört eine schriftliche Fallbeschreibung seitens der Teilnehmer. Hier soll eine

Situation thematisiert werden, die nach Ansicht des Teilnehmers nicht wie geplant verlief. Das gegenständliche Gespräch darf also das gewünschte Ergebnis nicht erzielt haben.

Die Teilnehmer erhalten recht detaillierte Anweisungen. Im Mittelpunkt der Aufgabe steht ein Gespräch zwischen dem Autor des Fallbeispiels und einem Kollegen, Kunden, Vorgesetzten oder Untergebenen. Die Beschreibung besteht aus zwei Spalten: die rechte Spalte beschreibt das Gespräch, soweit der Teilnehmer sich daran erinnert, die linke Spalte listet Gedanken und Gefühle auf, deren der Teilnehmer sich während des Gesprächs bewußt war, die er aber für sich behalten und nicht ausgesprochen hat. Ferner soll die Situation skizziert werden, ebenso die Strategie, die diesem Gespräch (gemäß Action Science): Fallbeschreibung (rechte u. linke Spalte) zugrunde lag.[3]

Bei einem solchen Protokoll kann es sich um ein tatsächlich geführtes Gespräch handeln, das in der Regel aus der Erinnerung heraus aufgeschrieben wird. Gelegentlich handelt es sich um die Transkription einer Bandaufnahme, manchmal auch um ein noch zu führendes Gespräch, das heißt die Wiedergabe eines möglichen Gesprächsverlaufs.

Wichtig ist nicht so sehr die exakte Wiedergabe des Dialogs; es geht vielmehr darum, daß der Autor/die Autorin das Gespräch so aufzeichnet, wie er oder sie sich daran erinnert. Im Beispiel aus dem *Fieldbook* nimmt Jim, Manager der Abteilung Forschung & Entwicklung, an, daß sein Vorgesetzter Todd verärgert ist und ihm kritisch gegenübersteht. In der rechten Spalte beschreibt Jim sein letztes Gespräch mit Todd. In der linken hält er die Gedanken fest, an die er sich erinnert:[4]

Was ich gedacht habe	**Was wir gesagt haben**
Wir hinken dem Zeitplan zwei Monate hinterher. Ich dachte, er wüßte es nicht. Ich hatte gehofft, daß wir den Rückstand noch wieder aufholen könnten.	*TODD: Jim, ich würde nächste Woche gern mal zu Ihnen kommen. Wir sind einige Wochen hinter unserem Zeitplan zurück. Es wäre sicher für uns alle von Vorteil, wenn wir die Sache mal gemeinsam durchsprechen.*
Ich muß ihm klarmachen, daß ich bereit bin, die Verantwortung für diese Sache zu übernehmen, aber ich will mir nicht freiwillig noch mehr Arbeit aufhalsen.	*ICH: Ich bin sehr beunruhigt wegen dieser Terminschwierigkeiten. Sie wissen ja, daß wir hier einige Probleme hatten. Wir arbeiten rund um die Uhr. Aber natürlich werden wir eine Be-*

	sprechung einschieben, wenn Sie es möchten.
In den Planungsstufen, wenn ich seine Unterstützung wirklich brauchen könnte, bietet er nie seine Hilfe an. Jetzt ist es zu spät.	*TODD: Na ja, ich habe gedacht, daß wir uns besser koordinieren sollten. Ich könnte sicher einiges tun, um Ihnen zu helfen.*
Seine ewigen Veränderungen sind der eigentliche Grund für unsere Terminschwierigkeiten. Gleich wird er wieder mit irgendwas rausrücken.	*ICH: Ich bin natürlich gern bereit, Ihre Verbesserungsvorschläge zu besprechen.*
	TODD: Ich habe nichts Bestimmtes im Sinn.
Es ist ein Jammer, daß ich ihm nicht sagen kann, daß er die Ursache für die Verzögerungen ist. Wenn ich ihn noch zwei Wochen hinhalten kann, werden wir es vielleicht schaffen.	*ICH: Ich würde gerne einen Prototyp fertigstellen, bevor Sie kommen. Wie wäre es, wenn wir einen Termin so um den 27. machen?*

Das Gespräch gibt die *theory in use* wieder, verborgen im aufgezeichneten Gespräch, und zwar in den Gedanken und Gefühlen, die sich in der linken Spalte finden, die nicht ausgesprochen werden, aber großen Einfluß auf den Gesprächsverlauf haben.

Im Training lernen die Teilnehmer, die Gedanken und Gefühle aus der linken Spalte in die rechte zu übertragen. Die Kunst liegt darin, die impliziten Prämissen (Annahmen), welche in den Gedanken und Gefühlen der linken Spalte zum Ausdruck kommen, anhand der rechten Spalte explizit zu überprüfen. Fast immer manifestiert sich im Gespräch ein mehr oder weniger verhüllter Machtkampf. Zuweisungen, die der *theory in use* entstammen, gehen häufig von der Annahme aus, daß der andere irrational sei, unverbesserlich, und daß Fehler bestraft werden müssen. Ebensooft ist der Autor von seiner eigenen Rationalität überzeugt – im Gegensatz zu den als irrational empfundenen Abwehrreaktionen des Gesprächspartners. Diese Überzeugung findet sich als mehr oder weniger latente Einschüchterung in der rechten Spalte wieder. Im Beispiel ärgert sich die Ich-Figur darüber, daß ihr Vorgesetzter Druck ausübt, selbst aber die Verzögerungen mit verursacht hat, traut sich aber nicht, dies offen zu sagen.

Dem Postulat des Automatismus der mentalen Programme gemäß erkennt der Autor des Fallbeispiels (gemäß Action Science): Fallbeispiele seine impliziten Prämissen (Annahmen) nicht unmittelbar. Aus diesem Grund werden sie auch nicht überprüft oder in einer Besprechung oder Verhandlung thematisiert. »Wenn ich seine Unterstützung brauche, bietet er nie seine Hilfe an.« Und: »Er selbst ist die Ursache für die Verzögerung.«- Solche Unterstellungen treffen möglicherweise zu, werden aber nicht thematisiert. Der andere ist der Meinung, daß Koordination unter seiner Leitung helfen könnte, die Probleme zu bewältigen, und dies zusammen führt zu einem stagnierenden Gespräch.

Der Übergang von Modell I zu Modell II

An sich ist die Technik, wie von Modell I auf Modell II übergegangen werden kann, einfach. Man mache sich klar, wie man einen bestimmten Sachverhalt selbst einschätzt, und frage den anderen, was er oder sie davon hält. Ist der Gesprächspartner anderer Meinung als man selbst, dann kennt man die Situation und kann nun gemeinsam prüfen, welche Möglichkeiten es gibt. In der Praxis gelingt dies jedoch nicht so leicht. Die gemeinsame Prüfung setzt voraus, daß nicht einer der Gesprächspartner die Situation kontrollieren will. In vielen Fällen ist das zugrundeliegende Muster eines solchen Fallbeispiels ein »Neindoch«-Gespräch, das sich in der Beschreibung des Gesprächs variantenreich mehrere Male wiederholt.

Sofern im Gespräch ein Machtkampf ausagiert wird, fordert Modell II, daß man sich im klaren darüber sein muß, wieviel Macht man zu teilen bereit ist. Das Modell sieht nicht vor, daß man auf Machtausübung verzichten muß, sondern fordert den bewußten Umgang mit Macht. Es besteht immer die Möglichkeit zu sagen, daß eine bestimmte Option nicht akzeptabel ist oder daß man sich gegen sie entschieden hat. Dann können sogar eventuelle negative Folgen explizit benannt werden. Es geht also nicht um Machtteilung, sondern um den bewußten Einsatz von Macht. Das Paradox liegt darin, daß eine explizite Entscheidung für Modell I – »Ich bin hier der Chef, und ich treffe die Entscheidungen, auch wenn Sie damit nicht einverstanden sind« – schon nicht mehr Modell I ist, sondern zu Modell II hintendiert. Aus Sicht von Modell II ist allerdings die Unterdrückung der freien und mit überprüften Informationen unterbauten Entscheidung ein schwacher Punkt: die Entscheidung wird hierdurch bedeutend schwieriger. Nach Modell II könnte man dem entgegenhalten: »Dies bedeutet, daß Sie weniger verwertbare Informationen erhalten – wollen Sie das?« Wenn der Vorgesetzte hierauf erwidert, daß diese Informationen dessenungeachtet geliefert werden müssen, bleibt das Gespräch natürlich wieder in der Einschüchterung stecken. Kein Untergebener sagt in diesem Fall noch: »Mir ist klar, daß Sie mich lieber einschüchtern wollen«.

Die Kernfrage, die zu Modell II hinführt, lautet ungefähr folgendermaßen: »Wie verhalte ich mich, daß mein Gegenüber so reagiert, wie er es tut?« Zum Beispiel: »Wir geraten in ein Ja-aber-Gespräch. Wie verhalte ich mich, daß ich mein Gegenüber so in die Gegenwehr dränge?« Die Antwort, die natürlich längst nicht immer auch gegeben wird, da sie eine nicht-defensive Haltung voraussetzt, lautet: »Sie hören mir nicht zu, und Sie setzen mich unter Druck.« Dies geschieht nämlich immer in Modell I, und die Teilnehmer entdecken dies langsam – zu ihrem Ärger und zu ihrem Kummer, aber nichtsdestoweniger unvermeidlich.

Indem die Situation explizit verbalisiert wird, verläßt man das Machtmodell und geht zur Untersuchung über. Nicht jedem fällt dieser Übergang leicht. Die Programme der Manager und Fachleute orientieren sich eher an Erfolg und Gewinn, an Zielen, die schnelle Entscheidungen erfordern – da bleibt wenig Zeit zum Lernen.

Die Elemente der Theorie werden explizit angewandt, und gelegentlich wird auf den »X-Y-Fall« verwiesen. Ziel ist das Sammeln überprüfter Informationen. Manche Manager verstehen die Mechanismen, aber entscheiden sich doch dafür, das gängige Modell I anzuwenden. Die Frage ist dann vor allem, ob und wie lange man sich dies erlauben kann. Solange das gewählte Modell die gewünschten Ergebnisse liefert, wird wohl kein Manager sein Verhalten ändern – warum auch, das Ziel wird ja erreicht. Aus diesem Grund lautet die Eingangsfrage bei den Fallbeschreibungen auch immer: »Was glauben Sie nicht erreicht zu haben?« Die Teilnehmerin/der Teilnehmer hat ein Problem, das sie oder er gerne lösen möchte. Das ist nötig für die Motivation der Verhaltensänderung und die Korrektur des mentalen Modells. In diesem Ansatz entsteht der Wille zu lernen – in einem auf Resultate ausgerichteten sozialen Kontext – aufgrund nicht erzielter Ergebnisse.

Zusammenhänge

Den Zusammenhang zwischen dem mentalen Programm, der Handlungsstrategie und den Resultaten im Modell I zeigt das folgende Schema:

Leitwerte →	Strategie →	Folgen →
• die Situation kontrollieren • gewinnen, nicht verlieren • rational sein • negative Gefühle unterdrücken	• eigene Standortbestimmung so vornehmen, daß die Situation kontrolliert werden kann und man gewinnt • einseitigen Gesichtsverlust bei mir selbst und beim anderen vermeiden	• Fehlkommunikation • sich selbst erfüllende Voraussagen (»self-fulfilling prophecies«) • Fehler eskalieren • geschlossene Prozesse

Die Leitwerte – einseitige Kontrolle der Situation, Gewinnen statt Verlieren, Ignorieren der Gefühle, Rationalität – führen zu einer Handlungsstrategie, die geschlossene Prozesse bewirkt. Häufig beinhalten sie bereits die Strategien: die eigene Meinung wird zum Ausdruck gebracht, Bewertung und Interpretation erfolgt so, daß die Überprüfung dieser Meinungen unnötig erscheint. Die den Einstellungen zugrundeliegenden Argumentationen bleiben unausgesprochen und subjektiv. Schlußfolgerungen dienen vor allem der Selbstbestätigung. Das Ergebnis ist eine Einschränkung des Lernprozesses.

Wird dieses Modell auf den Inhalt der linken Spalte einer Fallbeschreibung angewandt, begreifen die Teilnehmer schnell, daß die Kunst darin liegt, die unausgeprochenen Annahmen in der rechten Spalte zum Ausdruck zu bringen.

In Modell II zielt der Zusammenhang zwischen den Leitwerten, der Strategie und den Resultaten auf eine Verstärkung des Lernprozesses ab. Modell II bietet die verbale Theorie, die in Handlung umgesetzt werden muß, um den Lernprozeß in Gang zu setzen. Modell I wird dadurch nicht überflüssig. Es bleibt sinnvoll in Routinesituationen und Notlagen, in denen alle Anwesenden wissen, was geschehen muß, und wo zeitraubende Lernprozesse überflüssig sind.

Verzögerung

Damit der Übergang zu Modell II gelingt, ist es zunächst erforderlich, den Gebrauch von Modell I auszusetzen. Die Automatismen müssen sichtbar werden. Modell II läßt sich entsprechend folgendermaßen beschreiben:

Leitwerte →	**Strategie** →	**Folgen** →
• überprüfte Informationen • freie und mit überprüften Informationen unterbaute Entscheidung • Verantwortung für Entwurf und Realisierung der Entscheidung so, daß Fehler erkannt und korrigiert werden können	• die eigene Meinung formulieren und dies mit der Frage nach der Meinung des anderen und mit offener Überprüfung kombinieren • einseitigen Gesichtsverlust minimalisieren	• Reduktion der »sich selbst erfüllenden Voraussagen«, der geschlossenen Prozesse, die eskalierend Fehler produzieren • effektive Problemlösungen, effektives Lernen

Um die rasch ablaufenden Automatismen sichtbar machen zu können, ist ein Verzögerungsmoment notwendig. Die meisten Gesprächstechniken zielen hierauf ab. Der Autor des Fallbeispiels erhält hierdurch die Gelegenheit, sich an den Gedanken zu gewöhnen, daß der Fall analysiert wird und daß ihm selbst manche Aspekte nicht aufgefallen sind. Die unvermeidlichen Elemente aus Modell I – Einschüchterung, der Wille zu gewinnen, das Ignorieren negativer Gefühle, die Nutzbarmachung von Rationalität als Druckmittel – werden langsam sichtbar. Man hat Verständnis für Abwehrreaktionen und nimmt sich Zeit, diese zu verarbeiten.

Die Besprechung einer Fallstudie besteht aus einer Reihe von Aufgaben. Ein Aspekt ist das Erkennen der Strategie, die man aus dem tatsächlichen Gesprächsverhalten ableiten kann und die meist abweicht von der, die der Autor ausdrücklich formuliert hat. Das kann zu unangenehmen Situationen führen. Darüber hinaus wird der Kontext berücksichtigt, der die Situation beeinflußt. Dieser bleibt häufig implizit, wirkt sich aber auf den Gesprächsverlauf aus. Hier geht es meist um Selbstverständlichkeiten, die gerade dadurch nur mit Mühe herauszufiltern sind. Im Anschluß stellt sich die Frage, welche Aspekte unter Modell I (die meisten) und welche unter Modell II einzuordnen sind (nur wenige). Dies ist oft eine ernüchternde Erfahrung. Die Übungen zielen vor allem darauf ab, die Theorie auf eine analytische Weise anzuwenden. Den Teilnehmern wird die Theorie geläufig, und sie begreifen den Unterschied zwischen Denken und Handeln. In der Folge kommt zur Sprache, wie sich die Gedanken und Gefühle aus der linken Spalte auf die rechts beschriebenen Verhaltensweisen auswirken und warum sie nicht explizit benannt werden. Dies führt zum Ausagieren von defensiven Verhaltensmustern und bringt uns zur zentralen Frage: Welche Prämissen (Annahmen) lassen sich aus dem Gespräch und der linken Spalte herausfiltern? Diese aus dem Text erschlossenen Prämissen werden an die Tafel geschrieben. In der Regel ergibt sich so eine ganze Liste von Annahmen, von denen der Teilnehmer manche erkennt und andere nicht. Unter diesen Prämissen finden sich häufig Dilemmas, Ungereimtheiten und Paradoxe, die den Gesprächsausgang beeinflussen. Insgesamt liefern sie Hinweise auf das spezifische mentale Programm, das in diesem Fall das Gespräch kontrolliert und das Ergebnis erklären kann. Diese Art der Analyse geht weitgehend rational und konzeptionell vor und wirkt daher nicht sehr bedrohend.

Online

Die Gespräche, die in diesem Abschnitt des Trainings geführt werden, sind ihrerseits wiederum Material für *online*-Analysen der handlungsleitenden Theorie, zum Beispiel, inwiefern das Gespräch den Teilnehmer, der sein Fallbeispiel vorträgt, in die Defensive drängt oder ihm gerade zu neuen Einsichten verhilft. Verweise auf den »X-Y-Fall« funktionieren schnell und sind einleuchtend. Die beschriebene Situation wird nachgespielt, um zu prüfen, ob andere Teilnehmer das Gespräch mit einem erfolgreicheren Resultat reproduzieren können. Fast ausnahmslos scheint dies nicht oder nur ansatzweise zu gelingen; auch andere Teilnehmer geraten in ähnlicher Weise in eine Sackgasse. Hiermit läßt sich die allgemeine Anwendung von Modell I seitens der Teilnehmer überzeugend belegen. Davon abgesehen zeigen sich hier auch die individuellen Varianten der Teilnehmer. Und langsam wird deutlich, in welchen Situationen Modell I wohl und in welchen es nicht adäquat angewandt werden kann. Angesichts des gesellschaftlichen Tabus in bezug auf Machtanwendung kann in dem Training leicht der Eindruck entstehen, daß Modell I gänzlich zu verwerfen sei. Wie oben bereits angedeutet, ist dieser Schluß in seiner Undifferenziertheit nicht zutreffend. Ein Teil der Theorie verdeutlicht die Umstände, unter denen dieses Modell durchaus gut funktioniert.

Abwehrreaktionen

Nach einigen Fallbesprechungen erleben die Teilnehmer die Allgegenwart von Modell I als erhebliche Bedrohung. Der zweite Tag des Trainings beginnt dann auch mit einer Vielzahl von Abwehrreaktionen und Widerständen. Aus Sicht der Teilnehmer agieren sie fehlerhaft und, schlimmer noch, in den Rollenspielen wird deutlich, daß auch eine Verhaltenskorrektur nicht gelingt. Die defensiven Verhaltensmuster sind sehr stark, und viele Teilnehmer reagieren aggressiv auf den Dozenten. Wird dieser dann von der Gruppe in die Enge getrieben, kann er das zwar konstatieren – als verwertbare Information über die Situation –, doch bewirkt das Verbalisieren seiner Machtlosigkeit in diesem Moment leider nicht sehr viel. Die Teilnehmer wollen gewinnen, wollen endlich wieder einmal recht behalten und manövrieren sich damit in ein unangenehmes Paradox: Gewinnen erweist sich in diesem Fall als Verlieren im Hinblick auf die Ziele des Trainings. Das Blockieren des Dozenten führt in die Sackgasse. Für die Lösung der Problematik ist in diesem Fall jedoch die gesamte Gruppe verantwortlich: wenn die Teilnehmer nicht mehr wollen, geschieht gar nichts mehr. Macht funktioniert, aber unterdrückt gültiges Wissen.

Wahlmöglichkeiten

Problematisch ist auch nicht so sehr das Modell an sich, sondern vielmehr der Automatismus, mit dem das Modell angewandt wird. Hierdurch werden die Möglichkeiten der Reflexion und der Entscheidung zunichte gemacht. Viele automatische Annahmen über den routinemäßigen Ablauf einer Situation treffen nicht zu. Umstände können sich langsam und unbemerkt verändert haben, so daß Annahmen nicht länger gültig sind. Routineverhalten kann in solchen Fällen überholt sein, ohne daß es sein automatisches Potential verliert. Die Kontextgebundenheit erweist sich als problematisch, wie die rückläufigen Ergebnisse belegen. Die Stärke des Trainings liegt in seiner Ergebnisorientierung. Fast niemand scheint das Machtmodell freiwillig aufgeben zu wollen. Erst wenn deutlich wird, daß die Ergebnisse den Zielen nicht entsprechen, müssen Alternativen gesucht werden. Solange dieser Zwang nicht existiert, behält Modell I seine Gültigkeit. Macht ist angenehm und macht süchtig.

Zum Schluß

Je weiter die Besprechung der Fälle fortschreitet, um so geringer wird der Widerstand, und die Anwendung von Macht sowohl in den Fallbeispielen als auch in den Gesprächen wird leichter erkennbar. Das Interesse gilt nun verstärkt den alternativen Möglichkeiten. Auch die Entwicklung dahin ist ein allmählicher Prozeß. Zunächst versuchen die Teilnehmer, für die festgefahrenen Situationen alternative Drehbücher zu schreiben. Diese werden dann in Rollenspielen und Nachbesprechungen ausprobiert. Das Rollenspiel entwickelt sich von formal inszenierten Szenen zu kurzen Zwischenspielen während der Besprechung, um ein solches Szenario schnell zu testen und um experimentieren zu können. Zu diesem Zeitpunkt sind die Widerstände erheblich geringer geworden.

Am dritten Tag des Trainings ist die Theorie anhand der unzähligen persönlichen Erfahrungen sehr viel deutlicher geworden. Ausprobieren wird normal, die Rollenspiele wechseln mit eher kognitiven Analysen.

Am Ende der Fortbildung wissen die Teilnehmer ungefähr, warum und wie sie Gespräche blockieren, und sie haben einen Anfang gemacht mit dem Üben von Alternativen. Die Fähigkeit, unter Druck *online* über die fortlaufende Handlung zu reflektieren, beherrschen die Teilnehmer noch nicht.

Aber auch ein Weg von 1000 Meilen beginnt mit dem ersten Schritt ...

Anmerkungen

1 Siehe Argyris (1982); Argyris u. Schön (1974); Argyris, Putnam u. Smith (1985).
2 Argyris (1982), 469 ff.
3 Vgl. Senge u. a. (1996), 284 (»Die linke Spalte«).
4 Das vorliegende Beispiel wurde entnommen aus Senge u. a. (1996), 285 f.

Literatur

Argyris, Chris (1982), *Reasoning, Learning and Action,* San Francisco: Jossey Bass.

Argyris, Chris (1990), *Overcoming Organizational Defenses,* Needham, MA: Ally & Bacon.

Argyris, Chris (1992), *On Organizational Learning,* Cambridge, MA: Blackwell.

Argyris, Chris (1997), *Wissen in Aktion. Eine Fallstudie zur lernenden Organisation,* Stuttgart: Klett-Cotta.

Argyris, Chris; Putnam, Robert; McLain Smith, Diana (1985), *Action Science: Concepts, Methods, and Skills for Research and Intervention,* San Francisco: Jossey Bass.

Argyris, Chris; Schön, Donald A. (1974), *Theory in Practice,* San Francisco: Jossey Bass.

Argyris, Chris; Schön, Donald A. (1999), *Die Lernende Organisation. Grundlagen, Methode, Praxis,* Stuttgart: Klett-Cotta.

Senge, Peter M.; Kleiner, Art; Roberts, Charlotte; Ross, Richard B.; Smith, Bryan J. (1996), *Das Fieldbook zur »Fünften Disziplin«,* 2. Aufl., Stuttgart: Klett-Cotta.

Schön, Donald A. (1983), *The Reflective Practitioner,* New York: Basic Books.

Piet Reckman

Der Polizist lernt die neue Rolle im Tun – Paulo Freires Erfahrungspädagogik

Zur Entstehung meiner Methode des Erfahrungslernens

Bevor ich die Methode beschreibe, wie ich sie gemeinsam mit ungefähr 50 anderen von mir ausgebildeten Dozenten und Kursleitern bei der niederländischen Polizei und ihren »Partnern vor Ort« anwende, möchte ich kurz ihre Entstehungsgeschichte skizzieren.

Ich selbst bin in einem Arbeiterviertel geboren und aufgewachsen. Mein Vater war Lehrer, und das wollte ich auch werden. Aber in der herkömmlichen Schule kam ich mit meinen pädagogischen Ideen nicht sehr weit: Die nach Fächern geplanten Schulstunden, verbunden mit der Erwartung, daß ich als Lehrer den Kindern etwas beizubringen habe, machten es mir unmöglich, die eigene Lebenswirklichkeit der Kinder in den Unterricht zu integrieren und ihnen hierdurch auch die Möglichkeit zu geben, etwas zu lernen. Es kam zu Konflikten mit der Aufsichtsbehörde und der Verwaltung. Ich verließ die Schule und fand Arbeit im Bereich auffällig gewordener Stadtkinder, die in Einrichtungen und Internaten »umerzogen« werden sollten. Von diesen Kindern habe ich sehr viel gelernt, und hier konnte ich meine pädagogischen Überzeugungen voll einbringen.

In den 70er und 80er Jahren nahm ich aktiv an den neuen sozialen Bewegungen teil und entwickelte gemeinsam mit anderen eine Theorie und Methode des sozialen Handelns. In diesen Jahren besuchte ich regelmäßig lateinamerikanische Länder. In den Arbeitervierteln von Santiago und in anderen chilenischen Städten sowie auch u. a. in Buenos Aires und Recife machte ich viele neue Erfahrungen bei der grundsätzlichen Arbeit mit Bewußtwerdungsprozessen und Handlung, genauer: mit Lern- und Veränderungsprozessen. In dieser Zeit lernte ich auch den brasilianischen Pädagogen Paulo Freire kennen, der in der Folge die Entwicklung meiner Methode prägen sollte (und daher auch zu Recht eine wichtige Rolle in diesem Aufsatz spielt). Was ich in dieser Zeit lernte, erschien der *Hochschule für soziale Berufe (De Horst* im niederländischen Driebergen) interessant genug, um mir eine Stelle als Dozent und später als Direktoriumsmitglied für den Bereich der Unterrichtserneuerung anzubieten. Dort erhielt ich im berufsbildenden Zweig die Möglichkeit, die »Integration Theorie – Praxis«, wie wir es damals nannten, beträchtlich weiterzuentwickeln.

In diesem Rahmen entstanden erste zögerliche Kontakte zwischen der Regionalpolizei und den im Gemeinwesen tätigen Sozialarbeitern. Diese Kontakte förderte ich, und ich unterrichtete die Beteiligten im Sinne des handelnden Lernens und des lernenden Handelns.

Nach meiner Pensionierung erhielt ich von der Polizei das Angebot, bei der Aus- und Weiterbildung von Polizeibeamten mitzuwirken, die in Arbeitervierteln tätig werden sollten – in Zusammenarbeit mit Sozialarbeitern und vor allem auch mit den Bewohnern selbst. Inzwischen hatte die Führung der Polizei den Begriff »Action Learning« im Sinne von Reginald Revans u. a. auf den Lehrplan gesetzt, mit dem man auch »meiner« Methode gerecht werden wollte. Der Bedarf an solchen Aus- und Weiterbildungen – und auch die Nachfrage – hat in den letzten Jahren (seit 1995) so erheblich zugenommen, daß es notwendig wurde, Lehrgänge für Ausbilder einzurichten. Auch bedurfte es einer Organisationsform, die wir mit dem *Landeszentrum für Sicherheit durch Lebensqualität* (Landelijk Centrum Veiligheid door Leefbaarheid, LCVL) kreierten.

Dieses LCVL, dessen leitender Koordinator ich bin, ist einerseits zuständig für alle logistischen Fragen, die die Ausbildung mit sich bringt, und dient andererseits der Qualitätssicherung und -verbesserung, wozu ein konsequentes Feedbacksystem entwickelt wurde. Auf diese Weise ist das LCVL in der Lage, die eigene Praxis permanent zu problematisieren und zu erneuern.

Nach dieser kurzen Einführung soll im folgenden die Philosophie und Methode beschrieben werden, die in unserem Landeszentrum zur Anwendung kommt.

Leben und Schule

Die Anthropologin Margaret Mead erzählt in einem ihrer Bücher *(The School in American Culture)* die folgende Anekdote: Eine Großmutter, die ihren Enkel aufzog, ging eines Tages mit dem Jungen zur Grundschule, fragte nach dem Direktor und sagte zu ihm: »Herr Direktor, ich nehme meinen Enkel von der Schule. Es wird Zeit, daß er etwas lernt!«

Diese recht drastische Beurteilung ist sicherlich nicht auf alle Formen des

Unterrichts und der Ausbildung zu übertragen. Schließlich gibt es eine Vielzahl von Schulen, Kursen usw., in denen junge wie alte Menschen auf eine sinnvolle Weise durchaus viel lernen können. Trotzdem: unser Lernen ist in vielerlei Hinsicht – auch ganz grundsätzlich – veränderungs- und verbesserungsbedürftig. Zuviel an unseren Schulen, in unseren Ausbildungs- und Jugendbildungsstätten orientiert sich an der Tradition des »Depositärs«, wie der brasilianische Pädagoge Paulo Freire diese verstand und wie dies auch bei unserer Großmutter aus El Salvador deutlich zum Ausdruck kommt. Ein Depositär ist, so der Duden, ein »Verwahrer von Wertgegenständen, -papieren u. a.«. Paulo Freire übertrug diesen Begriff aus dem Bankwesen auf die traditionelle Lehrmethode: Der Lehrer gibt sein Wissen bei den Schülern in Verwahrung, und wie bei einer Deposition bei der Bank kann das in Verwahrung gegebene Wissen an bestimmten Tagen von dem Lehrer »abgeholt« werden (durch Klassenarbeiten, Abhören, *Multiple-Choice*-Tests). Auf diese Weise kommen keine Veränderungen zustande, denn die Schüler erhalten eine um so höhere Belohnung (Note), je exakter sie die »Deposition« – das vom Lehrer eingegebene Wissen – wiederholen, reproduzieren können. Aber damit haben die Schüler noch nicht gelernt, selbst zu lernen, selbst nachzudenken, selbst kritikfähig zu sein, die »Deposition« zu erneuern und anzureichern.

Letzteres können die Schüler, die Kursteilnehmer, die Studenten, die zukünftigen Polizeibeamten nur dann, wenn sie ihre eigene Wirklichkeit, ihre eigene Lebenspraxis – Arbeiten, Wohnen, Haushalten, Einkaufen, Kommunizieren usw. – kritisch betrachten. Durch Erfahrung und Untersuchung entwickeln wir Menschen uns seit frühester Kindheit (»heiß, aua!«). Wir lernen besonders dann, wenn wir uns die Finger verbrennen, den Kopf stoßen, wenn wir zu der schmerzhaften Erkenntnis gelangen, daß bestimmte Ideen, die wir haben, nicht mit der erfahrbaren Wirklichkeit übereinstimmen, wenn wir feststellen, daß unser Handeln keine oder ungenügende Ergebnisse erzielt, wenn wir in neuen, unbekannten Situationen in Verlegenheit gebracht werden.

Der Beginn der meisten wirklich effektiven Lernprozesse ist also ein gewisser Konflikt mit der (erfahrenen) Wirklichkeit.

Am Anfang steht der Konflikt

Aus meinem eigenen Leben und Lernen möchte ich hier zur Verdeutlichung der obigen Ausführungen folgendes erzählen:

In den 70er Jahren war ich ein »prinzipieller Pazifist«: Ich war gegen jeglichen Einsatz von Waffen, gegen das Militär und den Umgang mit Konflikten mittels Krieg oder bewaffneter Aufstände. Ich war von meinen Überzeugungen so durchdrungen, daß ich ähnlich motivierten jungen Wehrdienstverweigerern half, sich auf das »Verhör« vorzubereiten, das ihnen bei der Beurteilungskommission bevorstand (diese mußte letztlich entscheiden, ob der Wehrdienst tatsächlich aus Gewissensgründen verweigert wurde und der Wehrdienstverweigerer anerkannt werden konnte).

Gleichzeitig faszinierte mich die damalige Entwicklung in Chile: eine demokratische, von breiten Schichten der Bevölkerung bewußt getragene Regierung Allende, die der chilenischen Gesellschaft eine sozialistische Struktur und Kultur geben wollte. Ich reiste regelmäßig dorthin, schrieb Artikel, machte Reportagen für das niederländische Fernsehen, organisierte Chile-Komitees usw. Dann folgte am 11. September 1973 der Staatsstreich von Pinochet, dem Oberbefehlshaber der chilenischen Armee. Diese Armee bereitete der »Revolution in Freiheit« ein äußerst gewalttätiges Ende, wie sich viele sicherlich erinnern werden.

Ich war bestürzt. Wie hatte das nur passieren können: ein dermaßen bewußtes, einsatzbereites und hart arbeitendes Volk von der eigenen Armee mit Gewalt blockiert! Auf die erste stark emotionale Reaktion folgte die Phase der Analyse und Problematisierung. Hier stand die Frage »Wie konnte das passieren?« im Mittelpunkt. Wir analysierten die Vorgänge, und diese Studien kamen zu der folgenden Antwort: Die chilenische Armee war keine Volksarmee mit Wehrpflicht, sondern bestand aus Berufsmilitärs. Progressive linke, sozialistische Heranwachsende meldeten sich nicht zum Militärdienst, und so wurde die Armee (auch unter dem Einfluß der preußischen Militärtradition von vielen deutschstämmigen Chilenen) zu einem Staat im Staat, zu einem konservativen Bollwerk, welches das Gewaltmonopol besaß und für die Einflußnahme der CIA empfänglich war.

Bei mir führte dies zu einem Überdenken meines pazifistischen Standpunktes: Sein prinzipieller Charakter schien mir nun zu weit vorauszugreifen auf eine gerechte und menschliche Welt. Diese »Meinungsänderung« war die Folge eines schmerzhaften Lernprozesses, in welchem meine eigenen Ideen und Meinungen deutlich mit der Wirklichkeit, an der ich so engagiert teilnahm, in Konflikt geraten waren.

So geht es uns allen recht häufig. Wir Menschen lernen jeden Tag aus Rückschlägen, wir lernen, wenn sich alte Wege als Sackgassen erweisen und wenn wir neue Wege entdecken wollen – es sei denn, wir bleiben stehen und schieben den anderen die Schuld zu. Denn: man muß auch lernen wollen!

Aus der eigenen Praxis lernen wollen

Man muß auch lernen *wollen*. Im Kontext der Philosophie der hier beschriebenen Methode bedeutet dies: Es muß eine Bereitschaft, lernen zu wollen, vorliegen, eine positive Einstellung, eine aktive Ausrichtung zum Lernen muß bestehen oder sich entwickeln können. Wir Menschen können auch dumm sein: Wir können uns wie der berühmt-berüchtigte Esel wieder und wieder am gleichen Stein stoßen, immer wieder denselben Fehler machen, niemals die eigene Vorgehensweise in Frage stellen, sondern denen die Schuld geben, die von unserer Vorgehensweise betroffen sind. Niemand wird zugeben wollen, dem berüchtigten Esel zu ähneln, aber viele von uns sind bequem oder sind abhängig von den Anweisungen anderer (der Vorgesetzten, Dozenten, Koordinatoren usw.). Und doch: was ist menschlicher – im ureigentlichen Sinn – als der Wille zu lernen, der Wille zu begreifen, zu verstehen, zu entwickeln, zu erneuern?

Zusammenfassend können wir also die Philosophie unserer Methode folgendermaßen definieren: *Lernen durch Handeln und Handeln durch Lernen, handelnd lernen, lernend handeln, auf der Grundlage des Willens, aus Handlungsproblemen und Praxiserfahrungen zu lernen, aus den Konflikten zwischen Meinung und Wirklichkeit, aus den Forderungen seitens der Kollegen, der Bewohner eines Stadtteils, der Partner des Netzwerks, mit denen wir zusammenarbeiten.* Dieses Lernen beginnt mit dem »Au« – das Hinfallen ist schmerzhaft, aber das Aufstehen macht Freude. Sich den Kopf zu stoßen tut weh, aber die neuerworbene Beweglichkeit macht Spaß.

Paulo Freire und das Lernen der brasilianischen Zuckerrohrplantagenarbeiter

Versetzen wir uns nach Recife, in die Millionenhafenstadt im Nordosten Brasiliens. Im Jahr 1921 wurde dort Paulo Freire als Sohn eines Armee-Offiziers geboren. Als junger Mann studierte er an der Universität von Recife zunächst Jura, danach Geschichte und Pädagogik. Eine Laufbahn an der Universität war ihm vorbestimmt, als Tutor, später als Dozent und schließlich als Professor.

Das wurde er auch, aber er übte Kritik an dem »amerikanischen« System: Gute Studenten bleiben ihr Leben lang innerhalb der Universitätswelt und werden eigentlich nie mit der sozialen Wirklichkeit konfrontiert.

Paulo Freire brach mit dieser Tradition und zog in das Hinterland. Nicht weit von Recife waren und liegen auch heute noch zwischen Küste und Wüste weite Felder, auf denen Zuckerrohr angebaut wird. Diese Plantagen sind in der Regel Eigentum nordamerikanischer Großgrundbesitzer, die ihrerseits Strohmänner einsetzen. Auf den Zuckerrohrplantagen lebten (und leben teilweise noch heute) die Arbeiter unter erbärmlichen Umständen: harte Arbeit, ärmliche Unterkünfte, große Familien, geringes Einkommen (das ausschließlich in den plantageneigenen Geschäften ausgegeben werden durfte), sie waren Analphabeten und hatten nahezu keinen Kontakt mit der »Außenwelt«.

Paulo Freire hatte von den armseligen Lebensumständen der Zuckerrohrarbeiter gehört. Er wollte sich mit ihnen gesellschaftlich engagieren. Gemeinsam mit einigen Pädogogikstudenten zog er in eines der Arbeiterdörfer und ließ sich dort nieder. Sein Ziel war es, die Menschen zu alphabetisieren: ihnen Lesen und Schreiben auf eine Weise beizubringen, die es ihnen ermöglichte, bewußter zu leben, Kontakte aufzunehmen mit anderen Arbeitern in ähnlichen Verhältnissen, sich zum Beispiel in Gewerkschaften organisieren zu können usw.

Wie aber sollte dies vor sich gehen? Einen klaren Plan hatte er nicht, so etwas lernt man auf der Universität nicht. Er mußte – mit seinen idealen Zielvorstellungen – gemeinsam mit den Studenten und vor allem gemeinsam mit den Zuckerrohrarbeitern in der Praxis eine Methode finden, die diese Ziele realisieren konnte. Also wohnte er mitten unter den Zuckerrohrarbeitern. Das war für die Arbeiter neu: ein so ordentlich aussehender Mann, ein Professor aus der Stadt! Neugierig schauten sie zu, anfänglich aus der Distanz, bis diese Distanz immer geringer und geringer wurde und der Kontakt zustande kam. Dabei entwickelte sich langsam die im folgenden beschriebene methodisch äußerst interessante Situation:

Nachdem sie ins Gespräch gekommen waren, fragte Paulo Freire die Arbeiter, was sie so alles erlebt hatten. Sie erzählten, daß der Aufseher ihnen befohlen hatte, das reife Rohr mit ihren Hackmessern zu ernten. Das taten sie.

←

Dann, so erzählten sie weiter, kam der Aufseher auf seinem schönen Pferd angeritten, mit einem Sombrero auf dem Kopf und einer Peitsche in der Hand. Alle arbeiteten hart.

→

Alles, was sie erzählten, wurde an eine große Tafel gezeichnet, und die wichtigsten Wörter, die »Schlüssel«-Begriffe, wurden dazugeschrieben: Zuckerrohr, Hackmesser, Aufseher, Arbeiter, Pferd, Sombrero, Peitsche.

»Und dann geschah etwas Schreckliches«, erzählten sie. »Juan-Carlos, unser Kamerad, der seit langem Rückenschmerzen hat und deshalb nicht so hart arbeiten kann, wurde vom Aufseher mit der Peitsche geschlagen. Er blutete fürchterlich.«

←

Paulo Freire konnte das kaum glauben: eine derartig brutale, barbarische Vorgehensweise des Aufsehers gegenüber einem seiner eigenen Arbeiter. »Ja, aber es ist wirklich wahr, Herr Freire. Wir haben es alle gesehen. Wir standen dabei.«

→

Auch dies wurde gezeichnet, und die Wörter wurden dazugeschrieben: Kamerad, krank, schlagen, Kopf, Blut, zuschauen . . .

Auf Freires Bitte hin kamen allmählich auch die Frauen mit ihren Geschichten. Im Laden hatten sie nichts mehr kaufen können. »Ja, es lag genug Vorrat in den Regalen, aber von unserem Lohn, den der Aufseher immer für die Einkäufe einbehält, war nichts mehr übrig, und der Aufseher läßt nicht anschreiben.«

»Und wo wir jetzt doch gerade dabei sind«, sagten die Frauen, »wollen wir auch wissen, warum unsere Männer abends nach der Arbeit keinen Finger mehr krümmen in den Familien und nur noch unter den Platanen stehen und schwätzen . . .«

Und erneut wurde gemalt und geschrieben.

Und wie sie so dasaßen und erzählten und über die Erfahrungen des Tages berichteten, sahen sie in der Ferne den Aufseher zu seiner prächtigen Villa zurückreiten. »Diese Villa«, erzählten sie, »wird von einem von uns bewacht, der eigens hierfür mit einem Gewehr bewaffnet wird, damit sich niemand traut, dorthin zu gehen.«

Und wieder wurde gezeichnet und wurden die Wörter in die Zeichnung geschrieben. Die Arbeiter und die Frauen erhielten Bleistift und Papier von Paulo Freire und konnten versuchen, nachzuzeichnen und nachzuschreiben. So entstand ihre ganz eigene »Leesplank«[1] und lernten sie lesen und schreiben mit ihren eigenen Erfahrungen.

Die »Leesplank« der Zuckerrohrplantagenarbeiter

Zuckerrohr
Hackmesser
Aufseher
Arbeiter
Pferd
Sombrero
Peitsche
Kamerad
krank
schlagen
Kopf
Blut
zuschauen
Geld
Vorrat
Frauen
Männer
Kinder
Haushalt
Familie
Platanen
Villa
Wächter
Gewehr

Als die Arbeiter, Männer wie Frauen, gemeinsam mit Paulo Freire auf diese Weise ihre Erfahrungen in Wort und Bild gebracht hatten, schlug Freire vor, dieses »Bild ihrer Wirklichkeit« so genau und so kritisch wie möglich zu betrachten. »Stellt euch vor, ihr würdet in einen Spiegel schauen. Was seht ihr, das nicht richtig ist, das ungerecht ist, was für Probleme, Nöte und Wünsche seht ihr?« Paulo Freire nannte dies die *Problematisierung der eigenen Wirklichkeitserfahrungen*. Am Anfang war das noch schwierig, aber allmählich – angeregt durch einige Fragen – gelang den Menschen die Selbstkritik bis hin zur Problematisierung, wie zum Beispiel:

- Wir haben einen herrschsüchtigen Boß, weil wir so untertänige Arbeiter sind;
- wir schauen wie dumme Jungen zu, wie der Aufseher unseren Kameraden mit der Peitsche schlägt;
- der Laden ist gut bestückt, aber wenn von unserem Lohn nichts mehr übrig ist, bekommen wir nichts;
- die Frauen müssen auch abends noch arbeiten, die Männer vergnügen sich;
- einer von uns hält mit einer Waffe Wache beim Aufseher, der uns wie Tiere behandelt;
- weil wir noch nicht lesen und schreiben können, bleiben wir unwissend.

Während dieses Beschreibens und Problematisierens kamen die Arbeiter und die Frauen wie selbstverständlich rasch zu Plänen, zu Handlungszielen – wie zum Beispiel:

- Wenn wir besser lesen und schreiben können, nehmen wir Kontakt mit der Gewerkschaft auf, um uns besser zu organisieren;
- wir gehen alle zusammen zum Aufseher und fordern unseren Lohn in Bargeld;
- die Männer versuchen, die Kritik der Frauen ernst zu nehmen.

Einige Monate später konnten die meisten Menschen auf dieser Zuckerrohrplantage ausreichend lesen und schreiben. Ihre Alphabetisierung ging einher mit einem bewußteren, kritischeren und stärker organisierten Leben und Arbeiten. Als die Regierung – in jener Zeit progressiv – hiervon hörte, wurde nach Freires Methode ein umfassenderes und auch aus öffentlichen Mitteln finanziertes Programm zur Volksbildung organisiert.

Ich habe die Plantagen besucht und Paulo Freire kennengelernt, ich lud ihn zu einer öffentlichen Lesung in die Niederlande ein, und wir blieben in Kontakt. Er hat großen Eindruck auf mich gemacht, und ich habe viel von ihm gelernt. Am 2. Mai 1997 starb Paulo im Alter von 75 Jahren.

Für die Methode von Paulo Freire gelten die folgenden Faustregeln:

- Lerne lesen, schreiben und arbeiten anhand deiner eigenen Wirklichkeitserfahrungen, deiner eigenen Praxis,
- erkunde deine Welt, stoß dir ruhig den Kopf, verbrenn dir die Finger, mach deine eigenen Fehler,
- lerne, die Praxis zu kritisieren, zu spiegeln, zu problematisieren,
- plane auf dieser Grundlage Zielsetzungen, Handlungen, führe, wenn nötig, eine weitere Untersuchung durch
- und erneuere und verbessere hierdurch deine Praxis, deinen Umgang mit der Wirklichkeit, mit anderen, die Ausübung deines Berufs.
- Bringe diese neuen Praxiserfahrungen dann wiederum in Wort und Bild,
- spiegle, kritisiere und problematisiere diese wiederum,
- damit wiederum neues Handeln in Lernen und Tun möglich wird
- und auf diese Weise deine Praxis weiter verbessert wird.

So sprechen wir in unseren Ausbildungen auch nie von einem »abgeschlossenen Studium«, sondern immer über »weiterlernen«, denn der Lern-Arbeits- und Arbeits-Lern-Prozeß endet im Erfahrungslernen nie: dieser Prozeß ist eine unaufhörliche Weiterbildung, ein *perpetuum mobile.*

Die zentrale Arbeitsweise: der Bericht

Mit der methodischen Vorgehensweise von Freire haben wir im Prinzip auch den Vorgang des Berichtens bereits kennengelernt: die Teilnehmer bringen in einem Lernprozeß ihre Wirklichkeit, ihre Praxis, in Wort und Bild.

Nun ging es Freire um die Alphabetisierung und auf dieser Basis um weitere grundsätzliche Entwicklung, so auch um kritisches Bewußtsein und soziales Engagement. Diesen Ansatz konnten und können wir jedoch nicht in gleicher Form in unserer westlichen Gesellschaft anwenden, und zwar schon aus dem Grund nicht, weil die meisten von uns bereits alphabetisiert sind.

Wir müssen daher hier und jetzt – zum Beispiel in der Ausbildung der Polizei – nicht mehr ganz grundlegend mit Hilfe von Zeichnungen und Abbildungen Wörter und Sätze erlernen; wir können direkt über die Sprache – gesprochen wie geschrieben – unsere Wirklichkeitserfahrungen protokollieren. Das heißt nicht, daß ein solcher Bericht nicht auch illustriert werden kann oder sogar ausschließlich in Form einer Fotoreportage, eines Videofilms oder einer Kollage erfolgen kann. Aber die methodischen Erfahrungen der obengenannten pädagogischen Vorbilder mußten sozusagen »übersetzt« werden in die soziokulturellen Gegebenheiten unserer westlichen Gesellschaft.

Insbesondere seitdem viele regionale Polizeibehörden zunehmend die bezirkszentrierte Polizeiarbeit fördern (»Mit beiden Beinen im Bezirk«) und die Bezirkspolizei auf der Grundlage der Fähigkeit zur sozialen Selbsthilfe mit Partnern im Stadtviertel zusammenarbeitet, erwies sich unsere Methode des Erfahrungslernens als äußerst brauchbar. Auch für die Grundausbildung der Polizei zeigte die Anwendung dieser Methode Erfolge. In der Wirtschaft nimmt das Interesse an lernenden Organisationen und der Anwendung der *Action-Learning*-Methode ebenfalls allmählich zu.

Die Lern-Arbeitsform des Berichts ist die zentrale Arbeitsweise unserer Methode. In der Ausbildung wird diese Form daher zuerst eingeübt.

Ein solcher Bericht besteht immer aus zwei vertikalen Spalten, die beide gleich breit sind, also gleich viel Platz bieten. Die rechte Spalte enthält die *Beschreibung* der Wirklichkeit, der Praxis, die untersucht werden soll, um daraus zu lernen. Die linke Spalte enthält den kritischen Kommentar hierzu. Hier wird die Wirklichkeit gespiegelt, wie wir dies auch bei Paulo Freire gesehen haben: eine *Problematisierung*, die zu neuen praktischen Zielsetzungen führen kann.

Im folgenden werden die Spalten und ihre jeweiligen Funktionen genauer erklärt. Die Überschrift des Berichts enthält feststehende Angaben: das Thema des Berichts, Datum und Autor (zur Form vgl. das folgende Beispiel in den Abschnitten zur rechten und zur linken Spalte).

Die rechte Spalte des Berichts

Die rechte Spalte enthält die Beschreibung eines Stücks Wirklichkeit, eines praktischen Sachverhalts, von dem der Autor/die Autorin meint, daß damit etwas geschehen muß: er oder sie ist unzufrieden, möchte genauer untersuchen, hat die Erfahrung gemacht oder vermutet, daß die beschriebene Situation bzw. das eigene Verhalten in dieser Situation anders, besser möglich wäre.

Eine solche rechte Spalte entsteht also nicht »einfach so«, sondern immer mit einem konkreten Ziel: Lernen aus dem Handeln, Kritik üben und, soweit möglich, die Praxis verbessern.

Während der Arbeit mit unserer Methode wurden Kriterien entwickelt, die ein solcher Bericht, eine solche rechte Spalte erfüllen muß (damit im Anschluß eine sinnvolle linke Spalte entstehen kann, das heißt sinnvolle Kritik und neue Zielsetzungen möglich sind).

Diese Kriterien lauten folgendermaßen:

1. Die Beschreibung muß so objektiv wie möglich sein. Völlig objektiv ist natürlich niemand, denn alles, was man sieht, erlebt, erzählen will, wird durch das eigene Raster, die eigenen Referenzmuster gefiltert. Dennoch darf als Zielsetzung durchaus gelten, daß die rechte Spalte Beschreibungen von Tatsachen beinhaltet und sich in jedem Fall an die vorab angegebene Thematik zu halten hat, ohne daß Fakten suggeriert oder unbewiesene Vermutungen geäußert werden.

2. Die Beschreibung muß relevant sein, sich wesentlich auf die Thematik beziehen, und das bedeutet auch: sie soll keine unnötigen Angaben enthalten (z. B.: ich suchte im Telefonbuch die Nummer des Kunden, nahm den Telefonhörer, wählte die Nummer ... usw. – wichtig ist lediglich, daß ich jemanden anrief).

3. Die eigene Position, das eigene Handeln muß ebenfalls in die Beschreibung aufgenommen werden, einschließlich der eigenen Reaktionen, eventuell auch der Gefühle. Mancher wird jetzt denken: »Aber das ist doch nicht objektiv, sondern allenfalls subjektiv!« Aber wir Menschen sollten doch auch in der Lage sein, die eigene Reaktion, einschließlich unserer Gefühle, so objektiv wie möglich darstellen zu können! Das muß gegebenenfalls geübt werden.

4. Soweit möglich, sollten Vergleiche gezogen werden, das heißt vergleichbare Praxissituationen beschrieben werden, die zu einem früheren Zeitpunkt oder an einem anderen Ort stattgefunden haben. Diese Vergleiche liefern häufig sehr relevante Informationen, die bei der Problematisierung (im Anschluß in der linken Spalte) hilfreich sein können.

5. Der Bericht muß für Außenstehende lesbar sein. (Hierauf kommen wir im folgenden Abschnitt noch einmal zurück.)

6. Sofern dies für das Verständnis nötig ist, können weitere Unterlagen beigelegt werden.

Um die Funktion der rechten, beschreibenden Spalte unseres Berichts deutlich zu machen, folgt hier ein Beispiel aus der Praxis eines Bezirkspolizisten. Es handelt sich dabei um einen einseitigen Ausschnitt aus einem insgesamt dreiseitigen Bericht – schließlich soll er nur als Beispiel dienen.

<table>
<tr><td>BERICHT
Datum: 19. Mai 1997
Thema: Probleme durch Obdachlose
Autor: Henk Marlot, Polizist</td><td></td></tr>
<tr><td>Problematisierungen/Zielsetzungen</td><td>Beschreibung (der Erfahrungssituation)
Schon seit drei Jahren gehen bei uns regelmäßig Beschwerden ein über den Aufenthalt von Obdachlosen an dem Türmchen des neuen Verwaltungsgebäudes am Großen Markt im Stadtzentrum. Direkt neben dem Türmchen befindet sich das Treppenhaus zur Tiefgarage; dort befinden sich auch die öffentlichen Toiletten. Das Verwaltungsgebäude ist so gebaut, daß die Obdachlosen auf einer Art Bank oder Balustrade ein trockenes Plätzchen gefunden haben. Das Gebäude befindet sich in unmittelbarer Nähe des städtischen Pfarramts und des Nachtasyls, der Post, von Kneipen und Geschäften. Zudem ist in dem Verwaltungsgebäude auch das Sozialamt untergebracht. Alle diese »Einrichtungen« sind für die Obdachlosen in ihrem täglichen Leben von großer Bedeutung.
Die Probleme, die diese Gruppe verursacht, bestehen darin, daß sie Fußgänger belästigen, indem sie diese anpöbeln, den Durchgang versperren, kleinere Diebstähle begehen (auch Handtaschendiebstahl) sowie die direkte Umgebung verschmutzen. Bei der Bevölkerung ist ein Unsicherheitsgefühl entstanden, aufgrund dessen man das Treppenhaus und die Toiletten nicht mehr zu benutzen wagt. Auch die Markthändler beschweren sich über Diebstähle und Umsatzeinbußen aufgrund der Anwesenheit der Obdachlosen. Darüber hinaus fungiert der obengenannte Ort als Ausgangspunkt für Diebstähle im Stadtzentrum und andere kriminelle Aktivitäten sowie für Hehlerei und Drogenhandel. Insgesamt besteht die betreffende Gruppe aus etwa 50 Personen, von denen ungefähr 15 ständig aktiv anwesend sind und z. B. am späten Nachmittag von den Markthändlern die unverkauften Lebensmittel erhalten. Nachts finden die Obdachlosen Unterkunft im Asyl, wo sie auch ihre Sozialhilfe beantragen können.
Seit kurzem bin ich als Bezirkspolizist, gemeinsam mit zwei Kollegen, für das Stadtzentrum zuständig. Vorher kam bei Meldungen immer ein Streifenwagen zum Einsatz, wodurch die Gruppe der Obdachlosen sich jeweils schnell zerstreute. Durch unsere Funktion als Bezirkspolizisten haben wir nun Kontakt mit den Obdachlosen . . .</td></tr>
</table>

Die linke Spalte des Berichts

Wenn die rechte Spalte sowohl vom Autor als auch von Lesern (Kollegen, andere Teilnehmer an der Fortbildung, Kontaktpersonen anderer sozialer Einrichtungen im Bezirk) nach den obengenannten Kriterien als korrekt beurteilt wurde, kann mit der linken Spalte begonnen werden: dem Spiegeln, Kritisieren und Problematisieren der beschriebenen Wirklichkeit aus der rechten Spalte.

Das Verb »problematisieren« bezeichnet den zentralen Punkt, den »Dreh- und Angelpunkt«, der von der *beschriebenen* Praxis zur *neuen, verbesserten* Praxis führen muß. Gleichzeitig steht es für den schwierigsten Punkt des Berichts: nicht so sehr, weil das Problematisieren an sich schwierig ist, sondern weil wir so etwas in der Schule nicht oder kaum gelernt haben.

Die Problematisierung ergibt sich, wenn wir uns distanziert gegenüber dem Text aus der rechten Spalte positionieren, diesen als kritisierbares Objekt betrachten (ihn spiegeln!) und dann zu Entdeckungen kommen, wie dies auch die Zuckerrohrplantagenarbeiter im Hinterland von Recife taten. Beim Problematisieren geht es zunächst um das Formulieren von Gegenüberstellungen. Da dies noch recht abstrakt klingt, hier einige konkrete Beispiele:

- Die gute Absicht, mit den Obdachlosen Kontakt aufnehmen zu wollen, gegenüber dem Unvermögen, ihre »Sprache« zu sprechen;
- die Klagen der Älteren über die Belästigung durch Jugendliche gegenüber der Denkweise der Älteren, die ihre Ruhe haben wollen und ihre eigene Jugend vergessen haben;
- die politische Entscheidung, das Projekt »mit beiden Beinen im Bezirk« durchzuführen, gegenüber fehlenden Stellen für Beamte, die hierfür nötig wären;
- das Ansprechen der Bürger auf ihre eigene Verantwortung für die Lebensqualität und Sicherheit in ihrem Wohnviertel gegenüber deren tiefsitzenden Erwartungen, daß für diese Arbeit Polizei, Feuerwehr und öffentliche Einrichtungen zuständig sind.

Das eine ist die Kehrseite des anderen, und sie gehören zusammen wie Tod und Leben, Krieg und Frieden, Tag und Nacht, Licht und Dunkel, Herr und Knecht, Liebe und Haß.

Diese Dialektik einigermaßen zu beherrschen ist die Voraussetzung für eine angemessene Problematisierung. Daß diese wichtig ist, erweist sich daran, daß anhand einer guten Problematisierung relativ leicht neue praktische Ziele abgeleitet werden können, wie die obengenannten vier Beispiele belegen: sich vertraut machen mit der Obdachlosensprache, den Dialog mit den Älteren aufnehmen (später den Dialog zwischen Älteren und Jüngeren fördern), mehr Vollzeitstellen einfordern, die soziale Verantwortung in stärkerem Maße einüben.

BERICHT
Datum: 19. Mai 1997
Thema: Probleme durch Obdachlose
Autor: Henk Marlot, Polizist

Problematisierungen/Zielsetzungen	**Beschreibung (der Erfahrungssituation)**
1. Die schöne Architektur des Verwaltungsgebäudes erweist sich vor allem für die Obdachlosen als funktional. 2. Dem Problem der Belästigung kann nur mit einem integralen und kommunikativen Ansatz begegnet werden. Die genannten Einrichtungen arbeiten jedoch nicht zusammen. 3. Die Markthändler beschweren sich über die Obdachlosen, die sie mit ihrem Überschuß selbst anlocken. 4. Die leichte »Zugänglichkeit« von Nachtasyl und Sozialamt übt eine große Anziehungskraft auf Obdachlose aus der gesamten Region aus. 5. Repressive Reaktionen der Streifenwagen – in der Regel mit unterschiedlicher Besatzung – auf einzelne Meldungen stehen der Notwendigkeit gegenüber, feste und präventive Kontakte mit den Obdachlosen aufzubauen.	Schon seit drei Jahren gehen bei uns regelmäßig Beschwerden ein über den Aufenthalt von Obdachlosen an dem Türmchen des neuen Verwaltungsgebäudes am Großen Markt im Stadtzentrum. Direkt neben dem Türmchen befindet sich das Treppenhaus zur Tiefgarage; dort befinden sich auch die öffentlichen Toiletten. Das Verwaltungsgebäude ist so gebaut, daß die Obdachlosen auf einer Art Bank oder Balustrade ein trockenes Plätzchen gefunden haben. Das Gebäude befindet sich in unmittelbarer Nähe des städtischen Pfarramts und des Nachtasyls, der Post, von Kneipen und Geschäften. Zudem ist in dem Verwaltungsgebäude auch das Sozialamt untergebracht. Alle diese »Einrichtungen« sind für die Obdachlosen in ihrem täglichen Leben von großer Bedeutung. Die Probleme, die diese Gruppe verursacht, bestehen darin, daß sie Fußgänger belästigen, indem sie diese anpöbeln, den Durchgang versperren, kleinere Diebstähle begehen (auch Handtaschendiebstahl) sowie die direkte Umgebung verschmutzen. Bei der Bevölkerung ist ein Unsicherheitsgefühl entstanden, aufgrund dessen man das Treppenhaus und die Toiletten nicht mehr zu benutzen wagt. Auch die Markthändler beschweren sich über Diebstähle und Umsatzeinbußen aufgrund der Anwesenheit der Obdachlosen. Darüber hinaus fungiert der obengenannte Ort als Ausgangspunkt für Diebstähle im Stadtzentrum und andere kriminelle Aktivitäten sowie für Hehlerei und Drogenhandel. Insgesamt besteht die betreffende Gruppe aus etwa 50 Personen, von denen ungefähr 15 ständig aktiv anwesend sind und z. B. am späten Nachmittag von den Markthändlern die unverkauften Lebensmittel erhalten. Nachts finden die Obdachlosen Unterkunft im Asyl, wo sie auch ihre Sozialhilfe beantragen können. Seit kurzem bin ich als Bezirkspolizist, gemeinsam mit zwei Kollegen, für das Stadtzentrum zuständig. Vorher kam bei Meldungen immer ein Streifenwagen zum Einsatz, wodurch die Gruppe der Obdachlosen sich jeweils schnell zerstreute. Durch unsere Funktion als Bezirkspolizisten haben wir nun Kontakt mit den Obdachlosen . . .

Von der Problematisierung zur Zielsetzung

Problematisierungen – wie etwa aus der linken Spalte im obigen Beispiel ersichtlich wird – führen fast automatisch zu Zielsetzungen, zu Handlungen. Manchmal sind sie geradezu provokativ: man muß einfach etwas unternehmen, man wird geradezu aufgefordert zu reagieren.

Aber die Umsetzung der Problematisierung in Zielvorgaben verläuft nicht automatisch: dazwischen befindet sich ein Element der freien Wahl. Gegenüberstellungen, wie sie in der Problematisierung vorkommen, bieten immer Raum für mehrere mögliche Denkrichtungen. Die beiden konträren Elemente der Problematisierung verlangen von denjenigen, die eine Lösung suchen, eine eindeutige Entscheidung: zum Beispiel zwischen präventivem und repressivem Auftreten, zwischen einem Vorgehen als »Einzelkämpfer« und Kooperation, zwischen Verständnis und Billigung, zwischen der Organisation und den Menschen usw.

Um diese Entscheidungsmomente zu konkretisieren, entwickeln wir aus den Problematisierungen der linken Spalte mögliche Ziele:

1. Müssen öffentliche Gebäude wie die hier genannte Stadtverwaltung tatsächlich architektonisch besonders reizvoll sein, und nehmen wir die Folgen dafür in Kauf? Oder sollten die Planer und die Architekten unter dem Gesichtspunkt der Sicherheit und Lebensqualität bereits im Entwurfsstadium andere Gruppen – die Polizei, die zukünftigen Benutzer – einbeziehen?
2. Bemühen wir uns um eine integrale Zusammenarbeit, oder finden wir, das sei Zeitverschwendung, und kümmern uns lieber um unsere eigenen Angelegenheiten?
3. Sollen wir die Marktkaufleute ermahnen oder ihnen sogar verbieten, den Obdachlosen die übriggebliebenen Waren gratis zu überlassen? Oder sind wir der Ansicht, daß dies für die Obdachlosen sehr erfreulich ist, und reagieren wir lediglich auf das übrige, unerwünschte Verhalten dieser Gruppe?
4. Schlagen wir dem Sozialamt vor, den Obdachlosen erst nach einer bestimmten Anzahl von Übernachtungen Sozialhilfe zu gewähren? Sollten wir die Mitarbeiter des Nachtasyls auffordern, die Obdachlosen besser zu begleiten? Oder sind wir der Meinung, daß es den Obdachlosen eben so gut wie möglich gehen sollte?
5. Entscheiden wir uns für ein repressives Vorgehen oder für ein gegenseitiges Kennenlernen, also eine möglichst offene Kommunikation mit den Obdachlosen?

Abhängig von unseren jeweiligen Entscheidungen können die im folgenden genannten Ziele formuliert werden.

Ziel und Plan

Unter *Zielsetzungen* verstehen wir innerhalb unserer Methode konkrete und umsetzbare Arbeitsziele. Sie müssen so formuliert werden, daß die Umsetzung kontrollierbar bleibt. Sollen solche Zielsetzungen realisierbar sein, müssen die konkreten Zielvorstellungen in einen *Stufenplan* übersetzt werden, wie es hier beispielhaft vorgeführt werden soll:

8. Es wird gemeinsam kontrolliert, ob der Vereinbarung nachgekommen wird.

7. Die Vereinbarung zur integralen Zusammenarbeit wird getroffen, um das Problem anzugehen.

6. Zweites Treffen zwecks Besprechung der Vereinbarung und der Aufgaben jedes einzelnen.

5. Das Protokoll des Treffens wird verteilt, zusammen mit dem Entwurf einer Vereinbarung und einer erneuten Einladung.

4. Das Treffen wird abgehalten, und die Bereitschaft zum integralen Ansatz wird geprüft; ein weiteres Treffen wird vereinbart.

3. Das Treffen wird genau vorbereitet: Einführung, Gesprächsleitung, Berichte, Vorschläge usw.

2. Alle Betroffenen werden mit einem Schreiben persönlich eingeladen.

1. Die Initiatoren vereinbaren einen geeigneten Ort und Zeitpunkt für ein Treffen.

Natürlich wird nicht jede kleine Aufgabe so detailliert geplant, aber in diesem Fall fördert ein solcher Plan die praktische Intelligenz, und, ganz wichtig, die Verwirklichung unserer Ziele wird kontrollierbar.

Der Aktionsplan

Nachdem wir den Stufenplan nun bereits aufgestellt haben, ist es nicht mehr so schwierig, auch einen detaillierten Aktionsplan (der einzelnen Aktionsschritte) zu erstellen. Hinzugefügt werden müssen noch die Namen der Personen, die bestimmte Aufgaben übernehmen, der Zeitrahmen, in dem die Handlung abgeschlossen sein muß, und gegebenenfalls die Ausführungsmittel. Außerdem gibt es auch immer eine Spalte für die Kontrolle.

Ein solcher Aktionsplan kann in unserem Fall etwa wie folgt aussehen:

Nr.	**Aufgaben**	**auszuführen durch**	**Zeitschema**	**mittels**	**Kontrolle**
0	Erstellen einer Aufgabenverteilung	Gruppe	Dienstag, 22. 12.	Zusammenkunft der Gruppe	
1	Finden eines geeigneten Orts und Zeitpunkts	Gerrit	Freitag, 08. 01.	Kalender und Telefon	
2	Aufsetzen eines Einladungsschreibens	Leontien	Freitag, 08. 01.	Textverarbeitung	
3	Erstellen einer Liste der einzuladenden Personen und Organisationen	Sekretariat	Freitag, 08. 01.	Stadtplan	
4	Absprachen treffen bzgl. Ort, Zeitpunkt, Einladungsschreiben, anstehender Aufgaben	Gruppe	Montag, 11. 01.	Gruppentreffen	
5	Persönliche Absprache der Aufgabenverteilung	jeder	Freitag, 22. 01.		
6	Vorbereitung der Versammlung: Teilnehmer, Diskussionsleiter, Einführung, evtl. Vorschläge usw.	Gruppe	Montag, 25. 01.	Gruppentreffen	
7	Versammlung findet statt	alle	Freitag, 05. 02.	Vollversammlung	
8	Protokoll erstellen und verteilen	Franz	Freitag, 12. 02.		
	Usw. . . .				

Zusammenfassung der Vorgehensweise

- Ein konkretes Problem (in unserem Beispielfall die Obdachlosenproblematik) wird so deutlich wie möglich in der rechten Spalte des Berichts beschrieben.
- Diese Beschreibung wird in der linken Spalte des Berichts problematisiert.
- Im Hinblick auf die Problematisierung werden Entscheidungen getroffen.
- Auf der Grundlage dieser Entscheidungen werden Ziele formuliert.
- Die Ziele werden in einem ausführbaren »Stufenplan« ausgearbeitet.
- Dieser Stufenplan wird konsequent übersetzt in einen detaillierten und kontrollierbaren Aktionsplan.

Die Umsetzung des Aktionsplans kann wiederum in der rechten Spalte beschrieben werden, usw. . . .

Auf diese Weise kann auch eine Berufsausbildung stattfinden – bei der Polizei, in der Sozialarbeit, der Krankenpflege . . . oder der Pädagogik.

Anmerkung

1 Die »Leesplank« ist ein in den Niederlanden sehr bekanntes bebildertes und beschriftetes Holzbrett als Unterrichtshilfe der Ganzheitsmethode (A. d. Ü.).

Brian Swain

Wertstromentwicklung in Hochleistungs-unternehmen, Mentoring und Action Learning

In diesem Beitrag soll das Action Learning im Zusammenhang mit Herstellungs- und Wertschöpfungsprozessen untersucht werden. Das Lernen wird häufig als etwas Abstraktes betrachtet, als ein intellektueller Prozeß, der irgendwie außerhalb unserer alltäglichen Aktivitäten stattfindet. Das Action Learning hat von Anfang an versucht, das Lernen gezielt in den Mittelpunkt der Lebensaktivität zu stellen. Es braucht also einen Kontext, eine Umwelt. Die hier untersuchte Umwelt ist das Wirtschaftsleben. Der Lernkontext ist der Wertschöpfungsstrom, wofür ich in diesem Beitrag den Begriff »Wertstromentwicklung« benutze. Nach der Definition von Jones und Womack (1998, 23 f.) besteht ein »Wertschöpfungsstrom«

> »... aus allen spezifischen Tätigkeiten, die erforderlich sind, um ein bestimmtes Produkt (ein Produkt, eine Dienstleistung oder, zunehmend, eine Kombination der beiden) durch die ... entscheidenden Managementaufgaben ... zu einem fertigen Produkt in den Händen des Kunden [zu führen].«

Normalerweise findet in einer einzelnen Organisation immer nur ein Teil des vollständigen Wertschöpfungsstroms statt, den ein Produkt durchläuft. Dieser Teil bildet die Umwelt, den Kontext und den Inhalt für die Wertstromentwicklung.

Unternehmen als »schlanke« und »lernende« Organisationen und die Bedeutung des Action Learning

Ich kann im Rahmen dieses Aufsatzes nicht näher auf Konzepte wie »Lean Thinking«, »Lean Production«, »World Class Manufacturing« oder »Total Quality« eingehen. Außerdem ist dieser Beitrag nicht das Ergebnis eines konkreten wissenschaftlichen Forschungsprozesses, sondern gibt vielmehr die persönlichen Erkenntnisse wieder, die der Autor durch seine Tätigkeit als Organisationsberater, durch Lektüre und durch Gespräche mit Berufskollegen und Managern gewonnen hat. Über die genannten Themen sind zahlreiche Bücher und Aufsätze geschrieben worden. In diesem Beitrag sollen diese Konzepte und Verfahrensweisen nur angesprochen werden, wenn sie im Zusammenhang mit dem Action Learning stehen und als Quelle für praktische Beispiele dienen. Bei den angeführten Beispielen handelt es sich, wenn nicht anders angegeben, um reale Situationen, wobei ich Namen und Details leicht abgewandelt habe, um die beteiligten Personen und Unternehmen zu schützen.

Ich gehe bei meinen Ausführungen von der Hypothese aus, daß die »Schlanke Organisation« eine »Lernende Organisation« ist. Ich füge dieser Hypothese, an deren Erforschung und Nachweis derzeit gearbeitet wird, die Behauptung hinzu, daß das Action Learning ein Schlüsselmerkmal des »schlanken« Unternehmens ist und daß das Lernen in der schlanken Organisation zunächst auf die Entwicklung und Verbesserung des Wertschöpfungsstroms ausgerichtet ist und dann jede weitere Lernerfahrung, die zu diesem Ziel beiträgt, fördert. Für ein besseres Verständnis dieser Behauptungen sind zwei Definitionen erforderlich:

- *Eine* schlanke Organisation *ist ein relativer Begriff, der sich darauf bezieht, inwieweit ein Unternehmen engagiert darauf hinwirkt, alle nicht wertschöpfenden Aktivitäten und Bestände aus seinen Operationen zu vertreiben, und darauf, inwieweit es dabei, gemessen an der weltweit besten Praxis, ein hohes Leistungsniveau erreicht.*
- Eine lernende Organisation *ist eine Organisation, die durch ihr Engagement, ihre Einstellung und ihre Praxis das individuelle und gemeinsame Lernen in allen Lebens- und Arbeitsbereichen fördert.*

Was in diesem Buch über das Action Learning gesagt wird, steht im Einklang mit den Ausführungen dieses Aufsatzes. Das Action-Learning-Modell, wie es von Dr. Donnenberg dargestellt wird, bildet die Grundlage für ein Verständnis der Wertstromentwicklung im Sinne einer arbeitsbezogenen Personalentwicklung, die nur durch einen klar formulierten Action-Learning-Ansatz erreichbar ist.

Was bedeutet »Wertstromentwicklung«?

Was also ist »Wertstromentwicklung«? Anhand einer einfachen Geschichte will ich exemplarisch verdeutlichen, was mit »Wertstromententwicklung« und »Action Learning« gemeint ist. Die folgende kurze Fallstudie stammt aus einem kürzlich abgeschlossenen, achtzehnmonatigen Führungskräfte-Entwicklungsprogramm, das in einem britischen Unternehmen stattfand. Sechzehn Manager der untersten Leitungsebene bzw. Teamleiter nahmen an diesem Programm teil. Bill Blackmere war einer von ihnen, und seine Erfahrung ist repräsentativ für alle Teilnehmer:

Bill arbeitet als Manager der untersten Leitungsebene in einem pharmazeutischen Unternehmen, das in einem stufenweisen Fermentierungsprozeß jeweils größere Mengen von Zwischenprodukten (in batches) herstellt, bis schließlich Antibiotika entstehen. Bill leitet ein zehnköpfiges Produktionsteam, das sich aus Maschinenarbeitern und Wartungstechnikern zusammensetzt. Die Fabrik, in der er tätig ist, arbeitet rund um die Uhr, 24 Stunden am Tag, 365 Tage im Jahr. Die Batch-Taktzeiten sind ein wichtiger Erfolgsfaktor in dieser Branche.

Bill nahm an einem innerbetrieblichen Führungskräfte-Entwicklungsprogramm teil. Das Programm verband Fernunterricht, der auf die Arbeit des Teilnehmers ausgerichtet war, mit Zusammenkünften in Lerngruppen sowie mit großen (und kleinen) Verbesserungsprojekten am Arbeitsplatz. Bills wichtigstes Verbesserungsprojekt liefert ein hervorragendes Beispiel für das Action Learning im Wertstrom.

Als es für Bill an der Zeit war, sich für ein Projekt zu entscheiden, wurde er dazu angeleitet, gemeinsam mit seinem Team ein detailliertes Arbeitsablaufdiagramm zu erstellen, das die einzelnen Schritte des von ihm beaufsichtigten Produktionsprozesses wiedergeben sollte. Dieses Diagramm gab Aufschluß über die Dauer jeder Aktivität und berücksichtigte dabei auch Verzögerungen, Fehler und Ausschuß. Auf der Grundlage dieses Diagramms konnten Bill und sein Team eine klare Vorstellung davon entwickeln, wie der Wertstrom durch ihren Bereich floß. Als nächstes ermittelte Bill dann die Gebiete, die sich besonders gut für Verbesserungen eigneten.

Bill hatte einen Projektmentor, der sich in regelmäßigen Abständen mit ihm traf. Der Mentor beriet ihn in Fragen der Analyse- und Projektmethodik und gab ihm Anleitung im Hinblick auf Teamführungsfähigkeiten und auf die persönliche Laufbahn. Bill war voll und ganz darauf konzentriert, den Wertstrom besser zu verstehen und jede Form von Verschwendung zu unterbinden. Dazu war es erforderlich, daß Bill eine Vielzahl von Kenntnissen und Fähigkeiten erwarb, die direkt oder indirekt zu diesem Ziel beitrugen.

Bill hatte noch nie eine strukturierte Analyse erstellt, einen detaillierten Bericht geschrieben oder einen größeren Veränderungsvorschlag für die Arbeitsabläufe gemacht. Er hatte sich auch noch nie an die Abteilung für Qualitätssicherung gewandt, weder um Kritik an laufenden Verfahren zu üben noch um ihre Unterstützung bei Veränderungen zu erbitten. Er hatte noch nie ein Budget erstellt, Finanzprognosen entwickelt oder Computerpräsentationen vor oberen Führungskräften oder technischen Experten gehalten. Das alles lernte er jetzt durch das Projekt. Abgesehen von diesem Erfolg führte die Umsetzung des Projekts auch zu einer jährlichen Produktivitätssteigerung von 100 000 Pfund.

Bill lernte, handelte und lernte wiederum durch das Handeln. Er war hoch engagiert, weil er zweckbestimmt lernte, während er seine Arbeit ausführte. Seine Entwicklung war direkt mit den wichtigsten Entwicklungsbedürfnissen des Unternehmens verbunden – mit der Steigerung der Produktivität. Da dieses angeleitete, gezielte Lernen in der Arbeitspraxis verankert war, verknüpfte es die fachliche Weiterbildung mit dem Reichtum menschlicher Interaktionen und erzeugte dadurch vielfältige Synergien. Das ist ein Beispiel für die Wertstromentwicklung.

Wertstromentwicklung ist ein strategischer, theoretischer, methodologischer, taktischer und fundamental praxisorientierter Lern- und Entwicklungsansatz am Arbeitsplatz. Der vorliegende Beitrag hat zwei Schwerpunkte: Zum einen soll untersucht werden, was Wertstromentwicklung bedeutet, zum anderen soll dargelegt werden, inwiefern sie mit den Techniken und Erkenntnissen, die von Revans und anderen Vertretern des Action Learning beschrieben werden, zusammenhängt.

Man könnte argumentieren, daß Wertstromentwicklung genau das ist, was alle Unternehmen die ganze Zeit über tun. Unternehmen müssen ständig auf die Anforderungen einer sich wandelnden Gesellschaft und eines sich wandelnden Marktes reagieren. Veränderungen erfordern Lernprozesse, und das Lernen ist Sache des Individuums. Daraus folgt, daß Unternehmen automatisch nach Wertstromentwicklung streben. Im weitesten Sinne mag das zutreffend sein, aber nur Spitzenunternehmen setzen bewußt auf eine am Wertstrom orientierte Entwicklung, und die Ergebnisse dieser Aktivitäten sorgen dafür, daß sie ihre Spitzenposition behalten.

Die Wertstromentwicklung ist nichts »Unbewußtes«. Man weiß, daß ein Unternehmen, wenn es die Bedürfnisse seiner Kunden erfüllen will, seine Prozesse und Systeme ständig weiterentwickeln muß. Um dieses Ziel zu erreichen, gibt es nur ein Medium – den Menschen. Darüber hinaus läßt sich die Verbesserung des Wertstroms am besten von denjenigen Personen bewerkstelligen, die in ihm tätig sind. Deshalb nun eine weitere Definition:

- *Wertstromentwicklung bezieht sich auf alle Aktivitäten, die stattfinden, damit die Kapazität und Arbeitsweise jedes einzelnen Prozesses und Systems innerhalb des Wertschöpfungsstroms verbessert wird – einschließlich der Menschen, die diese Prozesse ausführen und diese Systeme unterstützen.*

Es ist nicht die Absicht dieses Buches, die Wertstromentwicklung vom ökonomischen Standpunkt aus zu erforschen, sondern aufzuzeigen, wie das Action Learning bei dieser Form von Strategie eingesetzt wird. Die Strategie und der Ansatz des Action Learning sollen dazu beitragen, daß Menschen besser lernen – das heißt neue, umfassendere Kenntnisse erwerben und das Gelernte gleichzeitig effizienter anwenden können. »Entwicklung« ist jeder Vorgang, der eine Person oder einen Arbeitsprozeß von einem gegenwärtigen Seins- oder Aktivitätszustand in einen neuen und als besser empfundenen Daseins- oder Handlungszustand versetzt. Der Begriff und die Theorie der Wertstromentwicklung bilden die Basis und den Kontext für die individuelle und gemeinsame Entwicklung am Arbeitsplatz. Das Action Learning bietet die Lerntheorie, die Lernmethoden und -voraussetzungen, die für eine Verbesserung der Wertstromentwicklung erforderlich sind.

Der rasante Wandel in der Industrie – Effizienz durch Action Learning

Alle Leser dieses Buches werden vermutlich einige Kenntnisse von dem revolutionären Wandel in der Welt der Industrie haben. In den 80er Jahren schokkierten die Japaner die westliche Welt mit der hohen Qualität und den niedrigen Kosten ihrer Industriegüter. Toyota und Honda wurden zum Inbegriff dieses Phänomens, weil es ihnen gelang, den größten westlichen Automobilherstellern substantielle Marktanteile abzujagen. Aber sie waren durchaus nicht die einzigen. Auch Nikon, Sony oder Hitachi wurden zu weltbekannten Namen für Qualitätsprodukte. Da die westlichen Konsumenten wie wild japanische Autos und Elektrogeräte kauften, machten sich westliche Geschäftsleute eilig daran, die japanischen Herstellungs- und Distributionstechniken zu studieren. Ende der 80er Jahre hatte man diesen Bereich gründlich erforscht.

Was jedoch erst jetzt verstanden wird, ist die Rolle, die das kontinuierliche Lernen beim japanischen »Herstellungswunder« spielte. Als Toyota seine Fabrik in Derby, Großbritannien, baute, investierte das Unternehmen 20 Millionen Pfund pro Jahr in die Schulung der neuen britischen Mitarbeiter. Das gesamte Training war, direkt und indirekt, auf den Wertschöpfungsstrom ausgerichtet. Viele Monate, bevor das erste Auto vom Fließband rollte, wurden die neuen Mitarbeiter eingestellt und gründlich auf ihre Arbeit vorbereitet. Als die Fabrik fertig war, ließ man das Band eine Stunde laufen. Dann hielt man es wieder an, um die Leistung zu überprüfen. Dieser Prozeß wurde mit immer größeren Laufphasen über einen Zeitraum von fast sechs Monaten fortgesetzt, bevor die Produktion voll anlief. Sechs Monate lang hatten alle Mitarbeiter der Fabrik Tag für Tag an einem systematischen Action Learning teilgenommen. Als die ersten Autos nach Aufnahme der vollen Produktion vom Band liefen, verlief dies äußerst effizient, und sie erwiesen sich als nahezu fehlerfrei. Der westliche Ansatz besteht darin, den Abschluß der technischen Einrichtung des Produktionsprozesses radikal voranzutreiben und dann sofort voll in die Produktion einzusteigen. Das Ergebnis ist dann, daß man sich in den folgenden Jahren mit teuren Qualitätsproblemen herumschlagen muß, die von einer schlecht ausgebildeten Belegschaft verursacht werden.

In den 80er Jahren waren die Japaner zum Inbegriff des *World Class Manufacturing* geworden – sie setzten die Maßstäbe für die internationale Qualität. Westliche Unternehmen versuchten verzweifelt, die Japaner einzuholen, um nicht auf der Strecke zu bleiben. Viele falsche Ansätze wurden ausprobiert, als Unternehmen, Universitäten und Regierungen zu ergründen versuchten, wie die Japaner vorgingen. Heute wissen wir, daß die hektische wirtschaftliche Realität unserer Tage, die zum Teil von den Japanern angetrieben wird, von einem beständigen und immer rasanteren Wandel geprägt ist. Wir wissen auch, daß nur Unternehmen, die gut ausgebaute, widerstandsfähige Lernumwelten bieten, mit dem Tempo des Wandels Schritt halten können.

Wie das oben genannte Beipiel von Toyota zeigt, ist das Action Learning im Wertstrom ein Schlüsselelement in der Leistungsfähigkeit von Spitzenunternehmen. In Japan kam hinzu, daß die Mitarbeiter normalerweise ein Leben lang im selben Unternehmen bleiben. Durch diese Tradition hatten die Firmen einen zusätzlichen Anreiz, ihre Mitarbeiter durch die gesamte Berufslaufbahn weiterzubilden, damit die Investition in Training und Entwicklung nicht im

Laufe der Zeit verlorenging. Leider ist es im Rahmen dieses Beitrags nicht möglich, auf die Einzelheiten des Lernkontextes und der Lernumwelt im Zusammenhang mit Unternehmen von Weltformat einzugehen. Auf jeden Fall haben wir heute auch im Westen kompetente und leistungsstarke Spitzenunternehmen, die ihren japanischen Pendants in nichts nachstehen. Für alle gilt, daß sie das Action Learning in vielfältiger Form nutzen, Entwicklungsbedürfnisse konsequent am Wertstrom ausrichten und sich die Frage stellen: Wie können wir zur Weiterentwicklung unserer Mitarbeiter und Prozesse beitragen, damit wir besser in der Lage sind, die Bedürfnisse unserer Kunden zu erfüllen?

Das Action Learning am Arbeitsplatz: Policy Deployment, Projektlernen, Learning-on-the-Job und Coaching/ Mentoring-Netzwerke

Mit Blick auf diesen Kundenkontext will ich im folgenden einige Beispiele für das Action Learning am Arbeitsplatz vorstellen. Die Beispiele stammen größtenteils aus Herstellungsbetrieben. Der Leser wird jedoch erkennen, daß sich die beschriebenen Situationen auf jedes Unternehmen übertragen lassen, das bestrebt ist, die sich wandelnden Bedürfnisse seiner Kunden zu befriedigen. Vier Bereiche des Action Learning werden näher betrachtet: *Policy Deployment, Projektlernen, Learning-on-the-Job* (mit den Themen *Statistische Prozeßkontrolle* (SPC) sowie *Präsentationsfähigkeiten)* und *Coaching/Mentoring-Netzwerke* (on-line/off-line). Für alle Bereiche werden anhand von konkreten Beispielen die Eigenschaften des Action Learning und deren Beziehung zum Wertstrom aufgezeigt.

Policy Deployment ist der Prozeß, durch den das Top-Management die Vision, Mission und Ziele des Unternehmens entwickelt und dann gemeinsam mit Managern im gesamten Unternehmen einen detaillierten Plan dafür erstellt, wie diese Absichten auf allen Unternehmensebenen praktisch umgesetzt werden können. Es ist auch unter den Begriffen »Hoshin Kanri« und »Quality Function Deployment« (QFD) bekannt. Wenn man einen Top-Manager fragen würde, ob Policy Deployment eine Form des Action Learning sei, könnte er die Frage möglicherweise nicht beantworten, aber der Prozeß stimmt sowohl mit dem in diesem Buch beschriebenen Action-Learning-Modell als auch mit dem Ansatz von Revans überein.

Auch wenn das in diesem Buch beschriebene Modell des Action Learning einen sehr spezifischen und gezielten Bezugsrahmen entwirft, sollten wir nie vergessen, daß alle Aktivitäten des Lebens Gelegenheit zum Lernen bieten. Wenn wir das erkennen und zu einem bewußten Bestandteil unseres Lebens und Handelns machen, können wir unsere Lernfähigkeit und unser Lerntempo erheblich steigern. Eine Organisation, die sich bewußt als »lernende Organisation« definiert, ist sich darüber im klaren, daß das Lernen am Arbeitsplatz verstärkt wird, wenn die Arbeitsaktivitäten so strukturiert sind, daß sie das individuelle und gemeinsame Lernen fördern. Das geschieht zum Beispiel, wenn ein Führungsteam den Policy-Deployment-Prozeß als Lernzyklus strukturiert und ihn in Phasen wie »Planen, Handeln, Bewerten und Lernen« unterteilt.

Der erste Schritt besteht darin, daß die höchsten Führungskräfte sich zusammensetzen und überlegen, in welche Richtung das Unternehmen steuert (Vision/Mission). Dann ermitteln sie die wichtigsten Erfolgsfaktoren für die Organisation und übersetzen diese in Leistungsziele. Das ist ein Lernprozeß für die Beteiligten, weil sie als Einzelpersonen und als Gruppe Verantwortung für die Zukunft des Unternehmens übernehmen. Sie versuchen zu begreifen, intuitiv zu erfassen und zu lernen, in welche Richtung das Unternehmen steuert, und dann geeignete Ziele zu setzen. Wenn sie den Eindruck haben, daß sie genügend Informationen gesammelt haben, fassen sie ihre Ergebnisse in knapper Form zusammen, damit sie im ganzen Unternehmen verbreitet werden können. Jede Unternehmensstufe setzt sich mit den Zielen auseinander und überträgt sie in spezifische Ziele für ihre jeweilige Ebene und ihren konkreten Arbeitsbereich. Dieser Prozeß setzt sich bis zu den Arbeitern in den Produktionsstätten fort. Dann melden alle Einheiten ihre Kommentare und Ziele zurück an die Unternehmensspitze, wo sie geprüft, kommentiert und in ihre endgültige Form gebracht werden.

Es ist dieser Prozeß des Policy Deployment, der ein Spitzenunternehmen von anderen unterscheidet. Der Zielsetzungsprozeß bewegt sich in zusammenhängender Form vom Allgemeinen zum Besonderen. Er ist in sich stimmig und konsequent und bringt alles in Einklang. Alle werden davon in Kenntnis gesetzt, was geschieht und warum es geschieht. Jeder erhält Gelegenheit, auf seiner jeweiligen Ebene einen Beitrag zum Prozeß zu leisten und über die Ergebnisse zu reflektieren. Es ist eine unternehmensweite Lern- und Entwicklungspartnerschaft, die immer in erster Linie auf den Kunden ausgerichtet ist.

Das *Projektlernen* ist eine direkte Folge des Policy Deployment. Das oben beschriebene pharmazeutische Unternehmen lieferte ein Beispiel für das Projektlernen. Der Prozeß des Policy Deployment stützt sich auf Projekte, die der Umsetzung des Wandels dienen. In einem Unternehmen von Weltformat oder einer schlanken Organisation wird der Wandel durch Projekte vorangetrieben, die funktionsübergreifend, auf allen Ebenen und im gesamten Wertstrom laufen. Diese Projekte bieten wichtige Lernmöglichkeiten für den einzelnen und für das Unternehmen. Sie werden bewußt als Entwicklungsaktivitäten für den einzelnen eingesetzt und wirken als synergistische Lernsysteme.

Bill mußte alles mögliche lernen, um sein Projekt durchzuführen. Bevor er mit dem Projekt beauftragt wurde, hatten sich sein Vorgesetzter und der Trainingsleiter getroffen, um zu klären, welches Anforderungsniveau am förderlichsten für Bill und am wertvollsten für das Unternehmen sein würde. Dann setzten sich alle Parteien zusammen und wählten ein geeignetes Forschungsthema für Bill und sein Team aus. Sie erhielten zusätzliche Schulungen in allen Bereichen, in denen sie sich selbst unzulänglich fühlten. Nach Abschluß des Projekts trafen sich Bill und sein Team mit ihrem Manager und dem Trainingsleiter, um gemeinsam zu besprechen, was sie gelernt hatten und was sie beim nächsten Projekt besser machen könnten.

Große Projekte wie das von Bill sind nur ein Aspekt des projektorientierten Action Learning. Bei NSK-AKS, einem japanischen Betrieb im Nordosten Englands, machen die 120 britischen Mitarbeiter über hundert kleine Verbesserungsvorschläge pro Monat, von denen 93 Prozent umgesetzt werden. Diese Vorschläge ergeben sich aus der alltäglichen Arbeitspraxis und werden von Managern und Vorarbeitern gefördert und ermutigt. Die Vorschläge werden in einem fortlaufenden Prozeß geprüft, gebilligt, umgesetzt, bewertet und dokumentiert. Diese kontinuierliche Ausrichtung auf Verbesserungen schafft eine fruchtbare Umwelt und Struktur für das Action Learning und ist ein Merkmal aller schlanken Unternehmen.

Das *On-the-Job-Training* ist ein weiteres Element des Action Learning, das in allen Unternehmen genutzt wird, in Spitzenunternehmen allerdings mit größerer Effizienz. Bei Bill war es so, daß sein Team zwei Gebiete ermittelte, auf denen man sich besonders unsicher fühlte. Bill hatte den Eindruck, daß er an seinen Präsentationsfähigkeiten arbeiten mußte. Gemeinsam mit seinem Team kam er außerdem zu dem Schluß, daß sie eine Schulung in den Methoden und in der Anwendung der statistischen Prozeßkontrolle (SPC) benötigten. Sie wandten sich an die Trainingsabteilung und baten um Hilfe.

Die Trainingsabteilung reagierte, indem sie einen kurzen Lehrgang ansetzte, in dem Bill und einige andere Teamleiter in die Grundlagen des Präsentierens eingeführt wurden. Anknüpfend an diesen Kurs erhielten sie dann ein direktes Coaching und eine individuelle Beratung bei konkreten Präsentationen, die sie im Laufe ihrer Projekte halten mußten. Der Coach nahm an allen größeren Sitzungen teil, in denen höhere Führungskräfte durch mehrere Präsentationen über laufende Projekte informiert wurden. Er beobachtete die Teamleiter bei ihren Präsentationen, machte sich Notizen und besprach seine Eindrücke dann später mit Bill und dessen Kollegen.

Was die *statistische Prozeßkontrolle* betraf, so wurde ein leitender technischer Experte abgestellt, der Bill und seinem Team bei der Erlernung der notwendigen SPC-Kenntnisse zur Seite stehen sollte. Die Trainingsabteilung unterstützte diesen Manager, indem sie ihm Lehrmaterialien für eine Reihe von SPC-Instrumenten und -techniken zur Verfügung stellte. Der Manager verband die Anwendung dieser Materialien mit seiner direkten Hilfe beim Projekt, indem er die Materialien dann benutzte, wenn das Team auf ein entsprechendes Problem bei der Arbeit stieß. Gegen Ende des Projekts waren alle Teammitglieder in der Lage, Daten zu erfassen, sie in Bedieneranweisungen zu protokollieren, Kontrollgrenzen zu berechnen und die Ergebnisse ideenreich zu deuten. Alle hatten im Hinblick auf ihre Lernfähigkeit an Selbstvertrauen gewonnen und waren stolz auf die Ergebnisse.

Das letzte Beispiel für das Action Learning ist ein Programm, das den Titel »Co-Development Through Mentoring« trägt. Es handelt sich um ein *On-line-Mentoring/Coaching-Programm.* »On-line« bedeutet, daß die Mentorrolle vom direkten Vorgesetzten übernommen wird. »Off-line« bedeutet, daß der einzelne von einer Person beraten wird, die nicht sein Vorgesetzter ist. In dem betreffenden Unternehmen hatte man bemerkt, daß die Führungskräfte ihre Mitarbeiter offenbar nicht so erfolgreich förderten, wie es notwendig war. Das hatten mehrere interne Mitarbeiterbefragungen gezeigt; außerdem hatte man festgestellt, daß dies eine der Ursachen war, weshalb die Mitarbeiter Veränderungsprojekte nur zögernd anpackten und dadurch Verbesserungen im Wertstrom behinderten.

Gemeinsam mit einem externen Tutor wurde ein Programm entwickelt. Der Grundentwurf orientierte sich an den von David Clutterbuck definierten Schlüsselaufgaben des Mentors – Coaching, Beratung, Begleitung, Netzwerkbildung (Clutterbuck 1992/94). Sechs Manager ließen sich gemeinsam auf einen sechsmonatigen Lernprozeß ein, in dem sie andere berieten und selbst beraten wurden. Die Mentoren/Manager ermittelten und verhandelten über konkrete Fördermöglichkeiten für ihre Mitarbeiter, die an den Programmen teilnahmen. Am Anfang fand eine zweitägige Sitzung statt, in der die Mentoren und ihre Mitarbeiter gemeinsam mehrere Übungen und strukturierte Mentorsitzungen durchführten. Im Anschluß daran nahmen sie zweimal im Monat an einer Mentorsitzung teil und führten einmal pro Monat ein Bewertungs- und Entwicklungsgespräch mit dem Tutor. Nach drei Monaten fand ein gemeinsames Entwicklungsgespräch und nach sechs Monaten eine abschließende Entwicklungs- und Bewertungssitzung statt.

Die Verbindung von tutorgestützter Anleitung, Erfahrungslernen und Action Learning war sehr wichtig. Ohne diese Verknüpfung wäre das Programm ziemlich flach und die Übertragung des Gelernten auf die Arbeitspraxis relativ gering geblieben. Doch wie es aussieht, entwickelt sich das Mentoring in diesem Fall zu einem Grundzug der Unternehmenskultur, und das Programm ist zu einem festen und beliebten Bestandteil des Mitarbeitertrainings geworden. Man hat den Eindruck, daß die Manager und Mitarbeiter jetzt offener für Veränderungsprojekte sind, die von Vorgesetzten vorgeschlagen und überwacht werden, weil sie mit der Sprache und dem Prozeß des Mentoring/Coaching vertraut sind.

Auch wenn noch keine konkreten Forschungsergebnisse vorliegen, die die folgende Schlußfolgerung definitiv oder umfassend belegen – die Schaffung einer Mentor-Kultur ist heute ein Entwicklungsziel von zahlreichen Unternehmen, die sich um die Herausbildung und Bewahrung von Weltformat oder den Fähigkeiten einer schlanken Organisation bemühen. Die ersten Ergebnisse einer derzeit laufenden Studie deuten darauf hin, daß extrem »schlanke« Unternehmen vielfältige Coaching- und Mentoring-Aktivitäten in all ihren Organisationen durchführen.

Schlußfolgerung

Es zeichnet sich immer deutlicher ab, daß Entwicklung eine Konstante ist und daß sie fest mit der Struktur und Kultur des Unternehmens verknüpft sein muß. Programme und Kampagnen reichen nicht aus. Entwicklung ist eine kontinuierliche, lebenslange Aktivität, und nur Unternehmen, die das erkennen und sich konsequent daran halten, werden erfolgreich überleben können.

Die oben beschriebenen Beispiele zeigen, daß Action Learning, wenn es auf Verbesserungen im Wertstrom ausgerichtet wird, höchst effektiv ist, sowohl in wirtschaftlicher Hinsicht als auch im Hinblick auf das individuelle Lernen. Die

Frage, wie ein Unternehmen die Bedürfnisse seiner Kunden immer effizienter befriedigen kann, muß im Mittelpunkt aller Aus- und Weiterbildungsbemühungen stehen. Alle Entwicklungsanstrengungen, die an dieser elementaren Nowendigkeit vorbeigehen, werden immer den unberechenbaren Zufällen und Launen wechselnder Moden unterworfen sein. Die Untersuchung zeigt, daß man das individuelle Lernen vertiefen und effizient erweitern und zugleich die Arbeitspraxis entscheidend verbessern kann: Ob bewußt oder unbewußt – die führenden Herstellungsbetriebe dieser Welt wenden Action Learning zusammen mit verschiedenen anderen Formen des Praxislernens an.

Literatur

Clutterbuck, David (1992/1994), *Mentoring*, HDL Training and Development, London: Pearson Professional Ltd.

Womack, James P.; Jones, Daniel T. (1998), *Auf dem Weg zum perfekten Unternehmen (Lean Thinking)*, München: Heyne.

Hans G. Bauer

Action Learning – Erlebnispädagogik?

Wie man auf andere Lernwege geraten kann …

Von Action Learning wußte ich bis vor einigen Jahren, wie mir schien, eigentlich – nichts. Aber das mag mit meinem eigenen doch etwas eigentümlichen Zugang zu »anderen Formen des Lernens« zu tun haben.

In der Jugendhilfeeinrichtung, in der meine Frau und ich gegen Ende der 70er Jahre arbeiteten, sind wir mit den sogenannten »schwer erziehbaren« Kindern und Jugendlichen – das Heim lag im landschaftlich reizvollen Allgäu – im Sommer wie im Winter oft in die Berge gegangen. Wir haben mit ihnen Wander- und Skitouren gemacht, in Hütten und im Freien übernachtet, haben versucht, einen stationären, lediglich verwahrenden und versorgenden Heimaufenthalt auf diese Weise etwas zu unterbrechen, ja zu durchbrechen. Man begibt sich dann nämlich, Betreuer wie Kinder, heraus aus und »outdoors« von normierten Tages- und Hausordnungen, gewohnten, durchgeplanten Strukturen und angestammten Rollen und hinein in offenere, weniger planbare Situationen. Man erlebt andere und sich selbst in veränderten, ungewohnten, andersartig herausfordernden Verhaltens- und Handlungsfeldern.

Von einer »Erlebnispädagogik« war zu jener Zeit und dort aber noch keine Rede – ein wenig vielleicht von Pestalozzi und einer auch pädagogisch nicht ganz irrelevanten Bedeutung der »Natur«.

… und sie einen dann später wieder einholen

Mich hat es nach den Erfahrungen in der Erziehungspraxis wieder zurück in die Domänen der sozialwissenschaftlichen »Theorie und Reflexion« getrieben. Der erste Auftrag, den ich in der nicht lange zuvor gegründeten »Gesellschaft für Ausbildungsforschung und Berufsentwicklung e. V.« (GAB) mitbearbeitete, bestand darin, für ein Unternehmen der Automobilbranche ein »Förderprogramm für berufsunreife Jugendliche« zu entwickeln. Daß in der sogenannten

»Berufsunreife« eine Frage der Entwicklung der Persönlichkeit enthalten sei, war in beruflichen (Aus-)Bildungszusammenhängen eine damals keineswegs selbstverständliche Annahme. Sie war ebensowenig selbstverständlich wie die, daß Persönlichkeitsentwicklung weder durch verstärkte kognitive Unterweisungen noch durch gruppendynamische Übungsmethoden oder andere künstliche »Lernspielchen« besonders gut förderbar sei.

Erst in Ansätzen hatte das, was später zur »Schlüsselqualifikationsdebatte« wurde, das Augenmerk auf die Fragen des Erlernens persönlichkeitsnaher und fachübergreifender Fähigkeiten gelenkt.[1] Stärker noch aus jugendpädagogischen Gesichtspunkten (und wegen der erkennbaren Schwächen insbesondere des immer realitätsferner gewordenen Lernorts Ausbildungswerkstatt) erwies sich für die Entwicklung von Elementen des Förderprogramms die Suche nach »pädagogisch sinnvollen realen Handlungssituationen mit Ernstcharakter« und die Orientierung an solchen als wichtig.

Noch ging es kaum um Innovationen der Fachausbildung selbst, sondern – ganz im Sinne eines Förderdenkens – eher um die Suche nach geeigneten, das fachliche Lernen ergänzenden Elementen. Dennoch: Die u. a. in das Förderprogramm eingeführten Aktivitäten – wie gemeinsame Rad-, Berg- oder Kajaktouren – von Auszubildenden und Ausbildern wiesen über all ihren Freizeit- und Natursportcharakter hinaus auf eine andere Spur von Lernen: auf handelndes, erfahrungsbezogenes, lebendiges Lernen, ein Lernen am und im wirklichen Leben, auf – *Erlebnispädagogik.*[2]

Andere Grundbilder des Menschenlernens

Nicht darum geht es mir, eine »Erlebnispädagogik« anzupreisen, schon gar nicht anstelle von oder konkurrierend zu Action Learning. Dazu, so meine These, haben beide zuviel gemeinsam! Sehr viel gemeinsam haben beide nach meiner Einschätzung im Blick auf die geistesgeschichtlichen Entwicklungshintergründe (insbesondere die Reformpädagogik um die letzte Jahrhundertwende).[3] Deshalb – und auch, weil wir zum Ende des Jahrhunderts und Jahrtausends die Gemeinsamkeiten und integrativen Momente im Sinne des von Kandinsky vorgeschlagenen Prinzips »und« stärker betonen sollten als das Zerteilende und Absondernde[4] – soll auf erstere hier ein Blick geworfen werden.

Dieser Gemeinsamkeiten wegen, so meine zweite These, stehen beide, Erlebnispädagogik wie Action Learning, heute auch vor gemeinsamen Aufgaben: Die entwicklungsbestimmenden Tendenzen zum Ausgang dieses Jahrhunderts – insbesondere die Tendenz der *Individualisierung* – weisen mit höchster Eindringlichkeit darauf hin, daß wir zur Bewältigung der gestellten Lern- und Bildungsaufgaben andere »Grundbilder des *Menschenlernens*« (Rumpf 1987, 215, Hervorhebung H. G. B.) benötigen. Solche anderen Blickwinkel deuten sich an in Lern- und Bildungsansätzen, die angesichts der gegebenen Nicht-Plan- und Nicht-Vorhersehbarkeiten auf die Stärkung der Subjektivität und eines erfahrungsgeleiteten Handelns in der menschlichen »Selbst- und Weltvergewisserung« setzen. Es geht um die Ermöglichung und Stärkung der »in eigenen Erfahrungen wurzelnde[n] Vernunft«, wie H. Rumpf es sehr treffend formuliert hat (ebd., 15). Immer weniger kann dies ein Grundbild des Einstudierens von Verfügungswissen sein. Und immer weniger Sinn macht es, wenn »Normen der Vereinzelung, der Homogenisierung, der Planbarkeit, der Kontrollierbarkeit, der subjekt- und inhaltsneutralen Handhabbarkeit« (ebd., 14) dieses Menschenlernen bestimmen.

»Erleben«, »Erfahrung«, »Handlungsorientierung«, »Individualisierung von Lernprozessen« *und* »gemeinsames Lernen«: dies scheinen die Kernvokabeln zu sein, aus denen die neuen »Grundbilder des Menschenlernens« gearbeitet werden müssen – bei aller gegebenen Notwendigkeit, die diesen Begriffen jeweils hinterlegten Bedeutungen bzw. mentalen Modelle weiter aufzuklären!

Aber, und meine Haupthypothese: Vor allem die Individualisierung macht eine Erlebnis-, Erfahrungs- und Handlungsorientierung, die mehr ist als nur oberflächlicher Aktionismus, in dem Sinne notwendig und überhaupt erst möglich, als offenbar jetzt erst etwas eingelöst werden kann, was bisher nur reformpädagogisches »Programm« bleiben mußte. Denn kaum ein Zweifel kann mehr daran bestehen, daß die Anforderungen, die unter den heutigen und zukünftig noch stärker zu erwartenden Bedingungen an die Persönlichkeit und deren Entwicklung gerichtet sind, im Kern zunehmend mehr zu tun haben mit einem *Handeln-Können unter Unsicherheitsbedingungen*: Rückgriffe auf traditionelle Orientierungen erweisen sich als obsolet; immer deutlicher besteht der Preis der Freiheit darin, nicht mehr auf vorgegebene Handlungsrichtungen zurückgreifen zu können, sondern Orientierungen aus sich selbst heraus schaffen zu müssen. Und Charakteristikum offener Situationen ist es – hierauf und auf die Parallele im Action Learning gehe ich im letzten Abschnitt noch näher ein –, erst in der eintretenden Situation dasjenige erkennen und erlernen zu können, was man zu ihrer Bewältigung benötigt. Das hat viel mit Peter Sloterdijks Bild von dem »Schwimmer« zu tun, der auf offenem Meer das Floß zusammenbaut, mit dem er das Meer bis auf weiteres befahren wird – für denjenigen, der sein Floß im Offenen baut, fallen Schule und Leben in eins, Übung und Ernstfall sprechen dieselbe Sprache.

Und so ist die Förderung einer »selbständigen Handlungsfähigkeit« heute ein nicht neues, aber kaum mehr ernsthaft zu ignorierendes Lern-, Erziehungs- und Bildungsziel.

Die »Lehrmeister« der erlebnisorientierten Reformpädagogik

Betrachtet man die Mittel bzw. Medien – ich nenne sie gerne die »Lehrmeisterinnen und Lehrmeister« –, welche die Reform- und Erlebnispädagogik in ihrer Entwicklungsgeschichte als »gute Wege« hin zu den Zielen

- Entwicklung der Persönlichkeit,
- ganzheitliches und lebendiges Lernen,
- Lernen im und am Leben

befunden hat, so waren das immer die folgenden. Ich will sie so knapp wie möglich skizzieren. Fraglos bedürfen sie der Übersetzung wie Aktualisierung. Diesen – ebenso knappen – Versuch einer Parallelisierung von Erlebnispädagogik und Action Learning will ich dann im folgenden Abschnitt anschließen.

a) Immer spielte die *Körperlichkeit*, die Physis, eine bedeutsame Rolle.

b) Handwerkliche Tätigkeit und Arbeit als vielgenanntes und -genutztes Medium, selbst »damals« nicht primär aus Beruflichkeitsgründen so bedeutsam, sondern wegen der in ihm angelegten Möglichkeiten zum Beispiel zu stofflich-sinnlichen (Material-)Erfahrungen, zur Bewahrung von Kulturtechniken sowie der hier gegebenen Grundlagen für die Ausbildung von Handlungs- und Gestaltungsfähigkeit und nicht zuletzt von sozialen Lernformen.

Das hat sehr viel mit der Bedeutung zu tun, die man ernsthafter *beruflicher Arbeit* und ihren pädagogischen Wirkungen beimaß. Verwiesen sei zum Beispiel nur auf die Arbeitsschulen von Blonskij (1919) und Makarenko (1932), die verschiedensten »Arbeitsschulkonzepte« etwa von Kerschensteiner (1912), Gaudig (1911) und andere.

c) Immer spielte das *künstlerisch-kreative Handeln* eine zentrale Rolle.[5] Zwar dann schnell auf musisches Beiwerk reduziert, sollte – so zunächst eine Hauptannahme – gerade das (tätige) »Erlebnis« der »Kunst« eine Verbindung schaffen zwischen dem Ich und der Welt. Nicht als Selbst- oder Wissenszweck, sondern als »Zweck der Menschenbildung« müsse die Kunst begriffen werden (vgl. Weber 1914, 24 f.).

d) Die *Natur* und ihre in der Tat *elementaren* wie existentiellen Lernpotentiale.

Action Learning und Erlebnispädagogik

Zur »Körperlichkeit«

Reform-/Erlebnispädagogik hat sich vor allem gegen die »Verkopfung« des Lernens gewandt. Vereinseitigungen hin zu exzessiver Körperlichkeit (in der Erlebnispädagogik etwa aktionistischer Natursport) oder Emotionalität (die Weisheit nur des Bauches ersetzt die des Körpers) waren und sind die Gegenausschläge. Die Bedeutung positiver Beziehungen zur eigenen Körperlichkeit ist jedoch nur *ein* – fraglos wesentlicher – Teilaspekt dessen, was wir heute noch immer angestrengt mit dem Begriff der *Ganzheitlichkeit* zu fassen suchen. Nichts können wir handelnd ohne ihn, den Körper, unternehmen. Man kann diese Ganzheitlichkeit als Bedingung für die von Otmar Donnenberg im Modell des Action Learning geforderte »Person« ansehen, die »es unternimmt«: die etwa, wie er sagt, »Verantwortung übernimmt für ein Problem und bereit ist, sich aktiv und konstruktiv damit auseinanderzusetzen«.[6]

Elebnispädagogik trifft sich mit Action Learning dort, wo eine Handlungsfähigkeit erlernt bzw. eingesetzt werden soll, in der die Verbindung von Denken und Tun, Kognition und Emotion, Körper, Geist und Seele eine aktive und konstruktive Verantwortungsübernahme (für mich selbst, für andere, für ein Problem) ermöglicht.

Zu »handwerklicher Tätigkeit« und »beruflicher Arbeit«

»Arbeit« als Form des menschlichen Handelns bzw. menschlicher Aktivität birgt essentielle Bedeutungsdimensionen: dazu gehören sowohl die *Selbsthervorbringung des Menschen durch sein Tätigsein in und mit der Welt* als auch die sinnstiftende Dimension des *Tätigseins für andere.*

Für die Pädagogen der »Arbeitsschulbewegung« ging es bei der Nutzung dieses »Mediums« immer auch um (das Erlernen von) Selbständigkeit, Selbstverantwortung und Selbstorganisation. Arbeitshandeln im oben angegebenen Sinne ist gerade auch deshalb pädagogisch sinnvoll, weil Ernsthaftigkeit, Sinnbezug und die Herausforderung, welche der Umgang mit der Sache bedeutet (die Sache als der sogenannte »pädagogische Dritte«), Konstitutionselemente dieser Kategorie darstellen.

Erlebnispädagogisch verstanden – und, wie mir scheint, mit direkten Anschlüssen an Donnenbergs Action-Learning-Modell und dessen Hervorhebung der *realen*, schwierige Aufgaben zugunsten Dritter und der Ausführung *im Arbeitskontext* – ergeben sich hieraus für konkrete (Berufs-)Bildungszusammenhänge direkte Konsequenzen: so etwa die große Bedeutung des Verbindens von »Lernen und Arbeiten«, der »Ausbildung an Realaufträgen«, des Lernens in Projekten und des handlungsorientierten Unterrichtens.[7]

Zum »künstlerisch-kreativen Handeln«

Weil im künstlerischen Handeln Wahrnehmungsfähigkeit, Weg und Prozeß eine ausschlaggebende Rolle spielen, kann die Entdeckung und Entwicklung der inneren Erlebnisfähigkeit ganz besonders gefördert werden. Weg und innerlicher Prozeß gehören auch zum Ziel, Ziel ist nicht nur das fertige Ergebnis.

»Handeln« im Sinne des künstlerischen Handlungsparadigmas (vgl. Brater u. a. 1989) heißt in erster Linie: gestalthaft-ganzheitliches Handeln, Gestaltung offener Situationen. Es erfordert Unbefangenheit der Wahrnehmung (insbesondere im Beginnen), das dialogische Element (was spricht sich im Material und im Werdenden aus?), die dieser Sache gemäße Weiterentwicklung (»Entwicklungshandeln«) und »anschauende Urteilskraft« (Goethe), etwa zur Beendigung eines Prozesses mit an sich offenem Ende. Insofern korrespondiert es grundlegend mit der Anforderung eines »Handeln-Könnens unter Unsicherheitsbedingungen« (s. o.). Die genannten Erfordernisse sind gleichzeitig diejenigen methodischen Anforderungen und Qualitäten, die für das Gelingen erfahrungsbezogener Lernprozesse von ausschlagebender Bedeutung sind: Unbefangenheit der Wahrnehmung, Dialog und sachgemäße (Weiter-)Entwicklung, anschauendes Urteilen. Im Wesen faßt dies die Methode des »Entdeckenden Lernens« zusammen, die, wie für alle erfahrungsorientierten Lernansätze wichtig, sich keineswegs nur auf das Entdecken beschränkt, sondern ebenso das Element der reflexiven Aufarbeitung enthält. Auch hier liegen die Bezüge zum Ansatz des Action Learning auf der Hand: die Person reflektiert über ihr Handeln in ihrem Projekt mit Lernpartnern und wertet Verlauf und Ergebnis aus.[8]

Zur »Natur«

Wie wir – abgesehen davon, daß die Natur uns zu interdisziplinärem Denken nötigt – durch sie noch besser lernen könnten, demonstriert uns zum Beispiel der »späte« Reformpädagoge M. Wagenschein in seinem genetischen, sokratischen, exemplarischen Lernen (vgl. Wagenschein 1991).

Bedeutsam sind hier natürlich alle lernrelevanten Bedeutungszusammenhänge mit Ökologie (von »vernetztem Denken« bis hin zu »Sinn« und »Spiritualität«), die Kategorie der »primären Erfahrungen« und die Notwendigkeit (auch der Bewahrung) von unmittelbaren Erlebnis- und Erfahrungsräumen.

Höchst bedeutsam aber, so scheint mir, ist der interdisziplinäre Zusammenhang – im Sinne einer Disziplin*überschreitung* –, der mehr meint als »nur« eine fachübergreifende Kooperation. Er hat mit dem Gedanken zu tun, daß etwa für Umweltschutzberufe – aber eben nicht nur für diese, wie wir in der GAB meinen – die Devise gelten müßte: »Wird Arbeit Kunst – kann Natur leben« (vgl. Brater u. a. 1996). Das kann auch bedeuten, daß Umweltberufe, wenn sie ihre Aufgabe nicht im Einklang mit der Natur verstehen und ausüben, sondern vorwiegend instrumentell, eben doch – zumindest tendenziell – zur Umweltzerstörung beitragen. In Einklang mit einer Aufgabe tätig zu sein, berufliche Tätigkeit also aufgabenbezogen zu definieren, darin steckt eine künstlerische Anforderung. Und darin steckt auch die Anforderung, den instrumentell geprägten Berufsformen neue Formen der sozialen Organisation von Arbeit gegenüberzustellen. Aufgabenbezogene Interdisziplinarität macht deshalb ohne entsprechende soziale Gestaltung wenig Sinn.

Ähnlich bedarf auch die unter Individualisierungsbedingungen verschärft geforderte Individualisierung von Lernwegen und -prozessen einer komplementären Ergänzung durch ein Lernen mit Sozialbezug, durch Lernen mit anderen, das sich nicht an Schnittstellen, sondern an Nahtstellen verschiedener Funktionen und Rollen aufgabenbezogen definiert. Auch solches kann uns Natur lehren.

Lernen zu lernen

»Lernen« in diesem – offenbar nicht nur allein erlebnispädagogischen – Sinn heißt erfahrungsbezogenes, möglichst »erfahrungsgesättigtes« Lernen. Erfahrungen aber lassen sich nur »machen« und »gewinnen«, das heißt Priorität hat in der Erlebnispädagogik immer das *Handeln*, die eigene *Aktivität* – freilich nie um ihrer selbst willen, denn das hieße nur, blinden Aktionismus zu betreiben. In Absetzung vom schulischen und zweckrationalen Lernparadigma ist bedeutsam: der Lernweg geht hier eindeutig *von* der Praxis über die reflexive Bearbeitung des Erlebten *zur* Theorie! Oder nach Wagenschein: »Erst das Phänomen, dann die Theorie und die Modellvorstellung« (ders. 1988, 121). Lernen im Handeln, »Entdeckungslernen«, Erfahrung reflektieren, Lernen, wie man konkret lernen kann: so hat Otmar Donnenberg es für das Action Learning ausgedrückt.[9]

Noch bis gegen Ende des 19. Jahrhunderts galt das »Erlebnis« (aus wissenschaftlicher Sicht) als »ganz verächtliche Kategorie« (Oelkers 1992, 97). Insbesondere die Arbeiten von H. Bergson, dem Psychologen der sogenannten Lebensphilosophie, haben den Anstoß gegeben, sich den »Menschen als Selbstkreation aus dem Erleben heraus, als Schöpfung des Selbst durch sich selbst« (Bergson 1921, 13) vorzustellen.

Mit der Kategorie des Erlebens erfolgte eine neue, intensive, ja sogar »radikale« Hinwendung zur *Individualität* und *Subjektivität.* Es war, wie ebenfalls Oelkers belegt, der zum Ende des 19. Jahrhunderts einsetzende Prozeß der »Hochwertung« des Erlebnisses, der »der Reformpädagogik Räume für eine Theorie und Praxis der Erziehung über die klassische Pädagogik hinaus« eröffnete (Oelkers 1992, 97). Seither wissen wir, daß wir mit der Kategorie des Erlebens den Kernbereich der Selbstkonstitution des Individuums berühren – und damit die zentrale Dimension der Individualisierung. Die Individualisierung von Lernwegen und -prozessen und die (den Egoismustendenzen der Individualisierung entgegenwirkende) Sozialverpflichtung allen Lernens und Bildens dürften die radikalsten Konsequenzen und Herausforderungen sein, wenn wir es ernst nehmen mit der weiteren Dimension der Erlebnispädagogik und des Action Learning: »Ich handle, und wir lernen daraus«. Keine Frage, daß den Lehrenden dann auch eine andere Rolle zukommen bzw. daß ihre Rolle anders verstanden werden muß, viel mehr im Sinne des sokratischen »Geburtshelfers«, des »Facilitators« und Förderers.

Anmerkungen

1 Den Begriff prägte D. Mertens 1974 in seinen »Thesen zur Schulung für eine moderne Gesellschaft«, um auf die zunehmende Bedeutung der nicht nur rein fachlichen Befähigung hinzuweisen. Kern der Debatte ist die Frage, inwieweit hier nur »lange, ehrenhafte Aufzählungen von Tugenden, Fähigkeiten und Stärken« (Brater/Bauer 1992, 53) erstellt werden oder ob die Schlüsselqualifikationen tatsächlich »Schlüssel« dafür sind, die Dimension der Persönlichkeitsentwicklung zu einem Bestandteil einer nicht nur funktionalistisch qualifizierenden beruflichen Bildung werden zu lassen.

2 Vgl. zu den Erfahrungen aus dem Ford-Jugendförderungsprogramm: Bauer u. a. 1984, 9.

3 Einige der geistesgeschichtlichen Hintergründe zum Zusammenhang von Erleben, Handeln und Lernen sind im letzten Abschnitt »Lernen zu lernen« skizziert. Die Prägung des Begriffs »Erlebnispädagogik« wird zumeist Kurt Hahn zugeschrieben, der jedoch vor allem von einer »Erlebnistherapie« sprach (vgl. Hahn 1958). Hahn selbst war tief beeinflußt von den amerikanischen Pragmatisten (Stichwort »Projektlernen«, zum Beispiel J. Dewey, W. James), aber auch vom Naturimpuls eines J.-J. Rousseau sowie den (Land-)Erziehungsheimgedanken eines H. Lietz oder J. H. Pestalozzi. Die für die sogenannte Reformpädagogik so bedeutsame »Kunsterziehungsbewegung« verstand und benannte sich explizit als »erlebnispädagogische« Bewegung. Explizit von »Erlebnispädagogik« spricht W. Neubert in ihrer 1930 erstmals erschienenen Untersuchung des Erlebnisses als Bildungsmittel (dies. 1930), während die vor allem in der Nachkriegszeit entstandene Sammelbewegung humanistischer Therapie und Psychologie sich wiederum als »Erlebnistherapie« bezeichnet (vgl. R. Cohn 1980). (Ausführliche Hintergrunddarstellungen finden sich zum Beispiel in Bauer 1995; Heckmair, Michl 1998.)

4 »Auch der heutige Mensch«, so charakterisiert W. Kandinsky die noch immer durch »Spezialisierung« geprägte Situation nicht nur in der Kunst, sondern auch zum Beispiel in der Wissenschaft, stehe »noch unter dem Zeichen *entweder – oder*«. Dem setzt er die Notwendigkeit des synthetischen »und« entgegen (Kandinsky 1955, 98).

5 Vgl. die in Anm. 3 erwähnte »Kunsterziehungsbewegung«.

6 Vgl. die von O. Donnenberg beschriebenen Faktoren des Action Learning in seinem Beitrag »Action Learning taucht auf« in diesem Band.

7 Vgl. die Beschreibung des zweiten und dritten Faktors des Action Learning in O. Donnenbergs Aufsatz.

8 Vgl. die Beschreibung des vierten und fünften Faktors des Action Learning bei O. Donnenberg.

9 Vgl. die Beschreibung des sechsten Faktors des Action Learning bei O. Donnenberg.

Literatur

Bauer, H. G. (1993), »Erleben als Aktionismus oder Bildungsansatz?«, in: Homfeldt, H. G. (Hrsg.), *Erlebnispädagogik – Geschichtliches, Räume und Adressat(inn)en, Erziehungswissenschaftliche Facetten, Kritisches.* Baltmannsweiler: Schneider Verlag.

Bauer, H. G. (1995 a), *Erlebnis- und Abenteuerpädagogik. Eine Literaturstudie*, 5. erg. u. überarb. Aufl (1. Aufl. 1984, München und Mering), Großhesselohe: Rainer Hampp Verlag.

Bauer, H. G. (1995 b), »Annäherung an den Begriff Moderne Erlebnispädagogik«, in:

Kölsch, H. (Hrsg.), *Wege moderner Erlebnispädagogik*. München: Verlag Dr. Jürgen Sandmann.

Bauer, H. G.; Brater, M. ; Büchele, U. (1984), *Erlebnispädagogik in der beruflichen Bildung*, Großhesselohe: Rainer Hampp Verlag.

Bergson, H. (1921), *Schöpferische Entwicklung*. Übers. v. G. Kantorowitz. Jena (französ. Original 1907).

Blonskij, P. P. (1919), *Die Arbeitsschule*. Hrsg. von H. E. Wittig, Paderborn 1973.

Brater, M. ; Bauer, H. G. (1992), »Schlüsselqualifikationen – der Einzug der Persönlichkeitsentwicklung in die berufliche Bildung?«, in: Herzer, H.; Dybowski, G.; Bauer, H. G. (Hrsg.), *Methoden betrieblicher Weiterbildung. Ansätze zur Integration fachlicher und fachübergreifender beruflicher Bildung*, 2. Aufl. (1. Aufl. 1990), Eschborn: Verlag RKW.

Brater, M.; Büchele, U.; Fucke, E.; Herz, G. (1989), *Künstlerisch handeln. Die Förderung beruflicher Handlungsfähigkeit durch künstlerische Prozesse*, Stuttgart: Verlag Freies Geistesleben und GAB-Eigenverlag.

Brater, M.; Hemmer-Schanze, C.; Maurus, A.; Munz, C. (1996), *Wird Arbeit Kunst – kann die Natur leben. Umweltschutz durch ein neues Verständnis von Arbeit und Beruf*, Ostfildern: edition tertium.

Cohn, R. (1980), *Von der Psychoanalyse zur themenzentrierten Interaktion*, Stuttgart: Klett-Cotta.

Gaudig, H. (1911), »Die Arbeitsschule als Reformschule«, *Zeitschrift für pädagogische Psychologie und experimentelle Pädagogik* 12/1911.

Hahn, K. (1958), *Erziehung zur Verantwortung*, Stuttgart: Klett.

Heckmair, B. ; Michl, W. (1998), *Erleben und Lernen*, Neuwied, Kriftel, Berlin: Luchterhand Verlag.

Kandinsky, W. (1955), *Essays über Kunst und Künstler*. Hrsg. u. kommentiert von M. Bill, Bern: Benteliverlag.

Kerschensteiner, G. (1912), *Der Begriff der Arbeitsschule*, 15. Aufl. 1964, München.

Makarenko, A. (1980), *Der Weg ins Leben. Ein pädagogisches Poem*, 21. Aufl. 1980 (1. Aufl. 1932), Berlin und Weimar: Aufbau-Verlag.

Mertens, D. (1974), »Thesen zur Schulung für eine moderne Gesellschaft«, *MittAB* 1/1974, Nürnberg.

Neubert, W. (1990), *Das Erlebnis in der Pädagogik*. (Nachdruck der 1930 erschienenen und 1932 verbesserten Auflage) Lüneburg: edition erlebnispädagogik.

Oelkers, J. (1992), »Unmittelbarkeit als Programm: Zur Aktualität der Reformpädagogik«, in: Bedacht, A. u. a. (Hrsg.), *Erlebnispädagogik: Mode, Methode oder mehr?* München: Verlag der Fachhochschule.

Rumpf, H. (1987), *Belebungsversuche. Ausgrabungen gegen die Verödung der Lernkultur*, Weinheim u. München: Juventaverlag.

Wagenschein, M. (1988), *Naturphänomene sehen und verstehen*. Stuttgart: Ernst Klett Verlag.

Wagenschein, M. (1991), *Verstehen lehren. Genetisch – Sokratisch – Exemplarisch,* 9. Aufl. (1. Aufl. 1968), Weinheim und Basel: Beltz Verlag.

Weber, E. (1914), *Kunsterziehung und Erziehungskunst.* Leipzig.

Anhang

Adressen und Websites

Action Learning Netzwerk e.V.

Der Verein dient Deutschsprachigen, die das Praxislernen im allgemeinen und ihr persönliches Engagement für Action Learning im Erfahrungsaustausch mit Gleichgesinnten weiterentwickeln wollen.

- *Adresse*: Lehrter Straße 46, D-10557 Berlin
- *Website*: http://www.actionlearningnetzwerk.net (ab 1. 1. 2000)

Vereniging Lerend Ondernemen (Dutch Action Learning Association)

Der Verein ist 1994 gegründet worden als Begegnungsort für diejenigen, die Philosophie und praktische Durchführung des Action Learning kenenlernen und weiterentwickeln wollen. Er dient Unternehmern und Managern, Beratern und Wissenschaftlern, Künstlern und Aktivisten für gesellschaftliche Initiativen zum Austausch von Erfahrungen auf dem Gebiet des Praxislernens. Der Verein hat seinen Sitz in den Niederlanden, steht aber offen für Kontakte mit Interessenten aus anderen Ländern. Der Verein veranstaltet gelegentlich internationale Konferenzen und ist gerne auch ausländischen Initiativen behilflich bei der Einrichtung neuer Kontaktstellen für Action-Learning-Interessierte.

- *Vereinssekretariat*: Désirée Dirkzwager, Dirkzwager Business Services, Postfach 357, NL-3830 AK Leusden
  Tel.: +31 33 494 67 81, *Fax:* +31 33 494 69 86
  E-Mail: d.dirkzwager@inter.nl.net,
  Website des Vereins: http://www.actionlearning.nl
- *Vorstandsmitglied für ausländische Kontakte*: Otmar Donnenberg, Herenlaan 27, NL-3701 AR Zeist
  Tel.: +31 30 69 18881, *Fax*: +31 30 69 18889
  E-Mail: OtmarDonnenberg@compuserve.com

International Foundation for Action Learning (IFAL)

Sowohl Einzelpersonen als auch Organisationen können Mitglieder werden. Zweck der Stiftung ist das Sammeln und Verbreiten von Informationen über

Action Learning, die Unterstützung von Forschungsarbeiten und die Erstellung von Fallgeschichten. Jährlich werden drei Newsletters publiziert sowie Workshops und Konferenzen veranstaltet. Die Bibliothek umfaßt vor allem Artikel über Action Learning (eine vollständige Liste wird auf Wunsch zugeschickt).

Das Büro beantwortet schriftliche und telefonische Anfragen:

- *Adresse:* International Foundation for Action Learning (IFAL), c/o Department of Management Learning, The Management School, Lancaster University, Lancaster, LA1 4YX, UK
  Tel./Fax: + 44 1524 812 254
  E-mail: p.wright@lancaster.ac.uk
  IFAL-Homepage: http://www.mentat.co.uk/park/ifal/
- *Redaktion des IFAL-Newsletter*: Mrs. Krystina Weinstein, 46 Carlton Road, London SW 14 7RJ, UK
  Tel./Fax: +44 181 8787358.

Die Stiftung will das Action Learning weltweit fördern. Zur Zeit kommen die meisten Mitglieder aus Großbritannien. Ein internationales Netzwerk ist im Aufbau:

- Jean K. Lawrence (IFAL Worldwide)
  Tel./Fax: +44 15 394 44 671
  E-Mail: Jean.Lawrence@intal.net1.co.uk
- Peter Smith (Canada)
  Tel.: 905–853–1959; *Fax:* 905–853–1954; *E-mail*: pasmith@tlainc.com
  IFAL Canada Website: http://www.tlainc.com//ifalcsrv.htm
- Judy O'Neil (USA)
  Tel.: 401–737–9997; *Fax:* 401–737–9668; *E-mail*: jaoneil@aol.com
  IFAL-USA Website: http://www.ifal-usa.org/

Revans Centre for Action Learning and Research/University of Salford

Hier können Forschungsarbeiten über Action Learning mit der Erlangung eines Titels abgeschlossen werden. Das *Revans Archive* enthält über 1000 Artikel und außerdem im Handel nicht oder nur schwer erhältliche Schriften. Das Zentrum hat Arbeitsbeziehungen zu Action-Learning-Gruppen in allen Kontinenten.

- *Kontaktadresse:* Veronika Jones (administrator), Maxwell Building, University of Salford, Salford M5 4WT, UK
  Tel.: + 44 161 295 5718, *Fax:* + 44 161 295 5494
  E-Mail: v.c.jones@education.salford.ac.uk

International Management Centres (IMC)

IMC ist eine Business School, die sich die Kritik von Reginald Revans an der verschulten Managemententwicklung zu Herzen genommen hat. Sie ist 1982 aus einer Initiative von Business-School-Dozenten entstanden. Das Action Learning ist Kernelement ihres Curriculums. Ausgangspunkt der Studienprogramme sind die aktuellen Fragen der Unternehmensführung, mit denen die studierenden Manager konfrontiert sind. IMC bildet heute ein Netzwerk von Business Schools in 30 Ländern rund um die Welt. Auch die in diesem Buch beschriebene Business School Nederland (siehe den Beitrag von Marcel van der Ham) hat in Zusammenarbeit mit IMC Führungskräfte-Entwicklungsprogramme auf der Grundlage von Action Learning aufgebaut. IMC unterhält zahlreiche Informationsdienste:

- *IMC:* The Old Dairy, Castle Street, Buckingham, England MK 18 1BP
  Leitung: Dr. Gordon Wills (principal) *Tel.:* +44 1280 817 222, *Fax:* +44 1280 813 297
  E-Mail: gordonwills@mcb.co.uk
  Website: http://www.imc.org.uk/imc/home.htm
- The virtual meeting place and Internet Library for Action Learners and Researchers worldwide:
  Action Learning International (ALI)
  Website: http://www.imc.org.uk/imc/al-inter/
- Website für Artikel, neueste Nachrichten, Erfahrungsberichte und Diskussionen:
  http://www.free-press.com/journals/gajal (GAJAL = Global Anthological Journal of Action Learning)
- Website für Bücher über Action learning:
  http://www.free-press.com/journals/gabal

Business School Nederland

Diese Einrichtung ist in dem Beitrag von Marcel van der Ham ausführlich beschrieben.

- *Kontaktadresse:* Marcel van der Ham (Managing Director), NL-Kasteel Heukelum, Heidensweg 1, Heukelum
- *Postadresse:* Business School Nederland, Postfach 312, NL–4140 AH Leerdam
  Tel.: +31 345 618 879; *Fax:* +31 345 618 408
  E-Mail: mham@ixs.nl
  Website: http://www.internet-mba.com

MAO – Management-Andragogik und Organisationsentwicklung

Seit 20 Jahren erscheint 4 mal jährlich *MAO*, ein Informationsbrief für Führungskräfte, die sich für Lernen und Entwicklung und Wandel von und in Organisationen interessieren. Ebenso lange engagiert sich der Herausgeber und Verfasser des Informationsbriefes, Dr. Rolf Th. Stiefel, für das Thema »Action Learning«, worüber er immer wieder Hinweise gibt. Die *Dr. Rolf Th. Stiefel AG* veranstaltet MAO-Regio-Treffen und MAO-Konferenzen, bietet Coaching und Mentoring für Berater und leitende Personalentwickler an und führt regelmäßig über- und innerbetriebliche Qualifizierungsprogramme durch, u. a. über Action Learning. Einschlägige in- und ausländische Fachliteratur kann bei der Partner-Organisation *Wildenmann Tools & Services* bestellt werden.

- Dr. Rolf Th. Stiefel, Felsenstraße 88, CH–9000 St. Gallen
  Tel.: + 41 71 228 45 85; *Fax:* + 41 71 228 45 40
- Wildenmann Tools & Services, In der Au 12, D–76307 Karlsbad
  Tel.: + 49 7202 93 500; Fax: + 49 7202 33 95

Stichting Mondiaal Sociale Beweging

Die Stiftung unternimmt im Geiste Paulo Freires Projekte im (niederländischen) Inland und Ausland – zum Beispiel multikulturelle und umweltfördernde Projekte, Projekte zur Volkserziehung, Hilfe für Sozialbewegungen, Trainings in Gemeinwesenarbeit – und veröffentlicht Publikationen.

- *Kontaktadresse:* Piet Reckman, C. van Sandelaan 17, NL–3984 KV Odijk
  Tel.: + 31 30 65 62 740; *Fax:* + 31 30 65 65 971
  E-Mail: . . .
  Website: . . .

Kommentierte Bibliographie

Das vorliegende Buch will anregen, Orientierung bieten und einen grundlegenden Zugang zum Action Learning ermöglichen. Wer seine Fragen aus Lektüre und Praxis darüber hinaus vertiefen will, muß auf englischsprachige Literatur zurückgreifen. Am interessantesten ist es sicherlich, Publikationen von Reginald Revans zu lesen. Inzwischen ist er als der eigentliche Urheber des Action Learning bei einem immer größer werdenden Publikum international anerkannt. Auffallend ist nur, wie wenig er in den USA zitiert wird.

Wer »zurück zu den Ursprüngen« geht, das heißt Revans liest, wird reich belohnt. Seine Schriften inspirieren immer wieder, auch bei mehrmaligem Lesen derselben Schrift. Wiederholtes Lesen wird oft schon deshalb notwendig sein, weil das von ihm Geschriebene nicht leicht zugänglich ist: Im Gespräch ist Revans durch seine klaren und direkten Aussagen und sein persönliches Engagement für den Gesprächspartner leicht zu verstehen; das Geschriebene hingegen ist sehr kompakt, viele Worte stammen nicht aus dem Alltagsenglisch. Er hat es bewußt vermieden, Action Learning zu definieren und »Kochbücher« über das praktische Vorgehen zu verfassen. Er konzentriert sich auf die Philosophie des Action Learning und der lernenden Organisation, auf konzeptuelle Darlegungen und grundlegende Fragestellungen.

Bemerkenswert ist, daß sich Revans bereits in seinen frühen Schriften mit dem »lernenden Manager« und der »lernenden Organisation« auseinandergesetzt hat, lange vor der uns heute vertrauten Trendwelle. Dabei schöpft er aus einem enormen Erfahrungsmaterial, das er in jahrzehntelanger Arbeit (seit den 30er Jahren!) in vielen verschiedenen Programmen, in Europa und in Übersee, erworben hat. Infolge der Vielfalt, die in seinen Texten zum Ausdruck kommt, ist es für den Leser des öfteren gar nicht so leicht, den roten Faden zu behalten. So ermüdend die Wiederholungen seiner Polemiken gegen das akademische Establishment und die kommerziellen Sünden von Beratern gelegentlich sein mögen – sie stehen nicht im Wege, um ein »Goldkorn« nach dem anderen in seinen Darstellungen zu entdecken. Auch auf Revans trifft die Aussage von Kurt Lewin zu, der meinte, nichts sei praktischer als eine gute Theorie.

Soweit Schriften von Revans im Handel nicht erhältlich sind, kann der Interessierte sich an das Archiv des *Revans Centre for Action Learning and Research* der Salford University wenden (siehe oben »Adressen und Websites«).

Revans, Reginald W. (1998), *ABC of Action Learning. Empowering Managers to Act to Learn from Action* (The Mike Pedler Library), London: Lemos & Crane, 152 Seiten.

Ein Klassiker! Erfahrungen aus Jahrzehnten sind zusammengefaßt in dieser von Mike Pedler sorgfältig gestalteten Neuausgabe des Textes, dessen erste Auflage auf das Jahr 1978 zurückgeht. Das sehr kurz gefaßte und konkrete Buch enthält die folgenden Kapitel:

Die charakteristischen Annahmen des Action Learning. Wesentliche Logistik (Durchführungsformen von Action-Learning-Programmen). Charakteristiken des Managers. Der Einfluß der Führungsspitze. Die Philosophie des Action Learning. Was Action Learning nicht ist. Einige Erfahrungen im Starten von Action-Learning-Programmen. Das Unternehmen als Lernsystem.

In den Anhang ist eine auf den neuesten Stand gebrachte Übersicht über bekannte und weniger bekannte, aber für Spezialfragen (zum Beispiel »Action Learning im Krankenhaus«, »Wissenschaft und Manager«) relevante Publikationen von Revans aufgenommen. Das Buch eignet sich ausgezeichnet zum Einstieg in die »Quellenliteratur«. Es ist in der erst kürzlich vom Verlag Lemos & Crane begonnenen Reihe der »Mike Pedler Library« erschienen.

Revans, Reginald W. (1982), *The Origins and Growth of Action Learning*, Bromley: Chartwell-Bratt, 846 Seiten.

Dies ist ein monumentaler, umfassender Sammelband, der 52 (zum Teil bislang unveröffentlichte) Artikel aus den Jahren 1938 bis 1981 vereint. Die Publikation eignet sich nicht zum Einstieg ins Thema, wohl aber zum Nachschlagen, wenn man Spezialfragen vertiefen und im einzelnen Projekt kennenlernen will, die Meilensteine in der Entwicklung des Action Learning darstellen, etwa in den Aufsätzen »Der Eintritt von Mädchen in den Pflegeberuf« (1938), »Ein Konsortium von Bergwerksdirektoren« (1953), »Das Hospital Internal Communication Project« (1966), »Das Nil-Projekt« (1971), »Arbeiterbeteiligung als Action Learning« (1981) (das umstrittenste Action-Learning-Projekt); weiter enthält der Band lerntheoretische Erörterungen und sehr originelle Betrachtungen zur lernenden Organisation.

Revans, Reginald W. (1980), *Action Learning. New Techniques for Managers*, London: Blond & Briggs, 319 Seiten.

Wer sich für die Philosophie des Action Learning interessiert, kommt bei diesem Buch auf seine Kosten. Allerdings ist auch hier keine Vollständigkeit zu erwarten. Die Originalität der Aussagen spiegelt sich in einigen der Kapitelüberschriften: »Action Learning unter Bäumen« (über ein Projekt in Nigeria mit Kleinproduzenten von Kokosöl), »Small is dutiful« (über das menschliche Maß in der Organisation von Kohlebergwerken), »The Book and the Tool« (Revans herbe Kritik am verschulten System der Managementausbildung), »The Vocabulary of Managerial Confrontation« (über Konzepte wie Lernprozeß, Information, Risiko, die Bedeutung von Werten, die Qualitäten von Systemen). Das Buch ist nicht mehr im Handel erhältlich.

Revans, Reginald W. (1971), *Developing Effective Managers. A New Approach to Business Education*, London: Longmans.

Das Buch ist ebenfalls schon lange nicht mehr im Handel erhältlich. Unter »Insidern« wird es als Liebhaberstück herumgereicht. Es ist ein frühes Hauptwerk. Im wesentlichen stellt der Band einen Bericht über das Action-Learning-Programm dar, das Revans im Auftrag der belgischen Stiftung *Industrie und Universität* gestaltete. In diesem Buch hat Revans den ausführlichsten Versuch zu einer theoretischen Darstellung des Action Learning unternommen mit der Gliederung in *System Alpha* (System der strategischen Entscheidungen, bestimmt durch Umgebung, interne Ressourcen und Werte des Managements), *System Beta* (System der Beeinflussungen und Verhandlungen zur Umsetzung der Strategie) und *System Gamma* (die eigentlichen Lernprozesse, wie sie jeder *Action Learner* bei der Realisierung der strategischen Aufgaben in einzigartiger Weise durchläuft). Mit diesem Buch (im Anschluß an das belgische Programm) kam der Durchbruch für das Action Learning, der ihm und seinem Urheber in Großbritannien trotz der wegweisenden Projekte und Fallbeschreibungen in den 50er und 60er Jahren verwehrt gewesen war.

*

In Nachfolge von Revans haben sich inzwischen eine Reihe von Autoren profiliert, die aus reicher eigener Erfahrung mit ihren Schriften das Bedürfnis nach fundierten und leicht lesbaren Texten befriedigen können und viele praktische Fragen beantworten:

Weinstein, Krystina (1999; 2. Aufl.), *Action Learning. A Practical Guide.* Aldershot (UK), Gower, 230 Seiten.

Krystina Weinstein hat als Beraterin für Action Learning sowie als Vereinssekretär der *International Foundation for Action Learning* seit vielen Jahren die Entwicklung von Action Learning insbesondere in Großbritannien intensiv miterleben können. Das Buch bietet übersichtliche Darstellungen von Philosophie und praktischen Durchführungsfragen aus einem Guß. Weinstein ist von Haus aus Journalistin, und das kommt der Lesbarkeit sehr zugute. Das Besondere an dem Buch ist, daß es auf einer umfangreichen Befragung von Teilnehmern an Action-Learning-Programmen beruht. Neben der Begeisterung von Ex-Teilnehmern bleiben auch Kritik und Enttäuschungen nicht unvermerkt, wodurch die Grenzen der Anwendung von Action Learning anschaulicher werden. Das Buch ist für Manager, Berater, Trainer und Entwickler geschrieben.

Mumford, Alan (Hrsg.)(1997), *Action Learning at Work.* Aldershot (UK), Gower, 408 Seiten.

IMC (International Management Centres in Buckingham, UK, siehe im Anhang »Adressen und Websites«) ist eine Business School, die Action Learning zur Grundlage ihrer Progamme gemacht hat. Alan Mumford war 1982 das erste Fakultätsmitglied dieser Schule, der er als Gastprofessor verbunden geblieben ist. Vielen ist er durch den Lernstiletest bekannt, den er im Sinne von Kolbs Lernzyklus entwickelt hat. Mumford hat in *Action Learning at Work* 34 eigene Beiträge und Beiträge von IMCB-Kollegen und anderen Action-Learning-Praktikern zusammengetragen. Auch Texte von Revans sind aufgenommen.

Die Beiträge künden durchwegs von Begeisterung fürs Action Learning; Skeptiker kommen kaum zu Wort. Begeistert zeigt sich zum Beispiel Gordon Wills, der Rektor von IMCB. Er schildert selbstkritisch, wie er den Weg vom klassischen Dozenten zum Action Learning gefunden hat (»The Origin and Philosophy of International Management Centres«). In den 5 Teilen des Buchs werden zuerst Ausgangspunkte, Theorie und Geisteshaltung des Action Learning dargestellt, weiterhin das Erlernen des Lernens, das Unterstützen des Lernens von anderen und schließlich die Wirksamkeit des Action Learning.

Pedler, Mike (Hrsg.) (1997; 3. Aufl.): *Action Learning in Practice.* Aldershot (UK): Gower, 403 Seiten.

Viele, die sich mit dem Konzept der lernenden Organisation beschäftigen, kennen Pedler als einen Autor, der sich schon in den 70er Jahren mit diesem

Konzept auseinandergesetzt hat und der es seither in verschiedenen Formen und Themenbereichen weiterentwickelt. In Zusammenhang mit dem Thema »Persönliche Selbstentwicklung des Managers« pflegt er schon viele Jahre den Kontakt mit Revans. Pedler ist Garant für gut geschriebene Texte. *Action Learning in Practice* erschien zum ersten Mal 1983. Schon damals war es ein hilfreiches Handbuch. Die nunmehr vorliegende 3. Auflage mit Beiträgen von Revans, von Pedler selbst und ca. 20 anderen Autoren ergibt ein sehr konkretes Bild vom aktuellen Stand des Action Learning. Die Erweiterungen der vorliegenden gegenüber den früheren Auflagen betreffen vor allem »Fragen aus der Praxis« und »Auswertung von Action Learning«. Unter den Beiträgen sind Erfahrungsberichte aus allen Teilen der Welt, zum Beispiel aus der Volksrepublik China, aus Tschechien und den USA. Es kommen Exponenten der US-Szene für Action Learning zu Wort (Nancy Dixon, Victoria Marsick und Judy O'Neil) sowie Action-Learning-Engagierte aus der Frühzeit in Großbritannien (Jean Lawrence, John Morris, Bob Garratt, Ian Cunningham). Alan Mumford gibt in einem seiner beiden Beiträge eine aktualisierte Literaturübersicht.

Taylor, James; Marais, Dirk; Kaplan, Allan (1997), *Action Learning for Development. Use Your Experience to Improve Your Effectiveness.* Capetown (South Africa): Juta & Company Ltd., 72 Seiten.

Dieses Buch ist ein gutes Beispiel für die Bedeutung, die Action Learning in der Gemeinwesenarbeit gewinnen kann. Es ist »allen Führenden und Menschen in Südafrika gewidmet, die aus den Erfahrungen der Vergangenheit lernen wollen, um eine Zukunft zu schaffen, die inspirierend für die Welt ist«. Es beschreibt ausführlich, wie der Lernberater (»facilitator«) an seine Aufgabe herangeht. Die methodischen Hinweise zur Durchführung des Action Learning werden gegliedert in »Action Learning und Einzelperson«, »Action Learning und Organisation« und »Action Learning und Gemeinwesen«. Ergänzend zu dieser Grundlagenlektüre bieten Taylor u. a. übrigens auch ein Action-Learning-Feldbuch an:

Taylor, James; Marais, Dirk; Heyns, Stephen (1998), *The Action-learning Field Kit. Case Studies of Development Issues and Problems Faced by Development Workers in Southern Africa, the Caribbean, Latin and North America.* Capetown (South Africa): Juta & Company Ltd.

*

Neben Büchern sind immer wieder Themenhefte von Fachzeitschriften Fundgruben für Interessenten. Spezialausgaben dieser Art zum Thema »Action Learning« sind etwa:

- *Performance Improvement Quarterly* (1998), (11) 1 (USA).
- *Education and Training* (1996), (38) 8 (UK) [Action Learning im höheren Unterricht].
- *Journal of Workplace Learning/Employee Counselling Today* (1996), (8) 6 (UK).
- *The Journal of Management Development* (1987), (6) 2 (UK).

Der Herausgeber und die Autoren

Otmar Donnenberg, geboren 1940, hat Jura (Universität Innsbruck), Politologie und Soziologie (New York State University und Hochschule Linz) studiert. Er arbeitete zunächst als Volksschullehrer, später als Jurist für arbeitsrechtliche Fragen. Seit 1972 ist er als Organisationsberater tätig, heute besonders in den Bereichen: kundenorientierte Arbeitsplanung; Entwicklung und Einübung neuer Gestaltungen der eigenen Arbeit und der Zusammenarbeit im Zuge von Reorganisationen; Durchführung von Qualitäts- und Organisationsentwicklungsprojekten, die zugleich als Personalentwicklungsaktivitäten dienen, zunehmend mit dem Fokus »Schlank Produzieren«.

Otmar Donnenberg lebt in Zeist/Niederlande und arbeitet in den Niederlanden, Deutschland und Österreich in Industrie, qualifizierter Dienstleistung (Beratungsbüros, Versicherungsmakler), Gesundheitswesen und öffentlicher Verwaltung. Er konzentriert sich auf »Lernen in der Arbeit und durch die Arbeit«; dabei inspiriert ihn vor allem das von R. Revans entwickelte *Action Learning* und die von C. Argyris ausgearbeitete *Action Science.*

Mit Interessenten aus Wirtschaft, Universität und Gesundheitswesen und anderen selbständigen Beratern hat er 1994 den *Verein für unternehmerisches Lernen* in den Niederlanden gegründet. Mit Kollegen aus Dänemark, Großbritannien, den USA, Deutschland, Österreich und den Niederlanden initiierte er die Arbeitsgruppe *Lean & Learning.*

Hans G. Bauer, geboren 1948, ist Diplom-Soziologe. Er hat Soziologie und Pädagogik in München und Detroit (USA) studiert, war in beiden Städten auch an verschiedenen Forschungsinstituten wissenschaftlich tätig. Seit 1984 ist er Mitarbeiter (und Gesellschafter) der *Gesellschaft für Ausbildungsforschung und Berufsentwicklung* (GAB) GbR in München. Bauer ist derzeit 1. Vorsitzender des *Bundesverbandes Erlebnispädagogik e. V.*, Köln. Verschiedene Veröffentlichungen zur Berufs- und Erlebnispädagogik.

Ernst L. Drukker, Jahrgang 1936, ist nach Ausbildung zum Soziologen und Sozialpsychologen freiberuflich als Organisationsberater tätig. Seit 30 Jahren hat er Erfahrung im Umgang mit Veränderungsprozessen in Gruppen und Organisationen. Er hat sich mit grenzerweiternden Lernprozessen, mentalen Programmen, lernenden Organisationen, dabei insbesondere mit dem Zusammenspiel von individuellem Lernen und dem Lernen von Organisationen, beschäftigt. Seine Zielsetzung dabei ist eine Qualitätsverbesserung in der Kommunikation bzw. die Schaffung der Voraussetzungen dafür. Zentral ist für ihn die Frage nach den mentalen Programmen, die im Zusammenhang mit dem Umgang mit organisationsbedingten Unsicherheiten stehen. Drukker ist Autor mehrerer Aufsätze und Bücher über Veränderungsprozesse.

Marcel A. J. W. van der Ham, geboren 1957, ist seit 1993 leitender Direktor der *Business School Nederland.* Zuvor war er sieben Jahre lang in der zweitgrößten Stadtverwaltung der Niederlande als Leiter der Abteilung »Ausbildung« tätig. In der heutigen Stellung ist es ihm – wie in der früheren – ein wichtiges Anliegen, die Managementausbildung so zu gestalten, daß sie kurzfristig und langfristig einen praktischen Nutzen sowohl für die Teilnehmer als auch für ihre Organisationen bieten kann. 1993 begann er mit der Anwendung der Action-Learning-Philosophie in den Managementkursen der *Business School Nederland*, in der Folge der Zusammenarbeit der Fachhochschule mit IMC (International Management Centres) im britischen Buckingham. IMC arbeitet bereits seit 1982 mit Action Learning. Marcel van der Ham wurde zum überzeugten Anhänger dieser Methode, da die Erfahrungen der Dozenten wie auch der Studenten der *Business School Nederland* erwiesen, daß Manager mit Hilfe dieser Lernphilosophie ausgezeichnete Lernergebnisse erzielen. Er ist Autor mehrerer Aufsätze über innerbetriebliche Ausbildung sowie Mitautor von *De Manager*, einem praxisorientierten Hand- und Arbeitsbuch in niederländischer Sprache (A. J. W. van der Ham u. R. ten Bos, Utrecht: De Tijdstroom, 1994).

Nina Lazeron, geboren 1957, hat Jura und Kriminologie studiert. Sie hat über Jahre die Abteilung für Managementtraining von *Heineken Nederland* geleitet und arbeitet heute als selbständige Trainerin und Beraterin. Sie ist Vorstandsmitglied des *European Mentoring Centre* und Mitglied des niederländischen Vereins für unternehmerisches Lernen; verschiedene Publikationen über *Mentoring* und *Action Learning* in holländischer Sprache.

Mike Pedler, Jahrgang 1944, studierte Politologie und Wirtschaft; Arbeitserfahrungen in der Waschmittel- und Stahlindustrie, 10 Jahre Dozent im Department für Managementstudien des *Sheffield City Polytechnic.* Mike Pedler arbeitet heute als unabhängiger Publizist, Wissenschaftler und Berater. Er ist Partner der Beratergruppe *The Learning Company*, Gastprofessor für Gesundheitswissenschaften an der Universität York; er ist mit dem Kollegium des *Revans Centre for Action Learning and Research* der Universität Salford verbunden. Zum Thema »Einrichtung strategisch orientierter Lernprozesse im Unternehmen« berät er u. a. *British Airways, United Distillers* und den *National Health Service Executive.* Seine Forschungen konzentrieren sich auf den Bereich »Lernende Organisation«. Veröffentlichungen u. a.: *A Managers Guide to Self-Development* (mit J. G. Burgoyne und T. Boydell; Maidenhead: McGraw-Hill 3. Aufl. 1994), *The Learning Company* (mit Boydell u. Burgoyne; McGraw-Hill, 2. Aufl. 1996) sowie der von ihm herausgegebene Sammelband *Action Learning in Practice* (vgl. die »Kommentierte Bibliographie« in diesem Buch).

Piet Reckman, geboren 1928, studierte Sozialpädagogik und ihre internationale Anwendung an der Universität von Nimwegen. Reckman arbeitete zunächst mit schwer erziehbaren Kindern und Jugendlichen; er engagierte sich in zahlreichen Initiativen und Programmen der *Bewegung für Soziale Aktion*, reiste und arbeitete in mehreren Ländern Südamerikas (vor allem in Chile, Brasilien und Argentinien), war jahrelang Dozent für Sozialpädagogik (»Lern- und Aktionsprozesse zur Veränderung von Mensch und Gesellschaft«) sowie als Mitglied der Direktion verantwortlich für Unterrichtsangelegenheiten an der Akademie für Sozialberufe *De Horst* in Driebergen (NL). Nach seiner Pensionierung wurde er zum Direktor des Programms für »Sicherheit durch Lebensqualität« der niederländischen Polizei ernannt; im Rahmen dieses Programms hilft er, das Lernen der Polizisten im Sinne der Erfahrungspädagogik Paulo Freires und entsprechender niederländischer Weiterentwicklungen dieses Ansatzes zu gestalten. Das Thema »Praxislernen« behandelte er u. a. in *Leren is ageren* (»Lernen ist Tun«) – 1987 beim Verlag In den Toren, Baarn (NL) erschienen –, das er zusammen mit Rudi van Roon schrieb, und in *Perspectief uit Noodzaak* (»Perspektive aus Notwendigkeit«), publiziert 1997 im Verlag Stichting Mondiaal Sociale Beweging, Odijk (NL).

Reginald Revans, geboren 1907, studierte Naturwissenschaften und beschäftigte sich mit Quantum- und Relativitätstheorie; als Forschungsassistent von

J. J. Thompson, dem Entdecker des Elektrons, inspirierten ihn die Praktiken zum Stellen konfrontierender Fragen im Kollegenkreis am Cavendish-Laboratorium (Cambridge), damals Arbeitsplatz von ca. einem Dutzend Nobelpreisträgern; 1928 war er als Leichtathlet Mitglied des britischen Teams bei den Olympischen Spielen. Die Kunst des Fragenstellens beschäftigte ihn so sehr, daß er 1935 eine Funktion im Bildungswesen der Grafschaft Essex antrat. Dort setzte er sich u. a. mit der Frage der Abwanderung junger Pflegekräfte in andere Berufe auseinander. 1945 beauftragte ihn der Verband der Kohlebergwerke mit der Entwicklung eines Bildungssystems für die mehr als 1 Million Mitarbeiter. 1955 erhielt er die Professur für Industrieführung an der Universität Manchester. 1962 wählt ihn die *European Association of Management Centres* zum Vorsitzenden. Ab 1965 konnte er seine Ideen über Action Learning im Rahmen der belgischen Stiftung *Industrie und Universität* anwenden. Zehn Jahre später war er wieder in Manchester, wo er vergeblich ein Lernbündnis von öffentlicher Verwaltung und Unternehmen zustande zu bringen versuchte, um der sozialen Unruhe in der Stadt konstruktiv zu begegnen. Seine Prognose bewahrheitete sich: Es kam zum Ausbruch der *Moss-Side-Rebellion.* 1982 wurde er Ehrenvorsitzender von *International Management Centres,* Buckingham, einer neuen Managementschule, die auf der Grundlage des Action Learning eingerichtet worden war. Einige Jahre später distanzierte er sich von den Praktiken der Schule, so wie sie sich tatsächlich entwickelten. Er publizierte u. a. *Science and the Manager* (1964), *The Theory of Practice in Management* (1966), *Developing Effective Managers* (1971), *Action Learning. New Techniques for Management* (1980), *The Origins and Growth of Action Learning* (1982) und *The ABC of Action Learning* (1983, 1998).

Rolf Th. Stiefel, geboren 1942, war über mehrere Jahre an einer Business School in Genf als Hochschullehrer tätig und hat Forschungsprojekte an verschiedenen Universitäten in den USA und in Kanada durchgeführt. Seit 1975 ist er selbständiger Management-Trainer und PE-Berater. 1986 wurde in St. Gallen die *Dr. Rolf Th. Stiefel & Partner AG* gegründet, die sich auf die Entwicklung und Realisierung von strategieumsetzenden Lernsystemen in Unternehmen spezialisiert hat. Stiefel ist Autor zahlreicher Bücher und Aufsätze in Fachzeitschriften und seit 1979 Herausgeber des *MAO-Informationsbriefes*, der vierteljährlich über Lernen von und in Organisationen berichtet.

Brian Swain, geboren 1947, ist Berater für Organisationsentwicklung und arbeitet als solcher in Produktions- und Dienstleistungsunternehmen in Großbritannien. Er konzentriert sich in seiner Tätigkeit auf die Entwicklung von Teamarbeit und Personalentwicklung im Kontext der Prozeßoptimierung und der kontinuierlichen Verbesserung der Organisationsgestaltung. In kleineren und größeren Organisationen arbeitet Swain auf allen Ebenen, vor allem zum Thema Wertstromentwicklung. Seine Beratungsarbeit betrifft vor allem längerfristige Veränderungsprozesse. Derzeit arbeitet er u. a. für *Black & Decker*, *Air Products, Hathaway Roofing, SmithKline Beecham*, *Synpac Pharmaceuticals* und *County Durham TEC*. Er ist Initiator und Co-Autor verschiedener Lehr- und Handbücher zu praxisorientierter Managemententwicklung. Er gehört zu den Gründern von *Rubicon Associates.* (Fax privat von Brian Swain: 00 44 1342 825 065.)

Sachregister